Börstinghaus · Mieterhöhungen bei
Wohnraummietverträgen

Der sicherste Weg

Herausgegeben von Dr. Egon Schneider

Mieterhöhungen bei Wohnraummietverträgen

Vom Mieterhöhungsverlangen bis zum
Mieterhöhungsprozeß –
eine praxisbezogene Darstellung mit
Leitsatzlexikon, Gesetzes- und
Vorschriftensammlung sowie zahlreichen
Mustertexten

Von Richter am Amtsgericht Ulf Börstinghaus

Verlag für die Rechts- und Anwaltspraxis
Herne/Berlin

Die Deutsche Bibliothek – CIP-Einheitsaufnahme

Börstinghaus, Ulf:
Mieterhöhungen bei Wohnraummietverträgen : vom Mieterhöhungsverlangen bis zum Mieterhöhungsprozeß ; eine praxisbezogene Darstellung mit Leitsatzlexikon, Gesetzes- und Vorschriftensammlung sowie zahlreichen Mustertexten / von Ulf Börstinghaus. – Herne ; Berlin : Verl. für die Rechts- und Anwaltspraxis, 1994
  (Der sicherste Weg)
  ISBN 3-927935-36-0

Die wiedergegebenen Leitsätze wurden zum Teil den elektronischen Datenbanken NJW-LSK CD-ROM der Beck'schen Verlagsanstalt, der jurisdatadisc der juris GmbH und WuMDat des Deutschen Mieterbundes entnommen, die hierfür freundlicherweise ihre Genehmigung erteilt haben. Eine Weiterverarbeitung dieser Angaben bedarf der Genehmigung dieser Verlage.

ISBN 3-927935-36-0 – 1994

© Verlag für die Rechts- und Anwaltspraxis GmbH & Co., Herne/Berlin, 1994

Dieses Buch und alle in ihm enthaltenen Beiträge und Abbildungen sind urheberrechtlich geschützt. Mit Ausnahme der gesetzlich zugelassenen Fälle ist eine Verwertung ohne Einwilligung des Verlages unzulässig.

Druck: Kleineidam GmbH & Co. KG, 27283 Verden

Vorwort

Die Reihe „Der sicherste Weg" geht davon aus, daß für den forensisch tätigen Anwalt zwei Hauptziele im Vordergrund stehen, nämlich einen Prozeß zu gewinnen und sich nicht haftbar zu machen. Beide Ziele sind nur zu erreichen, wenn die ober- und vor allem die höchstrichterliche Rechtsprechung beachtet wird, auf das wissenschaftliche Schrifttum kommt es dabei nur am Rande an. Das ist der vom Bundesgerichtshof vorgeschriebene sogenannte „sicherste Weg".

Diesem Anspruch im Mietrecht zu genügen, ist nicht nur auf Grund der Vielfältigkeit mietrechtlicher Rechtsprechung, sondern auch auf Grund der inflationären Gesetzgebungstätigkeit in diesem Bereich sehr schwierig und deshalb regreßträchtig. Gerade erst wieder hat der Gesetzgeber mit dem 4. Mietrechtsänderungsgesetz die „Quadratur des Kreises" im Mietrecht versucht. Durch das Gesetz werden auf der einen Seite die Möglichkeiten zur Mieterhöhung – weiter – beschränkt und vor allem unvertretbar kompliziert, auf der anderen Seite sollen die mietrechtlichen Rahmenbedingungen verbessert werden, um auf diese Art und Weise Wohnungsbauinvestitionen anzuregen. Zweifel an dieser Kombination (umgangssprachlich: „Zuckerbrot und Peitsche") sind sicher angebracht.

Aber nicht nur die Gesetzgebung ist hier im Fluß, auch die Rechtsprechung ist es. Sie kippt mit einem Federstrich von heute auf morgen jahrzehntealte Rechtserkenntnisse (so z. B. der gegen die bisher herrschende Auffassung der Oberlandesgerichte ergangene Rechtsentscheid des BGH vom 16. 6. 1993 – VIII ARZ 2/93 = NJW 1993, 2109, mit dem das Problem der Wirksamkeit vorzeitig zugegangener Mieterhöhungsverlangen eine neue Wendung erfahren hat). Wehe dem Anwalt, der dies nicht rechtzeitig bemerkt hat.

Eins ist sicher: Die Anforderungen an den Anwalt in einem Mieterhöhungsverfahren, egal ob er nun den Vermieter oder den Mieter vertritt, steigen permanent. Er muß sich durch Grundtatbestände und zahlreiche Ausnahmebestimmungen kämpfen und muß mit einem in der Sache teilweise kaum gerechtfertigten Formalismus fertig werden.

Hinzu kommt die starke Zersplitterung der Rechtsprechung auf Grund der ausschließlichen Zuständigkeit des Amtsgerichtes auf der einen Seite und der teilweise für Rechtsmittelverfahren zu geringen Streitwerte andererseits.

All dies rechtfertigt es nach Ansicht der Rechtsprechung aber nicht, den Anwalt aus seiner Verpflichtung, den „Sichersten Weg" zu wählen, zu entlassen. Er muß sogar klüger als die Richter sein und vor allem sorgfältiger arbeiten. Eine mit Mietsachen befaßte Kammer – also bereits 4 Augen mehr als der sachbearbeitende Rechtsanwalt – handelt nämlich nicht verfassungswidrig, wenn sie entgegen der Vorschrift des § 541 ZPO von einer obergerichtlichen Entscheidung abweicht und diese Abweichung nur auf unsorgfältiger Arbeitsweise beruht (BVerfG DWW 1993, 38; mit Anm. Börstinghaus ZAP Fach 4 R, Seite 83 f.). Erst wenn der Anwalt die Kammer auf die abweichende obergerichtliche Rechtsprechung hingewiesen hat, soll eine Verfassungswidrigkeit in Betracht kommen.

Einen Punkt gilt es von richterlicher Seite hier noch anzusprechen: Ein Prozeß sollte auch bei einem Mieterhöhungsverfahren die ultima ratio darstellen. Damit will ich hier den Anwälten nicht Gebühren vorenthalten, sondern denke daran, daß ein Prozeß für die Mandanten nicht nur Geld, sondern vor allem auch Zeit und Nerven kostet. Deshalb sollte auch von Anwälten häufiger überlegt werden, ob nicht in einem Gespräch zwischen den Parteien vergleichsweise eine von beiden Seiten zu akzeptierende Lösung gefunden werden kann. Allein die Tatsache, daß im Prozeß insgesamt ggf. $^{5}/_{10}$ Gebühren mehr verdient werden können, rechtfertigt dessen Einleitung unter Berücksichtigung des auch beim Anwalt entstehenden Aufwandes (siehe dazu die beeindruckenden Berechnungen von Franzen NJW 1993, 438) kaum.

Die Schrift versucht dem Anwalt für diese tagtägliche Arbeit eine praxisorientierte Hilfe an die Hand zu geben. Der Verfasser hat sich dabei auf seine in langjähriger Tätigkeit als auch mit Mietsachen befaßter Richter am Amtsgericht, aber auch auf seine eigene Erfahrung als Rechtsanwalt gestützt. Auch wenn die Dinge sich aus der Sicht des

Richters mit Sicherheit ganz anders darstellen als für den Anwalt, so haben die Gerichte doch den Vorteil, aus der Fülle der Anwaltsschriftsätze die Schwierigkeiten herauszulesen, die es in der Praxis häufig zu bewältigen gilt.

Die Rechtsprechung und Literatur ist bis Sommer 1993, vereinzelt auch noch bis Herbst 1993 ausgewertet worden. Der Gesetzgebungsstand ist derjenige vom 1. 9. 1993.

Mein Dank gilt ganz besonders meiner Frau und meinen Kindern, die nicht nur auf eine gemeinsame Freizeitgestaltung verzichten mußten, sondern auch meine mit der Zeit größer werdende Ungeduld ertragen haben.

Gelsenkirchen, im Oktober 1993   Ulf Börstinghaus

Inhaltsverzeichnis

Seite

Vorwort 5
Inhaltsverzeichnis 9
Abkürzungsverzeichnis 13
Literaturverzeichnis 15

Teil 1: Rechtsgrundlagen

- I. Einführung 19
  1. Begriffserläuterungen 19
  2. Unterschiedliches Mietrecht 19
  3. Die verschiedenen Mietstrukturen 20
  4. Sonstige Gegenleistungen 21
- II. Die Miethöhe 22
  1. Neuvermietung 22
  2. Mietpreisüberhöhung 22
  3. Bestehende Mietverträge 27
     - a) Anwendbarkeit des MHRG 28
     - b) Mietabänderungsvereinbarungen 30
     - c) Mietanpassungsvereinbarungen 33
- III. Die Mieterhöhung nach § 2 MHRG 36
  1. Das Mieterhöhungsverfahren 36
     - a) Form und Inhalt des Mieterhöhungsverlangens . . 38
       - aa) Unterschrift 39
       - bb) Absender 42
       - cc) Adressat 45
       - dd) Inhalt 45
     - b) Begründung des Verlangens 46
       - aa) Mietspiegel 47
       - bb) Sachverständigengutachten 50
       - cc) Vergleichswohnungen 51
  2. Materielle Voraussetzungen 52
     - a) Jahresfrist 53
     - b) Kappungsgrenze 56
     - c) Nichtüberschreiten der ortsüblichen Vergleichsmiete . . 61
       - aa) Art des Mietobjekts 61
       - bb) Größe des Mietobjekts 61
       - cc) Ausstattung des Mietobjekts 62
       - dd) Beschaffenheit des Mietobjekts 63
       - ee) Lage des Mietobjekts 64
     - d) Maßgeblicher Zeitpunkt zur Feststellung der Vergleichsmiete . 64

	Seite
3. Besonderheiten	65
a) Inklusivmieten	65
b) Das Ende der Mietpreisbindung	68
c) Zuschläge zum Mietspiegel	71
d) Garagenmietverträge	72
4. Verhaltensmöglichkeiten des Mieters	73
a) Zustimmung des Mieters	74
b) Teilzustimmung des Mieters	76
c) Zurückbehaltungsrecht	76
d) Kündigung	76
IV. Die Mieterhöhung nach § 3 MHRG	77
1. Formelle Voraussetzungen	78
2. Materielle Erhöhungsvoraussetzungen	81
3. Berechnung des Erhöhungsbetrages	84
4. Fälligkeit der Mieterhöhung	86
5. Verhältnis der Mieterhöhungen gemäß § 2 und § 3 MHRG zueinander	86
6. Prozessuales	88
V. Die Mieterhöhung nach § 4 MHRG	88
VI. Die Mieterhöhung nach § 5 MHRG	91
VII. Der Mieterhöhungsprozeß	95
1. Das Verfahren bei einer Mieterhöhung nach § 2 MHRG	95
a) Verfahren und Antrag allgemein	97
b) Die Beweisaufnahme	97
c) Der Vergleich	101
d) Das Urteil	102
e) Streitwert/Gebühren/Beschwer	103
2. Das Verfahren bei Mieterhöhungen nach §§ 3–5 MHRG	103
3. Die Rechtsmittel	104
VIII. Die Mieterhöhung in den neuen Bundesländern	105
1. Allgemeines	105
2. Wohnraum der nach dem 3. 10. 1990 bezugsfertig wurde	105
a) Noch mit staatlichen Mitteln gebaut	105
b) Freifinanzierte Wohnungen	106
c) Öffentlich geförderter Wohnungsbau	106
3. Wohnraum der vor dem 3. 10. 1990 bezugsfertig war	106
4. Mieterhöhung bei Geltung der Grundmietenverordnung	106
a) Formalien	106
b) Die 1. Grundmietenverordnung vom 17. 6. 1991	107
c) Die 2. Grundmietenverordnung vom 27. 7. 1992	108
d) Betriebskosten	110

Inhaltsverzeichnis 11

Seite

Teil 2: Arbeitshilfen

I. Formulierungsvorschläge 111
   1. Mieterhöhungsverlangen mit Mietspiegel begründet 111
   2. Mieterhöhungsverlangen mit Vergleichswohnungen begründet . . 113
   3. Mieterhöhungsverlangen mit Sachverständigengutachten
      begründet 115
   4. Mieterhöhungsverlangen durch eine Hausverwaltergesellschaft
      mit Mietspiegel begründet 117
   5. Zurückweisung des Mieterhöhungsverlangens eines Vertreters . . 119
   6. Teilweise Zustimmung des Mieters 120
   7. Zurückweisung eines Mieterhöhungsverlangens durch Mieter . . 122
   8. Mieterhöhungsklage 123
   9. Klageerwiderung durch den Prozeßbevollmächtigten
      des Mieters 127
  10. Staffelmietvereinbarung 130
  11. Erläuterungen zur Staffelmietvereinbarung 130
  12. Mieterhöhungsvereinbarungen mit Belehrung
      nach dem HWiG 132

II. Tabellen 133
    1. Fristberechnungen bei Mieterhöhungen 133
    2. Kosten einer Klage auf Zustimmung zu einer Mieterhöhung . . 135

III. Entscheidungslexikon 137
     1. Rechtsentscheide in Mietsachen zu Fragen der Mieterhöhung . . 137
     2. Instanzgerichtliche Leitsätze 165
        a) Leitsätze zu § 2 MHRG 165
        b) Leitsätze zu § 3 MHRG 192
        c) Leitsätze zu § 4 MHRG 200
        d) Leitsätze zu § 5 MHRG 201

Teil 3: Anhang

I. Gesetzestexte und Vorschriften 203
   1. Gesetz zur Regelung der Miethöhe 203
   2. Gesetz über den Widerruf von Haustürgeschäften und
      ähnlichen Geschäften 213
   3. Erste Verordnung über die Erhöhung der Grundmieten
      (Erste Grundmietenverordnung – 1. GrundMV) 216
   4. Zweite Verordnung über die Erhöhung der Grundmieten
      (Zweite Grundmietenverordnung – 2. GrundMV) 217
   5. BMBau-Beschaffenheitskriterien nach § 2 der 2. GrundMV
      vom 8. 9. 1992 (Auszug) 219

Seite
6. Verordnung über die Umlage von Betriebskosten auf die Mieter
(Betriebskosten-Umlageverordnung – BetrKostUV) 222
7. Zweite Berechnungs-VO 226
   a) Aufwendungen/Kosten 226
   b) Anlage 3 zu § 27 Abs. 1 der zweiten BV 229
   c) Wohnflächenberechnung 233
8. Auszüge aus DIN-Vorschriften zur Wohnflächenberechnung . . 236
   a) DIN 277 Teil 1 236
   b) Erläuterungen zu DIN 277 Teil 1 (auszugsweise) 239
   c) DIN 283 Teil 1 243
   d) Erläuterungen zu DIN 283 Teil 1 246
9. Katalog energiesparender Maßnahmen gemäß § 3 MHRG . . . 248
10. Grundsätze bei der Entscheidung über
    Genehmigungsanträge nach § 3 Währungsgesetz 251

II. Adressen 255
    1. Bundesbank 255
    2. Hauptverwaltungen (Landeszentralbanken) 255

Stichwortverzeichnis 257

Abkürzungsverzeichnis

Abs.	Absatz
a. F.	alte Fassung
AG	Amtsgericht
AGBG	Gesetz zur Regelung des Rechts der Allgemeinen Geschäftsbedingungen
AnwBl.	Anwaltsblatt
ArbG	Arbeitsgericht
Art.	Artikel
Az.	Aktenzeichen
BayObLG	Bayerisches Oberstes Landesgericht
BayObLGZ	Entscheidungssammlung des Bayerischen Obersten Landesgerichts
BetrKostUV	Betriebskostenumlageverordnung
BG	Bezirksgericht
BGB	Bürgerliches Gesetzbuch
BGBl.	Bundesgesetzblatt
BGH	Bundesgerichtshof
BGHZ	Entscheidungen des Bundesgerichtshofes in Zivilsachen
II. BV	Verordnung über wohnungswirtschaftliche Berechnungen (zweite Berechnungsverordnung)
BVerfG	Bundesverfassungsgericht
BVerfGE	amtliche Entscheidungssammlung des BVerfG
CR	Computer und Recht (Zeitschrift)
DIN	Deutsche Industrienorm
DWW	Deutsche Wohnungswirtschaft (Zeitschrift)
FamRZ	Zeitschrift für das gesamte Familienrecht
FGG	Gesetz über die freiwillige Gerichtsbarkeit
GG	Grundgesetz
GKG	Gerichtskostengesetz
GrundMV	Grundmietenverordnung
HWiG	Gesetz über den Widerruf von Haustürgeschäften und ähnlichen Geschäften
JA	Juristische Ausbildung (Zeitschrift)
JR	Juristische Rundschau (Zeitschrift)

KAG	Kommunalabgabengesetz (der Länder)
KG	Kammergericht
KrG	Kreisgericht
LG	Landgericht
MDR	Monatsschrift für Deutsches Recht
MHRG	Gesetz zur Regelung der Miethöhe
MM	Mietrechtliche Mitteilungen (im Mietermagazin Berlin)
ModEnG	Gesetz zur Förderung der Modernisierung von Wohnungen und von Maßnahmen zur Einsparung von Heizenergie
MRÄndG	Viertes Gesetz zur Änderung mietrechtlicher Vorschriften
NJW	Neue Juristische Wochenschrift
NJW-RR	NJW-Rechtsprechungsreport Zivilrecht
NMV	Neubaumietenverordnung
NStZ	Neue Zeitschrift für Strafrecht
m. w. N.	mit weiteren Nachweisen
OLG	Oberlandesgericht
OLGZ	Entscheidungen der Oberlandesgerichte in Zivilsachen einschließlich der freiwilligen Gerichtsbarkeit
RBerG	Rechtsberatungsgesetz
Rdn.	Randnummer
RPfleger	Der deutsche Rechtspfleger (Zeitschrift)
RuS	Recht und Schaden (Zeitschrift)
StGB	Strafgesetzbuch
VuR	Verbraucher und Recht
WGG	Wohnungsgemeinnützigkeitsgesetz
WiStG	Gesetz zur weiteren Vereinfachung des Wirtschaftsstrafrechts (Wirtschaftsstrafgesetz)
WoBindG	Wohnungsbindungsgesetz
WoVermG	Gesetz zur Regelung der Wohnungsvermittlung
WuM	Wohnungswirtschaft und Mietrecht (Zeitschrift)
ZAP	Zeitschrift für die Anwaltspraxis
ZAP-DDR	Zeitschrift für die Anwaltspraxis (Ausgabe DDR)
ZGB	Zivilgesetzbuch der DDR
ZMR	Zeitschrift für Miet- und Raumrecht
ZPO	Zivilprozeßordnung

Literaturverzeichnis

Aigner/Oberhofer/Schmidt, Regressionsmethode versus Tabellenmethode bei der Erstellung von Mietspiegeln, WuM 1993, 10
Aigner/Oberhofer/Schmidt, Eine neue Methode zur Erstellung eines Mietspiegels am Beispiel der Stadt Regensburg, WuM 1993, 10
Alles, Die Ermittlung der ortsüblichen Vergleichsmiete – Neue Ansätze und Methoden, WuM 1988, 241
Anders/Gehle/Baader, Handbuch für den Zivilprozeß, Sachantrag, Tenor, Streitwert, 1. Auflage, Düsseldorf 1992

Barthelmess, Zweites Wohnraumkündigungsschutzgesetz, Miethöhegesetz, Kommentar, 4. Auflage, Düsseldorf 1990
Beuermann, Die mißlungene Modernisierung – eine alltägliche Groteske, Grundeigentum 1992, 1070
Beuermann, Die Richter als Wucherer – oder – Verstößt ein gerichtlicher Vergleich gegen das Wirtschaftsstrafgesetz, Grundeigentum 1991, 212
Beuermann, Unterschiedliche Ausgangsmiete für Mietminderung und Kappungsgrenze, Grundeigentum 1991, 846
Blank, Das Vierte Mietrechtsänderungsgesetz, WuM 1993, 503 ff. und 573 ff.
Blümmel, Mieterhöhung für preisfreie Wohnungen und Begründung durch den Neubaumietspiegel, Grundeigentum 1991, 122
Blümmel, Die Mieterhöhung bei den preisfreien Wohnungen, Grundeigentum 1992, 635
Börstinghaus, Mieterhöhung; Reihe Mieten und Vermieten in Dortmund, 1. Auflage, Gelsenkirchen 1992
Börstinghaus, Berechnungstabellen für den Mieterhöhungsprozeß, ZAP Fach 4, Seite 307
Börstinghaus, Aktuelle Änderungen des Mietrechts durch das 4. Mietrechtsänderungsgesetz, ZAP Fach 4, Seite 313
Börstinghaus, Mietrechtsdatenbanken im Vergleich, WuM 1992, 167
Börstinghaus, Elektronische Hilfsmittel im Mietrecht, ZAP Fach 23, Seite 127
Börstinghaus, Aktuelle Änderungen des Mietrechts, ZAP Fach 4, Seite 231
Bub/Treier, Handbuch der Geschäfts- und Wohnraummiete, 2. Auflage, München 1993
Bub, Das 4. Mietrechtsänderungsgesetz, NJW 1993, 2897

Clar, Tabellen – versus Regressionsmethode bei der Mietspiegelerstellung – Andante?, WuM 1992, 662

Eisenschmid, Zur Reform der Mietpreiserhöhung nach § 5 WiStG, WuM 1992, 221

Emmerich/Sonnenschein, Miete, §§ 535–580a des Bürgerlichen Gesetzbuches, 2. Wohnraumkündigungsschutzgesetz, Gesetz zur dauerhaften sozialen Verbesserung der Wohnungssituation im Land Berlin, Einigungsvertrag; Handkommentar, 6. Auflage, Berlin 1991

Emmerich/Sonnenschein, Mietrecht, Kommentar zu den mietrechtlichen Vorschriften des Bürgerlichen Gesetzbuches und zum Zweiten Wohnraumkündigungsschutzgesetz; Sonderausgabe der §§ 535–580a BGB aus J. von Staudingers Kommentar zum Bürgerlichen Gesetzbuch mit Einführungsgesetz und Nebengesetzen, 2. Auflage, Berlin 1981

Engels, Zur Anwendbarkeit des „Haustürwiderrufsgesetzes" auf Verträge über Miete und Pacht von Immobilien, WuM 1991, 321

Fischer-Dieskau/Pergande/Schwender, Wohnungsbaurecht, Kommentare, Essen, Band 6, Stand Oktober 1992

Gaede/Kredler, Regression bei der Erstellung von Mietspiegeln, WuM 1992, 577
Gather, Die gesetzlichen Neuregelungen im Mietrecht, DWW 1993, 255
Goliasch, Zur Mieterhöhung bei baulichen Veränderungen an denkmalgeschützten Wohngebäuden, ZMR 1992, 192

Haase, Der Mietspiegel einer vergleichbaren Nachbargemeinde als Begründungsform eines Mieterhöhungsverlangens nach § 2 Abs. 2 Satz 2 MHRG, WuM 1993, 441
Henschel, Eigentumsgewährleistung und Mieterschutz, NJW 1989, 937
Hertel, Mietberechnung nach dem Wegfall der Preisbindung, ZMR 1992, 227
Horn, Zur Frage der Mieterhöhung bei befristeten Mietverhältnissen mit formularmäßig vorgesehenen Erhöhungsmöglichkeiten, WuM 1992, 175
Horst, Rechtsprechungsübersicht zum Mietrecht der neuen Bundesländer I, ZAP-DDR Fach 4, Seite 49 ff.
Horst, Rechtsprechungsübersicht zum Mietrecht der neuen Bundesländer II, ZAP-DDR Fach 4, Seite 77 ff.

Isenmann, Anmerkungen zum Beitrag von Voelskow in ZMR 1992, 326: „Mietspiegel", ZMR 1992, 482
Isenmann, Anmerkungen zum Lagenbegriff nach § 2 Abs. 1 Nr. 2 MHRG und zur Frage, ob sich die Lage einer Mietwohnung bei der Mietzinshöhe mietpreisbildend auswirkt, WuM 1992, 43
Isenmann, Mietspiegel, ZMR 1993, 446

Jablonski, Übergang auf die Bruttokaltmiete bei Wegfall der Bindung ehemals preisgebundener Wohnungen, Grundeigentum 1991, 216

Kinne/Schultz, Mieterhöhung nach § 5 MHG wegen gestiegener Kapitalkosten infolge Zinserhöhung, ZMR 1992, 5 ff.
Kinne, Mietminderung nach Mieterhöhung, Grundeigentum 1991, 901
Köhler, Handbuch der Wohnraummiete, 3. Auflage, München 1988
Kossmann, Der Anspruch des Vermieters auf Erhöhung des Mietzinses nach § 2 MHRG, ZAP Fach 4, Seite 33 ff.
Kossmann, Die neuere Rechtsprechung zu § 2 MHRG, ZAP Fach 4, Seite 253 ff.
Kossmann, Der Anspruch des Vermieters auf Erhöhung des Mietzinses bei baulichen Maßnahmen, ZAP Fach 4, Seite 47
Kossmann, Ansprüche auf Zahlung, Ermäßigung und Erhöhung von Betriebskosten, ZAP Fach 4, Seite 57
Kossmann, Änderungen des Mietzinses bei Erhöhung oder Ermäßigung von Kapitalkosten, ZAP Fach 4, Seite 69
Kossmann, Der Anspruch des Mieters auf Rückzahlung geleisteter Miete bei Mietpreisüberhöhung, ZAP Fach 4, Seite 77
Kossmann, Der Wohnungsmietvertrag, Herne/Berlin 1993
Krämer, Pro und Contra die Erstellung von Mietspiegeln mittels Regressionsanalyse, WuM 1992, 172

Lenhard, Die ortsübliche Vergleichsmiete in § 5 WiStG, ZMR 1993, 397

Mittag, Die Vertretungsbefugnis der Ehegatten als Mieter im Geltungsbereich des ZGB gemäß § 100 Abs. 3 Satz 1 ZGB-DDR, WuM 1993, 169
Mutter, Bestehen Zurückbehaltungsrechte gegen den Zustimmungsanspruch des Vermieters aus § 2 MHRG?, ZMR 1992, 185

Palandt, Bürgerliches Gesetzbuch, 52. Auflage, München 1993
Pfeifer, Mieterhöhung und Betriebskostenumlage in der ehemaligen DDR, ZAP-DDR Fach 4, Seite 13 ff.
Pfeiffer, Die zweite Grundmietenerhöhung in den neuen Bundesländern, ZAP-DDR Fach 4, Seite 65 ff.
Plönes, Zur Begrenzung der Mieterhöhungsmöglichkeit nach § 5 MHG wegen gestiegener Kapitalkosten, WuM 1993, 320

Quarch, Das Mieterhöhungsschreiben und die Ehegatten, WuM 1993, 224

Reinecke, Der Sachverständige im gerichtlichen Mieterhöhungsverfahren – überflüssiger Halbgott, WuM 1993, 101
Riedmaier, Das System der Vergleichsmiete in der neueren Rechtsprechung, ZMR 1987, 5 und ZMR 1987, 50
Rühl/Breitbach, Eigentumsgarantie und soziales Mietrecht in der Rechtsprechung des Bundesverfassungsgerichts, JA 1991, 111

Schach, Erhöhung mit Vergleichswohnungen und Heilung von Fehlern im Prozeß, Grundeigentum 1992, 521

Schilling/Heerde, Mietrecht in den neuen Bundesländern von A−Z, Reihe Leipziger Ratgeber Recht, Herne/Berlin 1991

Schilling, Kündigungssperrfrist, Sozialklausel oder Wechselbalg − Zum neuen Mieterschutz bei Wohnraumumwandlung, ZMR 1993, 441

Schopp, Mietspiegel im Prozeß, ZMR 1993, 141 ff.

Schopp, Wohnraummietrecht vom 1. Januar 1975 an (II. WKschG), ZMR 1991, 251

Schubart/Kohlenbach, Soziales Miet- und Wohnrecht, Kommentar, Frankfurt, 37. Ergänzung, Stand Oktober 1992

Sternel, Mietrecht, 3. Auflage, Köln 1988

Sternel, Mietrecht aktuell, 2. Auflage, Köln 1992

Sternel, Neues Mietpreisrecht, MDR 1991, 381

Voelskow, Mietspiegel, Aktuelle Bemerkungen zur Aufstellung und zur Verwertung im Prozeß, ZMR 1992, 326 ff.

Voelskow, Zur Erstellung von Mietspiegeln, WuM 1993, 21

Voelskow, Anmerkungen zur Kappungsgrenze, DWW 1993, 221

Vogg, Mietanhebung wegen Erhöhung der Kapitalkosten bei Übergang des Eigentums an vermietetem, preisfreiem Wohnraum, ZMR 1993, 45 ff.

Wetekamp, Mietsachen − Materielles Recht und Verfahren, 2. Aufl., München 1993

Winkler, Hochbaukosten, Flächen, Rauminhalte, 7. Auflage, Braunschweig/Wiesbaden 1988

Einführung

Teil 1: Rechtsgrundlagen

I. Einführung

1. Begriffserläuterungen

Wie immer, wenn Juristen ein und denselben Begriff gebrauchen, sollten sie sich zunächst einmal darauf verständigen, was sie damit meinen. Unter dem *Begriff „Miete"* versteht man zunächst die Gebrauchsüberlassung einer Wohnung (es können natürlich auch andere Gegenstände, z. B. Autos, Maschinen usw. gemietet werden) für eine bestimmte Zeit. In diesem umfassenden Sinn interessiert der Begriff hier jedoch nicht.

Unter „Miete" oder Mietzins versteht man auch den „Preis", der für die Gebrauchsüberlassung der Wohnung zu zahlen ist. „Wie hoch ist die Miete?" „Welche Miete muß ich zahlen?" sind die Fragen, die bei Abschluß eines Mietvertrages gestellt werden. Halten wir also fest:

Miete = Preis für die Gebrauchsüberlassung der Wohnung.

Nun wissen wir auch aus anderen Bereichen des täglichen Lebens, daß sich Preise für Waren und Dienstleistungen aus verschiedenen Faktoren (= Einzelpositionen) zusammensetzen können. So kann das bei der „Miete" auch sein. Auch wenn das Gesetz (§ 535 BGB) nur einen einheitlichen Begriff der Miete kennt, so haben sich zum einen in der Praxis verschiedene Arten der Berechnung für den „Gesamtpreis" der Wohnung durchgesetzt und zum anderen unterscheidet das Gesetz selbst bereits verschiedene Methoden zur Ermittlung der Miete.

1

2. Unterschiedliches Mietrecht

Unterschieden wird von Gesetzes wegen der Bereich des öffentlich geförderten oder sozialen Wohnungsbaus, also der *preisgebundenen Wohnungen,* und der *freifinanzierte Wohnungsbau* mit seinen nicht der Preisbindung unterliegenden Wohnungen. Einer der wichtigsten Unterschiede zwischen beiden Bereichen ist die Art der Ermittlung

2

der Miete. Während im preisgebundenen Wohnungsbau dem Vermieter lediglich die Kostenmiete zusteht, kann er im freifinanzierten Wohnungsbau, mit den unten zu besprechenden Ausnahmen, zumindest bei der Neuvermietung, die Miete mit dem Mieter vereinbaren, die ein Mieter bereit ist zu zahlen.

Der gesamte Bereich der Kostenmiete wird in diesem Buch nicht angesprochen. Dort gelten von den hier dargestellten Regelungen völlig abweichende Bestimmungen.

3. Die verschiedenen Mietstrukturen

3   Warmmiete, Kaltmiete, Bruttomiete, Nettomiete oder Inklusiv- oder gar Teilinklusivmiete sind die Namen für solche verschiedenen Berechnungsmethoden für den Gesamtpreis einer Wohnung. Was ist nun damit gemeint?

Die Vermietung bzw. das Bewohnen einer Wohnung verursacht verschiedene Kosten

a) Kosten, die mit der Errichtung oder dem Erwerb des Gebäudes in Verbindung stehen, insbesondere Finanzierungskosten und die Verzinsung des Eigenkapitals;

b) Kosten, die durch die bloße Existenz des Gebäudes verursacht werden; z. B. Grundsteuer, Haftpflichtversicherung, gebündelte Gebäudeversicherung, Straßenreinigungskosten;

c) Kosten, die durch die Nutzung selbst verursacht werden; z. B. Wasserverbrauch, Heizung, Müllabfuhr, Allgemeinstrom.

Es ist deshalb in bestimmten Grenzen zulässig, bei der Berechnung des Betrages, den der Mieter insgesamt zu zahlen hat, nach diesen verschiedenen Kostenpositionen zu unterscheiden. Neben dem Preis für die reine Gebrauchsüberlassung der Wohnung sind deshalb häufig noch die *Neben- oder Betriebskosten* zu zahlen. Auf diese sind manchmal Vorauszahlungen, über die der Vermieter abrechnen muß und manchmal Pauschalen zu zahlen. Hier kommt es jeweils auf die Regelungen im Mietvertrag an. Welche Nebenkosten zusätzlich nach entsprechender mietvertraglicher Vereinbarung abgerechnet werden dürfen[1], ergibt sich aus der Anlage 3 zu § 27 II. BerechnungsVO[2]. Wenn in den nachfolgenden Ausführungen von „Miete" die Rede sein wird, dann ist damit immer der *Preis* gemeint, der nach dem Mietvertrag *für die Gebrauchsüberlassung* zu zahlen ist, ohne daß er sich nach den vertraglichen Abreden auf bestimmte Betriebskosten bezieht, unabhängig davon, ob über diese abzurechnen ist oder ob eine Pauschale erhoben wird. Im vorliegenden Buch wird auf die Betriebskosten nur insoweit weiter eingegangen, als dies für die Fragen im Zusammenhang mit der Mieterhöhung von Bedeutung ist.

4. Sonstige Gegenleistungen

Neben der zusätzlichen Zahlung von Betriebskosten stellt noch eine weitere Leistung der Mieter eine Gegenleistung für die Gebrauchsüberlassung dar, nämlich die *Übernahme der Schönheitsreparaturen*. Grundsätzlich muß nämlich der Vermieter die Wohnung instandhalten und auch die Schönheitsreparaturen, also das Tapezieren der Wände, Anstrich der Türen usw., durchführen. In den heute fast ausschließlich benutzten Formularmietverträgen wird diese Verpflichtung aber fast immer auf den Mieter übertragen. Dies ist auch innerhalb bestimmter Grenzen zulässig, stellt deshalb also eine weitere Leistung des Mieters dar. Daraus folgt umgekehrt, daß in den Fällen, in denen der Vermieter die Schönheitsreparaturen entsprechend der gesetzlichen Regelung selbst trägt, auch der vom Mieter zu zahlende Betrag höher sein darf. Auf die Berechnung solcher Zuschläge wird später einzugehen sein[3].

4

---

1 Zum Umfang der Umlagemöglichkeit zuletzt: BGH DWW 1993, 74 (75) = WuM 1993, 109.
2 Siehe Rdn. 563.
3 Siehe Rdn. 97 f.

II. Die Miethöhe

1. Neuvermietung

5   Bei der Neuvermietung von Wohnraum, der keiner Preisbindung unterliegt, müssen noch immer keinerlei Vorschriften für die Berechnung der Miete beachtet werden. Es kann grundsätzlich jede Miete sowohl hinsichtlich der Mietstruktur wie auch bezüglich der Höhe der Miete vereinbart werden. Soweit es sich bei dem Mietvertrag jedoch um einen Formularmietvertrag handelt, kann sich aus dem AGBG eine Einschränkung, insbesondere was die Überbürdung weiterer Pflichten und Kosten auf den Mieter angeht, ergeben.

2. Mietpreisüberhöhung

6   Da aber bekanntlich eine solche vollkommene Freiheit auch zu Mißbrauch führen kann, gelten für die Höhe der Miete relative Grenzen. Diese ergeben sich zwar nicht unmittelbar aus dem Mietrecht sondern aus dem *Straf- bzw. Ordnungswidrigkeitengesetz,* wirken sich aber im Mietrecht aus[4].

Gemäß § 5 WiStG in der Fassung des 4. Mietrechtsänderungsgesetzes v. 21.7.1993 (BGBl. I, S. 1257 ff.) handelt ordnungswidrig

> wer vorsätzlich oder leichtfertig für die Vermietung von Räumen zum Wohnen oder damit verbundene Nebenleistungen unangemessen hohe Entgelte fordert, sich versprechen läßt oder annimmt.

> Unangemessen hoch sind Entgelte, die infolge der Ausnutzung eines geringen Angebots an vergleichbaren Räumen die üblichen Entgelte um mehr als 20 % übersteigen, die in der Gemeinde oder in vergleichbaren Gemeinden für die Vermietung von Räumen vergleichbarer Art, Größe, Ausstattung, Beschaffenheit und Lage oder damit verbundene Nebenleistungen in den letzten vier Jahren vereinbart oder, von Erhöhungen der Betriebskosten abgesehen, geändert worden sind.

> Nicht unangemessen hoch sind Entgelte, die zur Deckung der laufenden Aufwendungen des Vermieters erforderlich sind, sofern sie
>
> 1. unter Zugrundelegung der nach Satz 1 maßgeblichen Entgelte nicht in einem auffälligen Mißverhältnis zu der Leistung des Vermieters stehen.

---

4 Siehe hierzu zuletzt Eisenschmid WuM 1992, 221.

2. für Räume entrichtet werden,
   a) die nach dem 1. Januar 1991 fertiggestellt wurden oder
   b) für die das Entgelt vor dem 1.9.1993 über der in Satz 1 bezeichneten Grenze liegen durfte.

Die zum 1. September 1993 in Kraft getretene Änderung des Wirtschaftsstrafgesetzbuches soll eine Verschärfung des Gesetzes bringen, enthält in weiten Bereichen aber nur eine Übernahme der bisherigen Rechtsprechung hierzu in den Gesetzeswortlaut. Dies erscheint nicht ganz unproblematisch; insbesondere besteht zu den neu eingeführten Mietpreisgleitklauseln, aber auch zu den weiter bestehenden Mieterhöhungsmöglichkeiten wegen Kapitalkostensteigerungen nach § 5 MHRG und wegen Modernisierung nach § 3 MHRG ein Spannungsverhältnis, das erst in der Zukunft durch die Rechtsprechung gelöst werden muß. 7

Die Vorschrift nimmt weiterhin Bezug auf die „üblichen Entgelte". Dies ist die sog. *„ortsübliche Vergleichsmiete"*[5]. Da der Wortlaut der Vorschrift der des § 2 MHRG entspricht, kann bezüglich der Ermittlung der ortsüblichen Miete auf die nachfolgenden Erörterungen Bezug genommen werden. Der *Mietspiegel* ist deshalb auch bei der Frage, ob eine Mietpreisüberhöhung vorliegt, ein ganz wichtiges Beweismittel[6]. Auf die Werte des Mietspiegels darf ein Zuschlag für bestimmte „Teilmärkte", d. h. z. B. für Wohnungen, die überwiegend von Ausländern, Soldaten oder Wohngemeinschaften bewohnt werden, nicht erhoben werden[7]. 8

Die ortsübliche Miete darf um nicht mehr als 20 % überschritten werden. Dies entspricht der auch bisher von der Rechtsprechung entwickelten Grenze für die „nicht unwesentliche Überschreitung" nach altem Recht[8]. 9

---

5 Frantzioch in Fischer-Dieskau/Pergande, § 1 MHRG Anm. 2.
6 Z.B.: AG Dortmund MDR 1991, 1062 = NJW-RR 1991, 1228 und LG Dortmund WuM 1991, 559.
7 OLG Hamm WuM 1986, 206 und NJW 1983, 1622; OLG Stuttgart NJW 1982, 1160.
8 BGH NJW 1984, 722 = MDR 1984, 46 = WuM 1984, 68; OLG Stuttgart NJW 1981, 2365 = WuM 1981, 225 = ZMR 1981, 318; OLG Hamburg NJW 1983, 1004; OLG Frankfurt WuM 1985, 139.

10 Die *20%-Grenze* darf jedoch auch nach neuem Recht in bestimmten *Ausnahmefällen* überschritten werden[8a]. Durch die Neufassung der Vorschrift wurde das bisher in § 5 Abs. 1 Satz 3 WiStG enthaltene Kostenelement aber erheblich zurückgedrängt. Eine Überschreitung ist nur noch aus zwei Gründen zulässig:

11 • Um die Schaffung neuer Wohnungen nicht zu behindern, darf bei *Neubauten* eine Überschreitung erfolgen, wobei wegen der eingetretenen Preisentwicklung auch die ab 1.1.1991 erstellten Wohnungen mit einbezogen wurden.

12 • Aus Gründen des *Bestandsschutzes* darf bei wiedervermieteten Wohnungen die *zuletzt verlangte Miete* zulässigerweise weiter verlangt werden, wenn die Überschreitung der Wesentlichkeitsgrenze von 20% nach altem Recht rechtmäßig war. In diesem Fall kann zur Deckung der laufenden Aufwendungen bei der Wiedervermietung auch eine höhere als die bisherige Kostenmiete vereinbart werden[9].

Auch Kostenmieten, die im Rahmen der Mietpreisbindung bislang zulässig waren, genießen nach Ablauf der Preisbindung einen Bestandsschutz im Hinblick auf § 5 WiStG[10].

13 Eine Überschreitung der 20%-Grenze ist zulässig, wenn die Miete „zur Deckung der laufenden Aufwendungen des Vermieters erforderlich" ist. Durch diesen Zusatz soll die Geltung des § 5 Abs. 1 Satz 1 und 2 WiStG für diejenigen Fälle ausgeschlossen werden, in denen die monatliche Miete zwar die Wesentlichkeitsgrenze übersteigt, der Vermieter aber unter Berücksichtigung seiner laufenden Aufwendungen keinen Gewinn erzielt.

14 Allerdings darf auch dieser Mietzins nach dem ausdrücklichen Gesetzeswortlaut in § 5 Abs. 2 Ziff. 1 WiStG nicht in einem *auffälligen Mißverhältnis* zur Leistung des Vermieters stehen. Ein solch auffälliges Mißverhältnis i. S. von § 5 Abs. 1 Satz 3 WiStG wurde bisher all-

---

8a Nach Ansicht von Bub NJW 1993, 2897 ist diese Differenzierung wegen Verstoßes gegen Art. 3 GG verfassungswidrig.
9 So ausdrücklich die Gesetzesbegründung, BT-Drs. 12/3254 S. 16.
10 So die Gesetzesbegründung, BT-Drs. 12/3254 S. 16 unter Hinweis auf LG Berlin Grundeigentum 1990, 315.

gemein bei einer Überschreitung der ortsüblichen Vergleichsmiete um mehr als 50 % angenommen. Dies entspricht der *Wuchergrenze* nach § 138 Abs. 2 BGB, § 302a StGB[11]. Soweit also der Mietzins zur Deckung der laufenden Aufwendungen erforderlich ist, kann die Wesentlichkeitsgrenze von 20 % bis zu einer Höhe von 50 % überschritten werden.

In diesen Fällen bezieht sich die Nichtigkeit aber nur auf den die 50 % Grenze *überschreitenden Teil* der Mietzinsvereinbarung[12]. Andernfalls würde ein Vermieter, der die ortsübliche Vergleichsmiete um mehr als 50 % überschreitet, demjenigen Vermieter gegenüber benachteiligt, der beispielsweise zur Deckung seiner erforderlichen Kosten eine Mietzinsvereinbarung von 49 % über der ortsüblichen Miete trifft. Würde man im ersten Fall die Mietzinsvereinbarung bis auf die Wesentlichkeitsgrenze von 20 % kappen, würde der durch § 5 Abs. 1 Satz 2 WiStG angestrebte Zweck nicht erreicht werden. Der Gesetzgeber wollte insofern nämlich an die Regeln für die Kostenmiete in § 8b WoBindG anknüpfen. Die für die Ermittlung der Kostenmiete im öffentlich geförderten Wohnungsbau geltenden Vorschriften sollten für die Beurteilung herangezogen werden, ob bei nicht preisgebundenem Wohnraum die Miete zur Deckung der laufenden Aufwendungen erforderlich ist. Zu berücksichtigen sind deshalb auch *fiktive Eigenkapitalkosten*[13]. Durch diese Verknüpfung mit dem Kostenmietprinzip sollte das Angebot an Mietwohnungen erhöht werden. Die Bereitschaft zu Investitionen im Wohnungswesen würde jedoch stark beeinträchtigt, wenn bei Überschreiten der Vergleichsmiete um mehr als 50 % auf Grund laufender Aufwendungen nicht gleichzeitig die Mietzinsvereinbarung bis zu einer Höhe von 150 % der ortsüblichen Miete wirksam bliebe. Von dieser 50 % Grenze abzuweichen besteht kein Anlaß, da das MRÄndG lediglich die Wesentlichkeitsgrenze des § 5 WiStG entsprechend der bisherigen Rechtsprechung konkretisiert hat.

---

11 BGH NJW 1982, 896 = WuM 1982, 164.
12 OLG Hamburg NJW-RR 1992, 1366 = WuM 1992, 527; ZAP F. 4 R, S. 79 mit Anm. Börstinghaus.
13 OLG Stuttgart WuM 1988, 396.

16 Umstritten ist die Frage, ob die Begrenzung des Wirtschaftsstrafgesetzbuches für *alle Arten von Mieterhöhungen* gilt. Problematisch ist dies vor allem für die beiden vereinfachten Umlageverfahren nach § 3 und nach § 5 MHRG. Nach dem Rechtsentscheid des OLG Hamm vom 23. 11. 1982[14] wird eine Mieterhöhung nach § 5 MHRG nicht begrenzt durch die Vorschrift des § 5 WiStG. Das LG Köln hat sich erst kürzlich wieder dieser Auffassung angeschlossen[15]. Das OLG Karlsruhe hat im Rechtsentscheid vom 19. 8. 1983[16] für eine Mieterhöhung nach § 3 MHRG genau andersherum entschieden.

17 Folge des Verstoßes ist, daß an die Stelle des gemäß § 5 WiStG überhöhten Mietzinses der zulässige Preis tritt und nur eine Teilnichtigkeit eintritt[17]. Was das Gesetz nicht verbietet, ist rechtmäßig und kann daher auch nicht nach § 134 BGB nichtig sein. Im übrigen ist der Mietvertrag wirksam. Bei einer Mietpreisüberhöhung müssen auch Veränderungen der ortsüblichen Miete berücksichtigt werden[18]. Daraus folgt, daß ggf. für jeden Monat errechnet werden muß, wie hoch die ortsübliche Miete zzgl. des Wesentlichkeitszuschlages war. Irgendwann wird dann die vereinbarte Miete voll und ganz zulässig. Es ist nicht so, daß der nichtige Teil für die Zukunft keine Wirkungen mehr hat.

18 Hat der Mieter die Miete bereits ganz gezahlt, steht ihm ein Rückzahlungsanspruch aus *ungerechtfertigter Bereicherung* zu. Dieser Anspruch unterliegt der 4jährigen Verjährung, d. h. der Vermieter kann für weiter zurückliegende Zeiträume die Rückzahlung verweigern. Die Verjährung kann nur durch ein Anerkenntnis des Vermieters oder durch gerichtliche Geltendmachung unterbrochen werden. Ist das Gebäude in der Zwischenzeit verkauft worden und der neue Eigentümer be-

---

14 OLGZ 1983, 107 = NJW 1983, 1915 = WuM 1983, 18 = ZMR 1983, 314 = DWW 1983, 17 = MDR 1983, 230.
15 WuM 1992, 445; nach LG Stuttgart darf eine Mieterhöhung gemäß § 5 MHRG den ortsüblichen Mietzins nur bis zu 50 % übersteigen = NJW-RR 1993, 279 = WuM 1993, 361.
16 OLGZ 1983, 488 = NJW 1984, 62 = WuM 1983, 314 = ZMR 1984, 201 = DWW 1983, 276; bestätigt nochmals im Rechtsentscheid v. 20. 9. 1984 WuM 1985, 17 = ZMR 1984, 412 = Justiz 1985, 27; kritisch mit dieser Rechtsprechung befaßt sich Scholl in WuM 1992, 583; siehe auch Plönes WuM 1993, 320.
17 BGH NJW 1984, 722.
18 OLG Hamm NJW 1983, 1622.

reits im Grundbuch eingetragen, dann richtet sich der Rückerstattungsanspruch grundsätzlich gegen den neuen Erwerber, es sei denn, der Anspruch ist bereits dem früheren Vermieter gegenüber entstanden[19]. Wenn der unzulässige Teil der Miete vom Vermieter auf Grund § 8 WiStG an das Land abgeführt worden ist, kann der Mieter gemäß § 9 WiStG die Rückerstattung beantragen.

Außerdem kann gegen den Vermieter ein *Ordnungswidrigkeits-* oder *Strafverfahren* eingeleitet werden. Bei einer Ordnungswidrigkeit kann eine Geldbuße in Höhe bis zu 100.000,- DM verhängt werden. Die insofern eingeleiteten Verfahren haben bundesweit in letzter Zeit erheblich zugenommen[20].

19

3. Bestehende Mietverträge

Bei bestehenden Mietverträgen über Wohnraum ist eine Mieterhöhung durch den Vermieter nur unter eingeschränkten Voraussetzungen möglich. Diese richten sich nach dem „Gesetz über die Regelung der Miethöhe (MHRG)" vom 18.12.1974 (BGBl. I, S. 3603, 3604) zuletzt geändert durch Art. 1 MRÄndG v. 21.7.1993 (BGBl. I, S. 1257 f.)[21]. Dabei gibt es grundsätzlich folgende vier Alternativen:

20

1. Anhebung der Miete auf das ortsübliche Niveau gemäß § 2 MHRG = sog. Zustimmungsverfahren;

2. Erhöhung des Mietzinses bei baulichen Maßnahmen gemäß § 3 MHRG = vereinfachtes Umlageverfahren;

3. Ansprüche auf Zahlung, Ermäßigung und Erhöhung von Betriebskosten gemäß § 4 MHRG = vereinfachtes Umlageverfahren;

---

19 AG Köln WuM 1990, 564.
20 So wurden z. B. im Jahre 1991 in der Stadt Dortmund insgesamt 72 Verfahren wegen Mietpreisüberhöhung eingeleitet, von denen in 19 Fällen die Vermieter nach Hinweis auf die Rechtslage bereit waren, die Miete ab Beginn des Mietvertrages zu reduzieren. In 23 Fällen haben die Vermieter nachgewiesen, daß die vereinbarte Miete zur Deckung der laufenden Aufwendungen erforderlich ist. In 5 Fällen wurden die Verfahren an die Staatsanwaltschaft wegen Verdachts einer Straftat weitergeleitet, in 7 Verfahren sind Bußgeldbescheide ergangen; im Jahre 1992 waren es bereits 76 Verfahren, wovon in 13 mit dem Erlaß eines Bußgeldbescheides endeten.
21 Abgedruckt unten Rdn. 555.

4. Ansprüche auf Erhöhung oder Ermäßigung der Miete wegen Änderung der Kapitalkosten gemäß § 5 MHRG = vereinfachtes Umlageverfahren.

21 Außerdem besteht in eingeschränktem Maße auch die Möglichkeit, *bei Abschluß des Mietvertrages* zukünftige Mieterhöhungen zu vereinbaren. Dies ist schon seit 1982 in Form der *Staffelmietvereinbarung* gemäß § 10 MHRG möglich[22]. Wenn eine solche Staffelmietvereinbarung wirksam getroffen wurde, dann kann während dieser Zeit die Miete nicht gemäß §§ 2, 3 und 5 MHRG erhöht werden. Eine Staffelmietvereinbarung kann unter der Voraussetzung, daß die höchste Staffel die bei Vertragsschluß maßgebliche Kostenmiete nicht übersteigt sogar im öffentlich geförderten Wohnungsbau vereinbart werden[23]. Außerdem besteht seit dem 1. 9. 1993 wieder die Möglichkeit *Gleitklauseln* (Mietanpassungsvereinbarung) wirksam zu vereinbaren[24].

22 Nachfolgend werden zunächst die wichtigsten Voraussetzungen einer Mieterhöhung gemäß § 2 MHRG dargestellt. Es muß aber darauf hingewiesen werden, daß hier nur ein Überblick über die wichtigsten Voraussetzungen und Hinweise auf häufige Probleme und Fehler gegeben werden kann. Zur Vertiefung wird auf das Literaturverzeichnis aber auch auf den Lexikonteil[25] und die Liste der Rechtsentscheide in Mietsachen[26] verwiesen. Die Darstellung der Mieterhöhungen gemäß den §§ 3–5 MHRG nimmt nur einen kleineren Teil ein, da erfahrungsgemäß mehr Probleme im Zustimmungsverfahren gemäß § 2 MHRG auftauchen.

a) Anwendbarkeit des MHRG

23 Wie oben bereits dargestellt, gibt es unterschiedliche mietrechtliche Regelungen, die von der Art der Finanzierung des Gebäudes abhän-

---

22 Ein Vorschlag für die Formulierung einer solchen Staffelmietvereinbarung befindet sich bei Rdn. 191.
23 OLG Hamm ZMR 1993, 162 = WuM 1993, 108; a. A.: LG Hamburg Urt. v. 31. 7. 1992 – 311 S 84/92.
24 Siehe dazu unten Rdn. 28.
25 Siehe unten ab Rdn. 321.
26 Siehe unten ab Rdn. 199.

gig sind. Die hier darzustellenden Regelungen für eine Mieterhöhung gelten nur für den nicht preisgebundenen Wohnungsbau = frei finanzierter Wohnungsbau[27].

Weiter gelten die Regelungen für folgende Mietverhältniss nicht:
1. Wohnraum, der nur zu *vorübergehendem Gebrauch* vermietet ist;
2. Wohnraum, der Teil der vom *Vermieter* selbst bewohnten Wohnung ist und den der Vermieter ganz oder überwiegend mit *Einrichtungsgegenständen* ausgestattet hat, sofern der Wohnraum nicht zum dauernden Gebrauch für eine Familie überlassen ist;
3. Wohnraum, der Teil eines *Studenten- oder Jugendwohnheims* ist.

Eine Mieterhöhung ist weiter ausgeschlossen, wenn die Parteien eine entsprechende Vereinbarung getroffen haben, was sich auch aus den Umständen ergeben kann. Dies soll nach § 1 Satz 3 MHRG der Fall sein, wenn die Parteien bei einem Mietverhältnis auf bestimmte Zeit[28] mit festem Mietzins keine Regelung über die Mieterhöhung getroffen haben[29]. Regelungen im Formularvertrag genügen hierzu nicht[30]. Hierbei würde es sich um eine unzulässig Überraschungsklausel gemäß § 3 AGBG handeln[31]. Erforderlich ist deshalb ein *individueller Mieterhöhungsvorbehalt* im Mietvertrag. Wenn die Parteien bei einem befristeten Mietverhältnis eine Verlängerungsklausel vereinbart haben, dann gilt der Ausschluß der Mieterhöhung nur für die Zeit der ersten Befristung, in der Verlängerungszeit kann die Miete erhöht werden[32]. Eine Befristung, die gemäß § 1 Satz 3 MHRG eine Mieterhöhung ausschließt, liegt auch dann nicht vor, wenn die Parteien in einem späteren Zusatz zum Mietvertrag vereinbart haben, daß der Mietvertrag „für mindestens 10 Jahre gelten soll und innerhalb dieser

---

27 § 10 Abs. 3 Nr. 1 MHRG, vgl. Rdn. 555.
28 Hierzu zählen auch Mietverhältnisse auf Lebenszeit, vgl. AG Trier WuM 1993, 196; LG Lübeck WuM 1972, 58 = MDR 1972, 612; Frantzioch in Fischer-Dieskau/Pergande, § 1 MHRG Anm. 4.
29 Hierzu u. a. LG Baden-Baden WuM 1984, 86; AG Siegburg WuM 1987, 354.
30 AG Siegburg, a. a. O.; AG Tettnang WuM 1993, 406.
31 AG Offenburg ZMR 1987, 472.
32 Hierzu OLG Zweibrücken OLGZ 1982, 3470 = WuM 1981, 273 = ZMR 1982, 115 und OLG Hamm NJW 1983, 829 = MDR 1983, 57 (Berichtigung auf Seite 320) = WuM 1982, 294 = ZMR 1983, 71.

Zeit nur von beiden Parteien einverständlich aufgehoben werden kann[33]. Haben die Parteien bei Abschluß des Mietvertrages eine Miete vereinbart, die unterhalb des ortsüblichen Mietniveaus lag, dann bedeutet dies allein noch nicht, daß dem Vermieter eine Erhöhung nach § 2 MHRG vertraglich untersagt ist[34].

25   Probleme tauchen in der Praxis bei Abweichungen zwischen der vereinbarten und der tatsächlichen Wohnungsgröße auf. Hier gilt im Rahmen des § 1 Satz 3 MHRG folgendes[34a]:

- Haben die Parteien im Mietvertrag eine Wohnungsgröße vereinbart, die kleiner ist, als die tatsächliche Größe, dann ist im Rahmen von Mieterhöhungen nur die vereinbarte Größe maßgeblich, d. h. die tatsächlich vorhandenen weiteren qm bleiben bei der Berechnung der Miete völlig außer Betracht. Es liegt insofern gerade eine abweichende Vereinbarung i. S. d. § 1 Satz 3 MHRG vor[35].

- Ist hingegen die Wohnung tatsächlich kleiner als im Mietvertrag vereinbart, dann ist die tatsächliche Größe maßgeblich, da die Vereinbarung im Mietvertrag eine nachteilige Vereinbarung i. S. d. § 10 Abs. 1 MHRG darstellt und deshalb unwirksam ist[35a].

b) Mietabänderungsvereinbarungen

26   Das Verfahren nach dem MHRG gibt dem Vermieter unter den dort genannten Voraussetzungen einen *Anspruch* gegen den Mieter auf *Zustimmung* zu einer Mieterhöhung (§ 2 MHRG) bzw. einen unmittelbaren Zahlungsanspruch (§ 3 bis 5 MHRG). Unabhängig davon steht es den Parteien frei, sich auf eine Mieterhöhung einverständlich zu einigen (sog. Mietabänderungsvereinbarung[36]). Hier liegt ein Ver-

---

33 AG Dortmund WuM 1992, 624 = MDR 1992, 870.
34 AG Hamburg-Blankenese WuM 1989, 395.
34a Siehe unten Rdn. 82.
35 AG Köln WuM 1987, 159.
35a Die bloße Angabe der Quadratmeterzahl im Mietvertrag ist auch nicht als Zusicherung einer bestimmten Eigenschaft der Mietsache anzusehen, so daß der Mieter aus einer eventuellen geringeren Quadratmeterzahl der Wohnung keine Rechte herleiten kann, LG Dortmund, Urt. v. 10. 2. 1993 – 21 S 209/92.
36 Ein Formulierungsvorschlag befindet sich bei Rdn. 193.

trag vor, in dem sich die Parteien als gleichberechtigte Vertragspartner auf eine neue Miete einigen. Genau wie bei der oben angesprochenen Neuvermietung gilt hier als Grenze nur die Mietpreiserhöhung gemäß § 5 WiStrG und der Mietwucher gemäß § 302a StGB.

Umstritten ist in der Rechtsprechung, ob auf eine solche Mietabänderungsvereinbarung ggf. die Vorschriften des *„Haustürwiderrufsgesetzes" (HWiG)* vom 16. 1. 1986 (BGBl. I, S. 122) zuletzt geändert durch Gesetz vom 17. 12. 1990 (BGBl. I, S. 2840 ff.)[37] anzuwenden sind. Während die Amtsgerichte[38] die Anwendbarkeit des HWiG mehrheitlich wohl bejahen, wurde von den Landgerichten[38a] überwiegend die Anwendbarkeit des Gesetzes verneint. Die Argumentation war dabei unterschiedlich:

27

Das LG Hamburg vertrat die Auffassung, daß das HWiG bei Vereinbarungen gemäß § 10 MHRG überhaupt nicht anwendbar sei, da die Regelung sonst leerlaufe.

Die Landgerichte Frankfurt und Hannover lehnten die Anwendbarkeit des HWiG mit der Begründung ab, daß auf Grund der bestehenden EG-Richtlinie vom 20. 12. 1985 „Verbraucherschutz" das deutsche Gesetz EG-konform und einschränkend auszulegen sei. Nach Art. III. 2 lit. a der Richtlinie seien nämlich Mietverträge über Immobilien von der Anwendbarkeit ausgeschlossen und der deutsche Gesetzgeber habe, entsprechend der sich aus Art. 185 Abs. 2 EWGV ergebenden Verpflichtung zur Umsetzung der Ziele in nationales Recht, diesen Regelungsgehalt übernommen.

Das Landgericht Wiesbaden hat bei einem Schuldanerkenntnis des Mieters über einen Schadensersatzanspruch des Vermieters entschieden, daß es sich hierbei gerade nicht um einen auf eine entgeltliche

---

[37] Zum Gesetzeswortlaut siehe unten Rdn. 556.
[38] AG Hofgeismar WuM 1989, 186; AG Hamburg WuM 1989, 187; AG Hamburg WuM 1991, 561; aber auch LG Braunschweig WuM 1991, 671; LG Karlsruhe WuM 1992, 363; LG Heidelberg WuM 1993, 397.
[38a] LG Frankfurt WuM 1989, 188 = NJW RR 1989, 824; LG Hannover WuM 1989, 189; LG Wiesbaden WuM 1992, 603.

Leistung gerichteten Vertrag handele, sondern nur um einen Sekundäranspruch, auf den das HWiG nicht anwendbar sei.[38b]

Das BayObLG[38c] vertritt die Auffassung, daß die persönlichen Voraussetzungen für die Anwendbarkeit des Haustürwiderrufsgesetzes bei einem Privatvermieter nicht vorliegen. Gemäß § 6 Nr. 1 HWiG finden die Vorschriften des Gesetzes u. a. keine Anwendung, wenn die andere Partei, d. h. derjenige, der die in dem abgeschlossenen Vertrag vereinbarte entgeltliche Leistung erbringen soll, nicht geschäftsmäßig handelt. Aus der Gesetzesbegründung ergibt sich, daß hiermit in erster Linie Privatpersonen, die nur gelegentlich entgeltliche Leistungen anbieten, vom Anwendungsbereich des Gesetzes ausgenommen werden sollen. Geschäftsmäßig handelt deshalb nur derjenige, der unabhängig von den Einkünften, die er damit erzielt, beabsichtigt, eine Tätigkeit gleicher Art zu wiederholen und dadurch zu einem dauernden oder wiederkehrenden Bestandteil seiner Beschäftigung zu machen. Der Vertragspartner muß also mit einer gewissen Regelmäßigkeit Geschäftsabschlüsse tätigen oder dies wenigstens beabsichtigen. Diese Auslegung entspricht nach Ansicht des BayObLG dem Zweck der Vorschrift, Vertragsabschlüsse von Personen auszunehmen, deren Tätigkeit nicht über den aus besonderen Gründen getätigten Vertragsabschluß hinausgeht, weil üblicherweise nur bei wiederholter Vornahme ähnlicher Geschäfte eine Überlegenheit entsteht, die die Einführung eines Widerrufsrechts zum Schutz des Kunden vor Überrumpelung rechtfertigt. Diese Auslegung stimmt auch mit der Auslegung des gleichlautenden Begriffes in der Preisangabenordnung und dem Rechtsberatungsgesetz überein.

Damit dürfte für private Kleinvermieter die Problematik des Haustürwiderrufsgesetzes vom Tisch sein. Problematisch wird in Zukunft die *Grenzziehung* sein, wobei dann die oben dargestellten grundsätzlichen Probleme, wie sie bisher in der landgerichtlichen Rechtsprechung ausführlich erörtert wurden, noch immer nicht gelöst sind.

38b Kritisch zur Rechtsprechung der LG: Engels WuM 1991, 321 ff.
38c Neg. Rechtsentscheid des BayObLG v. 13. 4. 1993 NJW 1993, 2121 = WuM 1993, 384 = DWW 1993, 196.

Wenn das HWiG anwendbar ist, dann kann der Mieter seine Erklärung unter den dort genannten Voraussetzungen widerrufen. Dies ist z. B. dann der Fall, wenn er einer Mieterhöhung zu Hause bei einem *Besuch des Vermieters* zugestimmt hat oder wenn der Vermieter den Mieter am Arbeitsplatz aufgesucht hat. In diesen Fällen kann die Zustimmung binnen einer Frist von einer Woche schriftlich widerrufen werden. Hat der Vermieter den Mieter nicht über sein Widerrufsrecht belehrt, dann kann die Erklärung auch noch später widerrufen werden.

c) Mietanpassungsvereinbarungen

Neu ist die durch das 4. Mietrechtsänderungsgesetz vorgesehene Möglichkeit für die Mietvertragsparteien, eine Wertsicherungsklausel bereits im Mietvertrag zu vereinbaren. Gemäß *§ 10a MHRG* kann schriftlich vereinbart werden, daß die weitere Entwicklung des Mietzinses durch den Preis von anderen Gütern oder Leistungen bestimmt werden soll (Mietanpassungsvereinbarung)[39]. Eine solche Vereinbarung ist nur wirksam, wenn sie gemäß § 3 Währungsgesetz von der Deutschen Bundesbank bzw. den zuständigen *Landeszentralbanken* genehmigt wurde[39a]. 28

Der Gesetzgeber hat diese zusätzliche Möglichkeit geschaffen, weil selbst nach seiner eigenen Einschätzung die gesetzlichen Erhöhungsvorschriften für beide Mietvertragsparteien nur schwer zu handhaben sind. Gerade private Vermieter mit kleinem Wohnungsbestand haben häufig Schwierigkeiten, Mieterhöhungsverlangen entsprechend den gesetzlichen Anforderungen zu begründen. Die Möglichkeit der Staffelmietvereinbarung wurde demgegenüber in der Praxis nur beschränkt angenommen[39b].

Nach der Neuregelung sind nur solche Wertsicherungsklauseln zugelassen, die nach § 3 WährungsG oder entsprechenden währungsrecht- 29

---

39 Hierzu Blank WuM 1993, 503; Bub NJW 1993, 2897.
39a Die Anschriften sind unten unter Rdn. 572/573 abgedruckt.
39b So die Gesetzesbegründung BT-Drs. 12/3254, S. 8.

lichen Regelungen⁴⁰ der Genehmigung bedürfen und tatsächlich genehmigt worden sind. Damit stellt § 10a MHRG sicher, daß Klauseln, die keiner *währungsrechtlichen Kontrolle* unterliegen, mietrechtlich weiterhin unzulässig sind.

Nach den Genehmigungsgrundsätzen der Deutschen Bundesbank⁴¹ und der bisherigen Genehmigungspraxis zu § 3 WährungsG werden bei Wohnraummietverträgen Gleitklauseln wohl nur dann genehmigt werden können, wenn

- die Verträge vom Vermieter vor Ablauf von 10 Jahren nicht ordentlich gekündigt werden dürfen und

- wenn die Veränderung der Miethöhe von der Entwicklung der Verbraucherpreise (einem sog. *Lebenshaltungskostenindex*)⁴² abhängig sein soll. Andere Bezugsgrößen werden praktisch nicht in Betracht kommen.

30 Eine ausdrückliche Beschränkung auf einen bestimmten Lebenshaltungsindex gibt es nicht. Auch regionale Inidizes können als Bezugsgröße vereinbart werden. Der Gesetzgeber wollte lediglich folgende drei Arten von Klauseln ausschließen:

- *Spannungsklauseln*

  Sie würden im wesentlichen auf die vertragliche Vereinbarung von Änderungsmaßstäben hinauslaufen, die inhaltlich dem Vergleichsmietenprinzip entsprechen. Dies würde eine Umgehung der gesetzlichen Formvorschriften des § 2 MHRG darstellen.

---

40 Durch Staatsvertrag vom 18. 5. 1990 wurde für die damalige DDR in Art. 3 der Anlage I eine eigenständige Norm geschaffen, die nach dem Einigungsvertrag Anlage I, Kap. IV, Sachgebiet B, Abschnitt III Nr. 1 auch nach dem 3. 10. 1990 fortgilt. Im westlichen Teil Berlins gilt nach wie vor die von den alliierten Kommandanten erlassene WährungsVO von 1948 (VOBl. 1948, 363). Die Regelungen stimmen sämtlichst mit § 3 WährungsG (vgl. Rdn. 571) überein.
41 Abgedruckt unten bei Rdn. 570.
42 So werden z. B. in der NJW regelmäßig folgende Lebenshaltungskostenindizes veröffentlicht:
  – Aller privaten Haushalte (Gesamtindex)
  – Wohnungsmieten aller privaten Haushalte
  – 4-Personen-Haushalt höheres Einkommen
  – 4-Personen-Haushalt mittleres Einkommen
  – 2-Personen-Haushalt geringes Einkommen.

- *Leistungsvorbehalte*
  Sie wären im Vergleich zu echten Gleitklauseln schwerer umsetzbar und kaum praktikabel.
- *Kostenelementeklauseln*
  Bei deren Zulassung befürchtete der Gesetzgeber, daß die Rechtsprechung auch im Bereich frei finanzierter Mietwohnungen die Weitergabe steigender Verwaltungs- und Instandsetzungskosten zulassen könnte. Dies wäre mit dem Prinzip einer am Markt erzielbaren Miete nicht vereinbar.

Gleitklauseln, die in *alten Mietverträgen* bis zum Beginn der 70er Jahre zulässig waren, dann aber durch die Mietrechtsänderungen unwirksam geworden sind, leben mit der Gesetzesänderung nicht wieder auf. Die Mietvertragsparteien müssen sie ggf. neu vereinbaren und genehmigen lassen. **31**

Die Erhöhung der Miete tritt *nicht automatisch* ein. Eine solche Automatik hätte zur Folge gehabt, daß der Mieter verpflichtet gewesen wäre, selbst die Entwicklung des gewählten Indexes mitzuverfolgen. § 10a Absatz 3 MHRG bestimmt daher, daß der Vermieter die entsprechende Erhöhung des Mietzinses durch schriftliche Erklärung[43] gegenüber dem Mieter geltend zu machen hat. In der Erklärung muß der Vermieter die Änderung der nach der Mietanpassungsvereinbarung maßgeblichen Preise angeben. Er muß also die Höhe des heutigen Indexwertes und des Indexwertes zum Zeitpunkt des Vertragsschlusses bzw. der letzten Erhöhung angeben. Nur so kann der Mieter auch nachvollziehen und überprüfen, ob die vereinbarte prozentuale Steigerung tatsächlich eingetreten ist. Der erhöhte Mietzins ist vom Beginn des auf die Erklärung folgenden übernächsten Monats an zu zahlen. **32**

Wenn die Parteien wirksam eine Mietanpassungsvereinbarung getroffen haben, dann sind Mieterhöhungen nach § 2 MHRG und auch nach § 5 MHRG für die Laufzeit der Vereinbarung ausgeschlossen. Nicht beschränkt wird der Vermieter durch Vereinbarung einer Gleit- **33**

---

43 Wegen des Formerfordernisses siehe unten Rdn. 38 ff.

klausel in seinem Recht, Erhöhungen der Betriebskosten nach Maßgabe des § 4 Abs. 2 und 3 MHRG auf die Mieter umzulegen. Die Anwendung des § 3 MHRG wird demgegenüber nur eingeschränkt zugelassen. Nur wenn der Vermieter die *baulichen Maßnahmen* auf Grund von Umständen durchgeführt hat, die er nicht zu vertreten hat, ist er berechtigt, eine Erhöhung der jährlichen Miete um den in § 3 MHRG bestimmten Prozentsatz der aufgewendeten Kosten zu verlangen. Hierzu gehören z. B. Kosten für durch Behörden oder Gesetze vorgeschriebene Baumaßnahmen etwa zur Energieeinsparung oder zur CO_2-Reduktion. Bei sonstigen Modernisierungsmaßnahmen hat der Vermieter kein Recht, die Miete im vereinfachten Umlageverfahren zu erhöhen. Es bleibt ihm nur die weiter zulässige Möglichkeit der Mietabänderungsvereinbarung gemäß § 10 Abs. 1 MHRG.

34 Gemäß § 10a Abs. 2 MHRG muß der Mietzins jeweils mindestens *ein Jahr* unverändert bleiben, bevor eine neue Anpassung auf Grund gestiegener Preise erfolgen darf. Innerhalb dieser Frist dürfen aber Mieterhöhungen nach § 3 MHRG, soweit sie nach § 10a Abs. 2 MHRG zugelassen sind, und nach § 4 Abs. 2 und 3 MHRG wegen gestiegener Betriebskosten, durchgeführt werden.

III. Die Mieterhöhung nach § 2 MHRG

35 Die Mieterhöhung gemäß § 2 MHRG stellt wohl den wichtigsten und *häufigsten Fall* der Mieterhöhungen dar. Der Anspruch auf Zustimmung zu einer Mieterhöhung hat verschiedene Voraussetzungen, die man wie folgt unterteilen kann:

- ordnungsgemäßes Mieterhöhungsverlangen
  = *formale Voraussetzung*
- *materielle Voraussetzungen*

1. Das Mieterhöhungsverfahren

36 Für diesen wichtigsten Bereich der Mieterhöhung gibt das Gesetz dem Vermieter unter bestimmten Voraussetzungen einen Anspruch

gegen den Mieter auf Zustimmung zu einem Mieterhöhungsverlangen. Deshalb wird das Verfahren auch *Zustimmungsverfahren* genannt. Es ist also weder so, daß sich die Miete *automatisch* erhöht, noch so, daß dem Vermieter unmittelbar ein Anspruch auf Zahlung der erhöhten Miete zusteht. Auch im Mietrecht gilt grundsätzlich, daß einmal getroffene Vereinbarungen, wie in diesem Fall über die Höhe der Miete, für beide Vertragsparteien bindend sind. Solche Vereinbarungen können nur geändert werden, wenn beide Mietvertragsparteien damit einverstanden sind. Da Mietverträge nun in der Regel auf eine gewisse Dauer angelegt sind, würde dies dazu führen, daß der Mieter sich zwar auf der einen Seite weigern könnte, einer Mieterhöhung zuzustimmen, daß auf der anderen Seite der Vermieter aber u. U. das Mietverhältnis nur deshalb kündigt, um eine höhere Miete zu erhalten. Um diese nicht gewollten Folgen zu vermeiden, hat der Gesetzgeber durch das MHRG bestimmt:

- dem Vermieter ist es untersagt, das Mietverhältnis zum Zwecke der Erhöhung der Miete zu kündigen *(Verbot der Änderungskündigung)*
- der Mieter ist unter bestimmten Voraussetzungen verpflichtet, sich mit einer Änderung der Miete einverstanden zu erklären.

Wichtig ist also, daß der Vermieter vom Mieter die Zustimmung zu einer Mieterhöhung verlangt. Zahlt der Mieter auf ein Schreiben hin, in dem der Vermieter mit Formulierungen wie

„wegen der allgemeinen Preissteigerung erhöht sich die Miete ..."

oder

„Hiermit erhöhe ich die Miete für Ihre Wohnung ..."

oder ähnlichen einseitig die Miete „erhöht" hat, kann er die deswegen gezahlten Erhöhungsbeträge zurückverlangen. Es liegt nämlich gerade kein wirksames Mieterhöhungsverlangen gemäß § 2 MHRG vor[43a]. Die Zahlung des Mieters bedeutet auch nicht, daß er einer Mietabänderungsvereinbarung zustimmen will. Der Zahlung könnte nur dann eine solche Bedeutung beigemessen werden, wenn der Mieter davon ausging, durch sie überhaupt eine Willenserklärung abzugeben.

43a Zuletzt AG Wesel WuM 1993, 358.

Da er aber auf Grund des Schreibens den Eindruck gewinnen mußte, durch die Zahlung nur seiner gesetzlichen Pflicht nachzukommen, kann von der Kundgabe eines eigenen Willens keine Rede sein. Dabei ist es völlig unbeachtlich, ob der Mieter die erhöhte Miete einmal, zweimal oder über Jahre gezahlt hat. Ihm steht ein Rückzahlungsanspruch zu[44].

a) Form und Inhalt des Mieterhöhungsverlangens

38 Das Mieterhöhungsverfahren ist ein formalisiertes Verfahren. Immer wenn Juristen es mit Formalien zu tun haben, besteht die Gefahr, daß sie den Formalien größere Bedeutung beimessen als der materiellen Rechtsfrage. Dies mag damit zusammenhängen, daß Formalien bzw. ihr Fehlen leichter festgestellt werden können. Es darf aber nicht vergessen werden, daß die Formalien nur Mittel zum Zweck sind, um einen materiellen Anspruch in einem geordneten Verfahren durchzusetzen. Trotzdem waren in der Rechtsprechung Tendenzen festzustellen, grundrechtlich geschützte Positionen durch die Überbewertung von Formalismen de facto zunichte zu machen. Dementsprechend hat das BVerfG in zahlreichen Entscheidungen[45] den Fachgerichten aufgegeben, verfahrensrechtliche Vorschriften nicht so eng oder einseitig auszulegen, daß die Durchsetzung eines Erhöhungsverlangens dadurch unnötig erschwert bzw. faktisch ein Mietpreisstop verfügt wird. Etwas polemisch wird das BVerfG auf Grund seiner stärker als in anderen Rechtsgebieten in die Rechtsprechung der Fachgerichte eingreifenden Rechtsprechung auch „oberstes Bundesmietengericht" genannt[46]. Die „Erziehungsfunktion" dieser Rechtsprechung hat der zuständige Berichterstatter des BVerfG selbst eingeräumt[47].

Gewisse Mindestvoraussetzungen entsprechend dem eindeutigen Wortlaut des § 2 MHRG müssen aber auf jeden Fall eingehalten werden.

---

44 OLG Hamburg WuM 1986, 82; LG Hamburg WuM 1989; AG Flensburg WuM 1991, 356; AG Dortmund Urt. v. 17. 9. 1991 – 125 C 7301/91 und Urt. v. 5. 5. 1992 – 125 C 3652/92.
45 Z. B.: BVerfGE 37, 132; 49, 244; BVerfG NJW 1980, 1617, 1987, 313.
46 Die Berechtigung dieses Vorwurfs untersuchen Rühl/Breitbach JA 1991, 111. Sie halten ihn nicht für abwegig.
47 Henschel NJW 1989, 937.

aa) Unterschrift

Der Vermieter muß seinen Anspruch auf Zustimmung zu einer Mieterhöhung *schriftlich* geltend machen[48]. Das bedeutet nach der hier gültigen Regelung des § 126 BGB, daß der Vermieter das Erhöhungsverlangen eigenhändig durch *Namensunterschrift* unterzeichnen muß.

Unterschrift bedeutet, daß sich der Namenszug am Ende befinden muß, sie muß also den gesamten vorstehenden Inhalt der Urkunde abdecken. Anlagen wie z. B. eine Liste mit Vergleichswohnungen oder der beigefügte Mietspiegel müssen aber nicht erfaßt sein.

Eine Namensunterschrift liegt nach der Rechtsprechung nur dann vor, wenn der *Unterzeichner erkennbar* ist. Dabei kommt es zwar nicht auf Leserlichkeit an, es müssen aber einzelne Buchstaben erkennbar sein[49]. Bloße Striche oder geometrische Figuren genügen als Unterschrift nicht[50]. In der Regel ist es erforderlich, daß man bei wohlwollenster Betrachtung bei Kenntnis des Namens des Unterzeichners diesen in der Unterschrift wiedererkennen kann[51]. Handzeichen, die allenfalls einen Buchstaben erkennen lassen, sowie Unterzeichnungen mit einer Buchstabenfolge, die als bewußte und gewollte Namensabkürzung (Paraphe) erscheinen, erfüllen nicht die Voraussetzungen einer formgültigen Unterschrift[52]. Genügt die Unterschrift diesen Anforderungen nicht, liegt kein wirksames Erhöhungsverlangen vor. Dabei kommt es im Falle eines Rechtsstreits nicht darauf an, ob die Parteien übereinstimmend meinen, die Unterschrift sei wirksam. Entscheidend ist die Beurteilung durch das Gericht[53].

Eine solche Unterschrift ist nur dann gemäß § 8 MHRG entbehrlich, wenn das Mieterhöhungsverlangen mit Hilfe *automatischer Einrichtungen* gefertigt wurde. Es muß sich um Büromaschinen handeln, die das Erhöhungsverlangen selbsttätig erstellen. Die Verwendung von

---

48 Zum Schriftformerfordernis im Mietrecht allgemein: Schlemminger NJW 1992, 2249.
49 BGH NJW 1987, 1333.
50 OLG Oldenburg NStZ 1988, 145.
51 BGH NJW 1988, 713; KG NJW 1988, 2807.
52 OLG Frankfurt NJW 1988, 2807.
53 BGH NJW 1978, 1255.

Formularen gehört nicht hierzu, da diese individuell mit der Hand oder Schreibmaschine ausgefüllt werden[54]. Auch reine Vervielfältigungsmaschinen wie Matritzendrucker und vor allem Fotokopierer sind keine automatischen Einrichtungen im Sinne des Gesetzes[55]. Das Schreiben muß aber am Ende eine Namenswiedergabe enthalten, aus der sich klar erkennen läßt, wer der Erklärende ist und in wessen Namen die Erklärung abgegeben worden ist[56]. Fehlt ein solcher Zusatz, befindet sich also am Ende des Schreibens nur der Hinweis auf die Firma des Vermieters, so muß das Mieterhöhungsverlangen unterschrieben sein[57].

42 Nicht zu den Einrichtungen gemäß § 8 MHRG gehören die modernen *Telekommunikationsmittel* vom Telex angefangen über Teletext und Telefax[58]. Während die ersten beiden Formen der Übermittlung dem Schriftformerfordernis des § 2 MHRG nicht genügen[59], ist dies für Telefax-Schreiben in der Rechtsprechung weiterhin umstritten[60]. Da es sich bei einem Telefax um eine Fernkopie eines beim Absender verbleibenden Schriftstücks handelt, das dem Empfänger mittels besonderer technischer Einrichtungen unmittelbar zugeht, weist die zugehende Kopie nicht die eigenhändige Unterschrift aus. Deshalb soll nach einer teilweise vertretenen Auffassung eine solche Kopie nicht ausreichend sein[61]. Keine der bisher veröffentlichten Entscheidungen betraf jedoch ein Mieterhöhungsverlangen nach § 2 MHRG. Lediglich für die Kündigung eines Mietvertrages, für die gemäß § 564a BGB ebenfalls die Schriftform gilt, hat das AG Köln[63] ein

---

[54] AG Hannover WuM 1991, 560.
[55] OLG Schleswig WuM 1983, 338.
[56] LG Berlin WuM 1990, 311; LG Essen MDR 1979, 57.
[57] LG Hamburg WuM 1993, 65 für die insofern gleiche Rechtslage bei § 10 Abs. 1 Satz 5 WoBindG.
[58] A. A.: Schürmann, Wohnraumkündigung per Telefax – formungültig und dennoch fristwahrend, NJW 1992, 3005 (3006).
[59] Sternel, III Rdn. 648 m. w. N.
[60] Grundsätzlich zu diesem Problemkreis: Ebnet NJW 1992, 2985 (2989).
[61] So BGH NJW 1993, 1126 unter besonderer Berücksichtigung des Merkmals „Erteilung" i. S. d. § 766 BGB; OLG Frankfurt NJW 1991, 2154; Buckenberger DB 1982, 289 (291); Tschentscher CR 1991, 141 (143).
[62] OLG Düsseldorf NJW 1992, 1050.
[63] WuM 1992, 194.

Telefax zugelassen, für die Kündigung eines Arbeitsvertrages wurde ein solches Schreiben aber gerade nicht zugelassen[64].

Meines Erachtens fallen Telefax-Schreiben nicht unter die Ausnahmevorschrift des § 8 MHRG. Soweit dort auf das strenge Unterschriftserfordernis des § 126 BGB in den Fällen verzichtet wird, in denen der Vermieter das Mieterhöhungsverlangen mittels einer „automatischen Einrichtung gefertigt" hat, meint das Gesetz damit die Arbeitserleichterung bei der Erstellung von Serienerklärungen ggf. mittels Computer. Eine solche Erklärung kann natürlich dann auch per Telefax weitergeleitet werden, weil das Unterschriftserfordernis bereits wegen der „Fertigungsart" entfällt. Das bedeutet aber nicht zwingend, daß auch Erklärungen, die kraft ihrer Herstellungsart noch nicht unter die Formerleichterung des § 8 MHRG fallen, kraft ihrer Versandform nun priviligiert werden[65]. Auch dem Gesichtspunkt erleichterter und schnellerer Kommunikation durch Gebrauchmachen von fernmeldetechnischen Übertragungsmitteln kann im materiellen Recht keine ausschlaggebende Bedeutung zukommen[66]. Auch wenn bei einer Mieterhöhung der Schutzzweck des Schriftformerfordernisses nicht wie bei einer Bürgschaftserklärung im Vordergrund steht, so ist doch zu beachten, daß das Mieterhöhungsverlangen auch für den Vermieter materiellrechtliche Folgen hat. Es löst z. B. eine Wartefrist aus und der Vermieter muß innerhalb bestimmter Fristen klagen, will er seinen Anspruch nicht verlieren. Soweit die Rechtsprechung[67] den Zugang zu Gericht insbesondere im Zusammenhang mit der Wahrung von Rechtsmittel- und Rechtsmittelbegründungsfristen auch bei der Verwendung von Telefaxgeräten für zulässig erachtet hat, so kann diese prozeßrechtliche Rechtsprechung[68] nicht auf das materielle Recht übertragen werden. Der dorti-

43

---

64 ArbG Gelsenkirchen CR 1989, 823.
65 A. A.: Schürmann, a. a. O. (oben Fn. 58), für den kein Grund ersichtlich ist, Telefax nicht zu diesen automatischen Einrichtungen zu zählen. Er übersieht, daß § 8 MHRG sich auf die Erstellung und nicht auf die Versendung bezieht.
66 BGH NJW 1993, 1126 (1127) = JR 1993, 318 = VuR 1993, 169 mit Anmerkung Schmidt JR 1993, 321.
67 Die Mikro-, Foto- und Telekopie im Zivilprozeß beschreibt Zoller in NJW 1993, 429.
68 BVerfGE 74, 228 (235) = NJW 1987, 2067; BGH NJW 1990, 188; BGH NJW 1992, 244; BVerwG NJW 1991, 1193; BayVerfGH NJW 1993, 1125.

gen Rechtsprechung liegt das Bestreben zu Grunde, dem Rechtsuchenden die volle Ausnutzung aller Fristen unter Gewährung eines umfassenden Rechtsschutzes zu ermöglichen[69].

44 Dem Empfänger eines Mieterhöhungsverlangens per Telefax ist auch nicht aus Treu und Glauben verwehrt, sich auf diesen Formmangel nach §§ 125, 126 BGB zu berufen. Allein die Tatsache, daß er durch die Anschaffung eines Telefax-Gerätes den Willen bekundet hat, auf diesem Weg auch Mitteilungen entgegenzunehmen, reicht hierfür nicht aus. Dies würde schon voraussetzen, daß das Ergebnis, nämlich Unwirksamkeit der Erklärung, schlicht untragbar ist[70]. Das ist u. a. dann der Fall, wenn eine Partei auf die Formwirksamkeit vertrauen durfte. Dies dürfte zur Zeit bei der anhaltenden Diskussion über die Wirksamkeit solcher Telefax-Erklärungen noch nicht so sein.

bb) Absender

45 *Absender* einer Mieterhöhung muß der jeweilige Vermieter sein, also derjenige, der im Mietvertrag als *Vermieter* angegeben ist. Stehen auf Vermieterseite mehrere Personen, z. B. Grundstücksgemeinschaften, Eheleute pp., müssen auch alle das Mieterhöhungsverlangen abgeben. Dabei ist natürlich Vertretung zulässig[71]. Dabei verstoßen Hausverwalter nicht gegen Art. 1 § 5 Nr. 3 RBerG, wenn sie den Vermieter gegenüber dem Mieter vertreten[72]. Wichtig ist bei jeder Vertretung aber, daß derjenige, der die Vermieterseite vertritt, sei er nun selbst einer der Vermieter oder ein außenstehender Dritter, zu erkennen gibt, daß er – ggf. auch – als Vertreter auftritt, § 164 BGB. Die Regeln des „*Geschäfts, den es angeht*" sind nicht anwendbar.

46 Die Unterschrift muß in allen Vertretungsfällen vom Vertreter geleistet werden. Handelt es sich dabei um eine juristische Person, z. B. eine GmbH oder einen eingetragenen Verein, muß eine vertretungsberechtigte Person unterzeichnen. Gerade bei *Wohnungsverwaltungsgesellschaften* kommt es manchmal vor, daß nicht-vertretungsberech-

---

69 Z. B. BGH NJW 1993, 1126 (1127) m. w. N.
70 St. Rspr zuletzt: BGH NJW 1984, 607.
71 Zu den Besonderheiten siehe unten Rdn. 47.
72 OLG Frankfurt NJW-RR 1993, 335.

tigte Angestellte, z. B. *Sachbearbeiter* oder Ehegatten der Geschäftsführerin pp. unterschreiben. Dies ist unwirksam. Die Klage auf Zustimmung zur Mieterhöhung, die eine AktG als Vermieter erhebt, muß von einem Vorstandsmitglied der Aktiengesellschaft unterzeichnet sein. Wenn ein Vertreter das Mieterhöhungsverlangen für den Vermieter abgibt, muß er also zum einen auf das Vertretungsverhältnis hinweisen und zum anderen Vertretungsmacht haben. Handelt für den Vertreter wiederum ein Vertreter gilt dies erneut.

Die Vertretungsmacht kann sich aus einer *Innen- oder aus einer Außenvollmacht* ergeben. Eine Außenvollmacht liegt z. B. vor, wenn bereits im Mietvertrag der Vermieter durch einen Verwalter vertreten wird und die Vertretungsmacht sich aus dem Vertrag ergibt. Bei einer Innenvollmacht hat der Vertreter die Vertretungsmacht durch Vorlage einer Vollmacht dem Mieter gegenüber offenzulegen. Dabei ist jedoch zu beachten, daß gemäß § 174 BGB der Mieter das *Fehlen der Vollmacht unverzüglich rügen* muß, d. h. er muß dem Vertreter sofort nach Eingang des Mieterhöhungsverlangens mitteilen, daß er die Mieterhöhung zurückweise, da eine Vollmacht dem Schreiben nicht beigefügt war. Dies sollte auch dann geschehen, wenn das Schreiben des Vertreters von jemanden unterschrieben ist, von dem man nicht weiß, ob er berechtigt ist, den Vertreter zu vertreten, z. B. der Ehemann der Geschäftsführerin einer GmbH. Eine dem Erklärungsempfänger per Telefax übermittelte Vollmachtsurkunde genügt im übrigen nicht, so daß auch diese gemäß § 174 BGB zurückgewiesen werden kann[73]. Im übrigen muß die Vollmachtsurkunde das Wort „Mieterhöhung" nicht enthalten, sofern es sich um eine umfassende Vollmacht handelt[74].

Das Gleiche gilt für eine Untervollmacht. Wenn also die den Vermieter vertretende Hausverwaltung einen Anwalt beauftragt, muß eine Kette von Vollmachten vorgelegt werden, die bis zum Vermieter zurückreicht, es sei denn, ein Vertretungsverhältnis beruht auf einer Außenvollmacht, z. B. im Mietvertrag.

---

73 OLG Hamm NJW 1991, 1185.
74 LG München NJW-RR 1987, 1164.

48 Ist das Grundstück verkauft worden, so tritt gemäß § 571 BGB der Erwerber in die Mietverträge ein. Dies setzt aber seine Eintragung im Grundbuch voraus. Vor diesem Zeitpunkt kann er ein wirksames Mieterhöhungsverlangen nicht abgeben[75]. Dies gilt auch, wenn Veräußerer und Erwerber des Grundstücks im notariellen Grundstückskaufvertrag einen bestimmten Termin für den Übergang des „wirtschaftlichen Eigentums" vereinbart haben[76]. Wenn das Gebäude unter Zwangsverwaltung steht, kann das Mieterhöhungsverlangen nur vom Zwangsverwalter abgegeben werden[77]. Dies ergibt sich daraus, daß der Gemeinschuldner gemäß § 148 Abs. 2 ZVG nicht zur Verwaltung und Benutzung des Gebäudes befugt ist. Wenn ihm aber versagt ist, Mieten einzuziehen und neue Mietverträge abzuschließen, dann muß dies auch für die Abgabe von Erklärungen gelten, die zur Vertragsabänderung führen.

49 Probleme konnte es bisher in den Fällen geben, in denen eine *gewerbliche Zwischenvermietung* zunächst eingeschaltet war und das Hauptmietverhältnis zwischen Vermieter und gewerblichen Zwischenvermieter beendet wurde[78]. Nach der Rechtsprechung des BGH[79] ist die Vorschrift des § 571 Abs. 1 BGB auf den Wechsel des Hauptmieters nicht entsprechend anwendbar. Das bedeutete, daß der ausgeschiedene gewerbliche Zwischenvermieter im Verhältnis zum tatsächlich die Wohnung nutzenden (Unter-)Mieter weiter Vermieter war. Um diese, auf Grund der steuerlichen Gestaltung entstandenen, mietrechtlichen Probleme zu lösen, hat der Gesetzgeber nunmehr in *§ 549a BGB* bestimmt, daß in den Fällen der gewerblichen Zwischenvermietung der Vermieter bei der Beendigung des Mietverhältnisses in die Rechte und Pflichten aus dem Mietvertrag zwischen Mieter und gewerblichen Zwischenvermietern eintritt. Schließt der Vermieter erneut einen Mietvertrag zum Zwecke der gewerblichen Weiterver-

---

75 OLG Celle WuM 1984, 193; AG Regensburg WuM 1990, 226; LG Karlsruhe WuM 1991, 48.
76 LG Augsburg WuM 1990, 226; AG Köln WuM 1989, 579.
77 So AG Dortmund, Urt. v. 17. 2. 1993 – 127 C 470/93.
78 Zu den Rechtsproblemen hierbei siehe u. a.: BVerfG NJW 1991, 2273; Börstinghaus ZAP F. 4 R, S. 35 und Schüren JZ 1992, 79; BGH NJW 1991, 1815; Börstinghaus ZAP F. 4 R, S. 25 und Matthies JR 1992, 102.
79 BGH NJW 1989, 2053; hierzu Sternel ZAP F. 4 R, S. 3.

mietung ab, so tritt der Mieter an Stelle des bisherigen Vertragspartners in die Rechte und Pflichten aus dem Mietvertrag mit dem Dritten ein. Auf Grund dieser gesetzlichen Neuregelung steht nunmehr zumindest auf dem Papier fest, wer in der *formalen Vermieterposition* ist, also das Mieterhöhungsverlangen abgeben muß. Da der Vertragsübergang sich zeitlich aber nicht so exakt festmachen läßt, wie bei § 571 BGB, dürften hier in der Praxis u. U. Probleme bei der Ermittlung der genauen Daten für den Vertragsübergang entstehen.

cc) Adressat

Das Mieterhöhungsverlangen ist an *sämtliche Mieter* zu richten. Dabei ist in den neuen Bundesländern unter Geltung des § 100 Abs. 3 ZGB eine formelhafte alternative Adressierung („Herrn/Frau X.") unzureichend[80]. Auch dabei ist eine Vertretung grundsätzlich zulässig, wobei aber auch in diesen Fällen das Erhöhungsverlangen an alle Mieter gerichtet werden muß. Mietvertraglich abweichende Vereinbarungen sind diesbezüglich aber zulässig[81].

dd) Inhalt

In dem Mieterhöhungsverlangen muß der Vermieter dem Mieter gegenüber seinen Willen zum Ausdruck bringen, in welcher *Höhe* er eine Erhöhung der Miete begehrt. Der Vermieter muß den Mieter ausdrücklich zur Abgabe einer Zustimmungserklärung auffordern[81a]. Wenn der Vermieter in dem Schreiben weitere Vertragsänderungen verlangt, z. B. die Änderung der Mietstruktur, ist das Mieterhöhungsverlangen insgesamt unwirksam[82]. Dies ergibt sich daraus, daß der Mieter frei von weiteren Zwängen entscheiden soll, ob er einer Mieterhöhung zustimmt oder nicht. Deshalb ist auch ein Mieterhöhungsverlangen unwirksam, in dem der Vermieter auf die gleichzeitig erhobene Klage hinweist. Die gleichzeitig erhobene Klage ist als unzulässig abzuweisen[83]. Nicht erforderlich ist die Angabe, ab wann

---

80 KrG Cottbus-Stadt WuM 1992, 109; AG Grimmen WuM 1992, 685; BezG Chemnitz WuM 1993, 34; BVerfG WuM 1992, 514; grundlegend Quarch WuM 1993, 224 und Mittag WuM 1993, 169.
81 KG WuM 1985, 12; LG Duisburg WuM 1988, 433.
81a AG Wesel WuM 1993, 358.
82 LG Köln WuM 1992, 255.
83 LG Dortmund NJW-RR 1988, 12.

der erhöhte Mietzins zu zahlen sein soll. Fehlt hier eine Angabe, so gilt die gesetzliche Frist[84].

b) Begründung des Verlangens

52 Das Gesetz verlangt vom Vermieter, daß er sein Mieterhöhungsverlangen begründet. Damit soll dem Mieter die Möglichkeit gegeben werden, die Berechtigung des Mieterhöhungsverlangens zu überprüfen. Die Begründung muß deshalb um so ausführlicher sein, um so weniger Informationen der Mieter selbst hat. Soweit das Gesetz eine Mieterhöhung nur dann zuläßt, wenn seit der letzten Erhöhung ein Jahr vergangen ist, hat der Mieter diese Informationen selbst, so daß es einer ausführlichen Begründung insofern in der Regel nicht bedarf[85]. Begründet werden muß hingegen immer, woraus sich die ortsübliche Vergleichsmiete ergibt, an die die Vertragsmiete angepaßt werden soll.

53 Ob die Einhaltung der *Kappungsgrenze im Kündigungsschreiben* begründet werden mußte oder nicht, war für § 2 MHRG a. F. strittig[86]. Auf Grund der durch das 4. MRÄndG eingeführten differenzierten Kappungsgrenze[87] wird man nunmehr in Mieterhöhungsverlangen auch diese Voraussetzung für ein Mieterhöhungsverlangen begründen müssen. Dabei müssen dem Mieter die Informationen gegeben werden, die er für die Ermittlung der Kappungsgrenze nach § 2 Abs. 1 Satz 1 Nr. 3 und Abs. 1a MHRG benötigt, also vor allem das Datum, Fertigstellung der konkreten Wohnung, der Betriebskostenanteil innerhalb der Miete, die Ausgangsmiete heute und die Miete vor drei Jahren sowie letztendlich ggf. ein Vergleich mit der Fehlbelegungsabgabe gemäß § 2 Abs. 1a MHRG.

54 Nach der Rechtsprechung des BVerfG[88] dürfen dabei keine unzumutbaren Anforderungen an das Begründungserfordernis gestellt werden. Die Gerichte haben dabei den Einfluß der Grundrechte aus Art. 14

---

84 OLG Koblenz WuM 1983, 1861; zur Fristberechnung vgl. Rdn. 195 f.
85 BayObLG WuM 1988, 117.
86 Für eine Begründung neuerdings AG Schöneberg WuM 1990, 515.
87 Siehe dazu unten Rdn. 70 ff.
88 BVerfGE 37, 132 (147) = WuM 1974, 169; BVerfGE 79, 80 (84) = WuM 1989, 62.

Abs. 1 GG und den damit eng verzahnten Anspruch auf Gewährung effektiven Rechtsschutzes zu beachten. Mietrechtliche Verfahrensvorschriften dürfen nicht in der Weise ausgelegt werden, daß die Verfolgung der Vermieterinteressen unzumutbar erschwert wird[89].

Das Gesetz gibt dem Vermieter beispielhaft *3 Möglichkeiten* zur Darlegung der Höhe der ortsüblichen Vergleichsmiete, die aber nicht abschließend sind, nämlich 55

- die Bezugnahme auf den *Mietspiegel*
- die Einholung eines *Sachverständigengutachtens*
- die Benennung von mindestens drei *Vergleichswohnungen*

Der Vermieter ist in der Wahl seines Begründungsmittels frei. Die Wahl des Begründungsmittels im Mieterhöhungsverlangen bindet ein evtl. später mit der Sache befaßtes Gericht bei der Wahl der Beweismittel[90] nicht. Im Prozeß gelten die allgemeinen Beweisregeln der ZPO.

aa) Mietspiegel

Unter Mietspiegel im Sinne des Gesetzes sind von der Gemeinde oder den Interessenvertretern der Vermieter und Mieter[91] aufgestellte Übersichten über die ortsüblichen Mieten zu verstehen. Auch nach dem 4. MRÄndG gibt es immer noch keine Verpflichtung der Gemeinden, einen Mietspiegel aufzustellen[92]. Zur Zeit wird in der Literatur kräftig über die mathematisch richtige Methode zur Erstellung eines Mietspiegels gestritten[93]. Auch die Gerichte befassen sich mit diesem auch für Juristen kaum noch nachvollziehbaren Streit[94]. 56

---

89 So auch BVerfG NJW 1992, 1379 = WuM 1992, 178.
90 Zur Frage, ob der Mietspiegel überhaupt als Beweismittel im Prozeß zulässig ist: Schopp ZMR 1993, 141 unter Hinweis auf KG WuM 1991, 425 = ZMR 1991, 341 = DWW 1991, 235.
91 Dabei ist nicht die Zustimmung aller Interessenverbände erforderlich: OLG Hamm WuM 1990, 538 = ZMR 1991, 22 = DWW 1990, 335; Börstinghaus ZAP F. 4 R, S. 11.
92 Die entsprechenden Vorschläge des Bundesrates in der Anrufung des Vermittlungsausschusses sind nicht Gesetz geworden, BR-Drs. 396/93, S. 5.
93 Voelkow WuM 1993, 21; ders. ZMR 1992, 326; Aigner/Oberhofer/Schmid WuM 1993, 10 und auch 16; Krämer WuM 1992, 175; Gaede/Kredler WuM 1992, 578; Alles WuM 1988, 241; Isenmann ZMR 1993, 446.
94 LG Frankfurt NJW-RR 1993, 277; für Mietspiegel München 1989 und 1990: LG München WuM 1993, 451.

Sicher ist aber, daß andere Übersichten, z. B.

- der „*VDM-Preisspiegel* für Wohn- und Anlageimmobilien"
- der „*RDM-Immobilienpreisspiegel*"
- *Mietpreisübersichten der Finanzämter*[95]
- *Mietübersicht des Staatsbauamtes*[96]

zur Begründung eines Mieterhöhungsverlangens nicht benutzt werden können, da sie andere Zwecke verfolgen und nicht die Daten enthalten, die das Gesetz in § 2 MHRG als Inhalt eines Mietspiegels vorschreiben. Nach § 2 Abs. 1 Ziff. 2 MHRG wird der Anspruch auf Zustimmung zu einer Mieterhöhung nach oben hin beschränkt auf die „üblichen Entgelt, die ... in den letzten vier Jahren vereinbart ... oder geändert worden sind. Die drei o. g. Übersichten enthalten eine solche zeitliche Beschränkung bezüglich der ausgewerteten Mieten nicht.

Der Vermieter muß in der Regel den Mietspiegel auf den er sich beruft dem Mieterhöhungsverlangen nicht beifügen, da die Mietspiegel allgemein zugänglich sind[97]. Wenn das ausnahmsweise einmal nicht der Fall sein sollte, dann muß der Vermieter den Mietspiegel beifügen.

57 Der Vermieter muß in dem Erhöhungsverlangen darlegen, wie er die Wohnung des Mieters konkret in den Mietspiegel eingruppiert und diese *Eingruppierung* begründen. Soweit der Mietspiegel für die Wohnung des Mieters gerade keine Angaben enthält, also ein Leerfeld, kann der Vermieter sich nicht auf den Mietspiegel als Begründungsmittel berufen. Eine *Interpolation* aus den Werten anderer Rasterfelder ist *unzulässig*[98], da die Werte des Mietspiegels auf empirischen Erhebungen beruhen. Die vom Vermieter verlangte Miete muß innerhalb der Spanne liegen, die der Mietspiegel für die Kategorie der Wohnung ausweist[99]. Welche Rechtsfolgen eine falsche Ein-

---

[95] LG Aurich WuM 1990, 222.
[96] AG Friedberg WuM 1986, 322.
[97] So auch LG Berlin WuM 1990, 519.
[98] LG Berlin WuM 1990, 158; LG Hamburg WuM 1982, 21; a. A.: Fischer-Dieskau/Pergande, § 2 MHG Anm. 7.
[99] OLG Hamburg NJW 1993, 1803 = WuM 1983, 11 = ZMR 1983, 135 = MDR 1983, 230.

gruppierung in den Mietspiegel durch den Vermieter im Erhöhungsverlangen hat, ist umstritten[100].

Wählt der Vermieter einen Mietspiegel als Begründungsmittel, so darf er zu dessen Werten keine Zuschläge hinzurechnen, etwa weil besondere Ausstattungsmerkmale vorliegen, für die der Mietspiegel keine Zuschläge vorsieht[101]. *Nicht um unzulässige Zuschläge* handelt es sich aber, wenn man zum Zwecke der Herstellung der Vergleichbarkeit der Vertragsmiete mit den Werten des Mietspiegels Betriebskostenanteile aus der Vertragsmiete herausrechnet, um sie später zu den Werten des Mietspiegels wieder hinzuzurechnen[102]. Das gilt auch für einen Zuschlag wegen der ausnahmsweise vom Vermieter zu übernehmenden Schönheitsreparaturen[103]. 58

Eine weitere umstrittene Frage ist die, ob zu den Werten des Mietspiegels ein *Zuschlag wegen seines Alters* gemacht werden darf. Nach einem Rechtsentscheid des OLG Stuttgart[104] ist dies unzulässig. In der neueren Rechtsprechung werden solche Zuschläge aber immer öfter zugelassen[105], teilweise werden sie aber nach wie vor für unzulässig erklärt[106]. Nach der Rechtsprechung des BVerfG[107] sprechen gegen die Verwendung des zum Zeitpunkt der Erhöhungserklärung gültigen Mietspiegels durch die Fachgerichte keine verfassungsrechtlichen Bedenken; insbesondere kann nicht von Amts wegen ein später erstellter Mietspiegel auf den Erhöhungszeitpunkt zurückgerechnet werden. 59

---

100 Unschädlich nach AG Hamburg WuM 1985, 363; Bedenken wegen der Irreführung des Mieters: Fischer-Dieskau/Pergande, § 2 MHG Anm. 7.
101 AG Hagen WuM 1989, 579; einen „maßvollen" Aufschlag wegen herausragender Wohnlage bejaht LG Hamburg WuM 1987, 126.
102 OLG Stuttgart NJW 1983, 2329 = WuM 1983, 285 = ZMR 1983, 389 = MDR 1983, 928 = DWW 1983, 227; bestätigt durch OLG Hamm DWW 1993, 39.
103 OLG Koblenz NJW 1985, 333.
104 OLG Stuttgart OLGZ 1982, 255 = NJW 1982, 945 = WuM 1982, 108 = ZMR 1982, 215.
105 Z. B. LG München WuM 1992, 25.
106 LG Frankfurt WuM 1992, 629; LG Frankenthal WuM 1991, 597; AG Münster WuM 1993, 66; LG Hamburg, Urt. v. 19. 9. 1991 – 307 S 44/91.
107 BVerfG WuM 1992, 48.

bb) Sachverständigengutachten

60 Der Vermieter kann sein Erhöhungsverlangen auch mit einem von ihm eingeholten, mit Gründen versehenen Gutachten eines öffentlich bestellten oder *vereidigten Sachverständigen*[108] begründen. Nach der Rechtsprechung des BGH[109] ist dabei eine Bestellung für das Gebiet „Mietpreisbewertung" nicht unbedingt erforderlich. Es genügt auch eine Bestellung als Sachverständiger für Grundstücks- und Gebäudeschätzung wenn der Sachverständige *auch* mit Mietpreisbewertungen befaßt ist.

Der Vermieter muß dem Mieterhöhungsverlangen das Gutachten in vollem Wortlaut beifügen, damit der Mieter die vom Sachverständigen zugrundegelegten Daten überprüfen und die Bewertung nachvollziehen kann. Insofern muß das Gutachten gewissen *Mindestanforderungen* genügen[110]. Dazu muß der Sachverständige darlegen, daß er in dem maßgeblichen örtlichen Bereich die Mieten vergleichbarer Wohnungen erforscht hat oder aufgrund seiner sachverständigen Tätigkeit bereits kannte, sich zu der diese Wohnungen betreffenden Preisspanne äußern und klarstellen, daß er nur vergleichbare Wohnungen zur Bewertung herangezogen hat. Außerdem muß sich der Sachverständige im Rahmen seines Gutachtens zur Miethöhe auch mit der Einordnung der Wohnung nach dem Mietspiegel auseinandersetzen[111]. Die Aufgabe des Sachverständigen besteht keinesfalls darin, den Mietzins nach billigem Ermessen festzulegen, also zu beschreiben, welche Miete er für angemessen hält[112].

61 Der Mieter ist nicht verpflichtet, dem Vermieter die *Kosten,* die durch die Einholung des Sachverständigengutachtens entstanden sind, zu erstatten. Die Kosten können auch *nicht* in einem späteren Mieterhöhungsprozeß als *notwendige Kosten der Rechtsverfolgung* gemäß § 91 ZPO geltend gemacht werden.

---

108 Auch zum Sachverständigen im vorprozessualen Mieterhöhungsverfahren: Reinecke WuM 1993, 101.
109 NJW 1982, 1701.
110 OLG Karlsruhe WuM 1983, 133.
111 AG Dortmund WuM 1992, 138.
112 BVerfG WuM 1986, 239.

cc) Vergleichswohnungen

Schließlich ist der Vermieter auch berechtigt, sein Mieterhöhungsverlangen mit der Benennung von 3 Vergleichswohnungen zu begründen. Hierbei handelt es sich um die Begründungsart, die am wenigsten aussagekräftig ist, da sich drei Vergleichswohnungen meist finden lassen, diese aber über die Frage, ob es sich um die ortsübliche Miete handelt, die dort bezahlt wird, noch gar nichts besagen. Es entspricht insofern inzwischen wohl *herrschender Rechtsprechung*, dem *Mietspiegel* im Fall eines Mieterhöhungsprozesses eine besonders *große Bedeutung* beizumessen und ihn auch als Erkenntnisquelle zur Ermittlung der ortsüblichen Vergleichsmiete im Prozeß heranzuziehen[113]. Diese Rechtsprechung ist auch mit der Verfassung vereinbar[114]. Eine *Miete über den Werten* des Mietspiegels ist deshalb nur sehr schwer zu begründen und auch bei der Benennung von Vergleichswohnungen nur sehr *selten vor Gericht durchzusetzen*[115].

62

Erforderlich ist, daß der Vermieter mindestens 3 Vergleichswohnungen[116] aus dem örtlichen Wohnungsmarkt[116a], die mit der vom Mieter angemieteten Wohnung vergleichbar sein müssen, benennt. Die Vergleichswohnungen können aus dem Bestand des Vermieters benannt werden, d. h. es müssen nicht Wohnungen anderer Vermieter sein[117]. Vergleichbar sind die Wohnungen, die nach Lage, Ausstattung, Alter usw. in wesentlichen Punkten übereinstimmen. Hinsichtlich der Größe der Wohnung wird dies aber nicht verlangt[118], solange es sich nicht um einen ganz anderen Wohnungsmarkt handelt, wie es z. B.

63

---

113 LG Dortmund WuM 1991, 559; AG Dortmund, Urt. v. 30. 11. 1990 – 131 C 12871/90; v. 5. 2. 1991 – 125 C 12815/90; AG Dortmund NJW-RR 1991, 1228.
114 BVerfG WuM 1991, 523 und WuM 1992, 48.
115 Auch aus verfassungsrechtlicher Sicht ist es nicht zu beanstanden, einen geeigneten Mietspiegel zur Feststellung der ortsüblichen Vergleichsmiete ohne zusätzliches Sachverständigengutachten heranzuziehen, BVerfG WuM 1991, 523.
116 Eine Obergrenze für die Anzahl der Vergleichswohnungen gibt es nicht: BayObLG WuM 1992, 52; Kossmann ZAP F. 4 R, S. 45.
116a Nach AG Bayreuth WuM 1993, 454 muß die Vergleichswohnung in der gleichen politischen Gemeinde liegen.
117 Der Gesetzesvorschlag des Bundesrates hat sich insofern im Vermittlungsausschuß nicht durchgesetzt, BR-Drs. 396/93; vgl. auch BVerfG NJW 1993, 2039.
118 BVerfG NJW 1980, 1617.

bei Appartementwohnungen und großen Altbauwohnungen[119] oder bei nur halb so großen Wohnungen[120] der Fall ist. Im übrigen müssen die Wohnungen nur „vergleichbar" und *nicht identisch* sein.

64 Damit der Mieter feststellen kann, ob die vom Vermieter benannten Wohnungen mit der von ihm angemieteten Wohnung vergleichbar sind, müssen die Vergleichswohnungen so *genau bezeichnet* werden, daß sie vom Mieter identifiziert werden können. Welche Angaben hierzu erforderlich sind, hängt vom Einzelfall ab. Wenn z. B. mehrere Wohnungen sich auf einer Etage befinden, muß ggf. auch der Name des Mieters angegeben werden, wenn sich nur eine Wohnung auf der Etage befindet, genügt die genaue Wohnungsangabe. Angegeben werden muß auf jeden Fall die gezahlte *Quadratmetermiete*. Soweit die Vergleichswohnungen besondere Abweichungen zur Vertragswohnung aufweisen, müssen diese vom Vermieter im Erhöhungsverlangen dargelegt werden[121].

65 Die *Mieterhöhung* kann nur bis zur Höhe der *niedrigsten Vergleichsmiete* verlangt werden[122]. Wird eine höhere Miete verlangt, ist nicht das gesamte Mieterhöhungsverlangen unwirksam, sondern nur der Teil, der die niedrigste Miete übersteigt[123].

2. Materielle Voraussetzungen

66 Das Gesetz nennt in § 2 MHRG 3 Voraussetzungen, unter denen dem Vermieter gegenüber dem Mieter ein Anspruch auf Zustimmung zusteht:

- der *Mietzins* muß mindestens *1 Jahr unverändert* geblieben sein;

---

119 LG Heidelberg WuM 1982, 214.
120 AG Dortmund, 126 C 4957/90; keine Vergleichbarkeit bereits bei Abweichung von 20 % AG Frankfurt WuM 1993, 197.
121 BVerfG WuM 1989, 62.
122 BayObLG WuM 1984, 276 = ZMR 1985, 24; Emmerich/Sonnenschein, Handkommentar, § 2 MHG Rdn. 39; a. A.: nämlich Mittelwert maßgeblich: Barthelmess, § 2 MHG Rdn. 112; Fischer-Dieskau/Pergande, § 2 MHG Anm. 6.
123 OLG Karlsruhe WuM 1984, 21.

- der verlangte Mietzins darf die *ortsübliche Vergleichsmiete* nicht übersteigen;

- innerhalb von *3 Jahren* darf der Mietzins um *nicht mehr als 30 %*, in bestimmten Fällen auch nur 20 %, steigen.

a) Jahresfrist

Der Mietzins muß seit mindestens einem Jahr unverändert geblieben sein. Erst dann darf der Vermieter ein Mieterhöhungsverlangen stellen. Die Frist beginnt mit dem Tag, seit dem die letzte Miete zu zahlen war, also entweder bei der ersten Mieterhöhung, dem Tag des Mietvertragsbeginnes oder bei einer vorherigen Mieterhöhung, dem Fälligkeitstag der letzten Mieterhöhung[124]. Es kommt dabei aber auf die heutigen Parteien des Mietvertrages an, so daß bei einem Mieterwechsel, z. B. Nachmietergestellung bei Umzug, die Frist erst mit Eintritt des neuen Mieters in den Mietvertrag beginnt[125]. 67

Welche Auswirkungen es hat, wenn der Vermieter sein Erhöhungsverlangen vor Ablauf der Jahresfrist gestellt hat, ist umstritten aber nunmehr durch den Rechtsentscheid des BGH v. 16. 6. 1993 zumindest für die Landgerichte[126] bindend entschieden. Es entsprach der Auffassung mehrerer Oberlandesgerichte[127], daß der Vermieter bereits vor Ablauf der einjährigen Sperrfrist gemäß § 2 Abs. 1 Satz 1 Nr. 1 MHRG ein neues Erhöhungsverlangen dem Mieter zukommenlassen konnte. Ein solches verfrühtes Mieterhöhungsverlangen konnte jedoch nur solche Wirkungen haben, die ein nach Ablauf der einjährigen Sperrfrist gestelltes Mieterhöhungsverlangen gehabt hätte, so daß die Miete insgesamt 15 Monate gleichbleibend war. Hierfür wurde von der Rechtsprechung angeführt, daß es dem *Wortlaut* des § 2 Abs. 1 68

---

124 Zur Berechnung siehe Rdn. 195 f.
125 AG Frankfurt WuM 1982, 77.
126 Zur Bindungswirkung von Rechtsentscheiden und der zusätzlichen Berufungsmöglichkeiten nach § 511a Abs. 2 ZPO siehe unten Rdn. 199.
127 OLG Oldenburg WuM 1981, 83 und WuM 1982, 105 = ZMR 1983, 242; OLG Hamm WuM 1987, 114 = NJW-RR 1987, 400; ZMR 1987, 550; OLG Frankfurt NJW-RR 1988, 722 = ZMR 1988, 230 = WuM 1988, 144; BVerfG WuM 1987, 207.

Satz 1 Nr. 1 MHRG *nicht zwingend* zu entnehmen sei, welche Rechtsfolgen ein vor Ablauf der Jahresfrist gestelltes Erhöhungsverlangen habe. Die Vorschrift sei deshalb nach ihrem Zweck auszulegen. Dem Zweck, die Kontinuität der Mietpreise zu gewährleisten und den Mieter vor erhöhten Mietzinsforderungen zu schützen, werde die Auslegung, wonach das vorzeitige Mieterhöhungsverlangen nicht völlig unbeachtlich sei, eher gerecht. Es sei unbillig, wenn der Vermieter gezwungen wäre, ein etwa nur einen Tag vor Ablauf der Frist zugegangenes Erhöhungsverlangen nach Fristablauf zu wiederholen. Eine solche Überbewertung formeller Gesichtspunkte beeinträchtige die Eigentumsrechte des Vermieters aus Art. 14 GG. Eine Beeinträchtigung der Interessen des Mieters wurde von der Rechtsprechung nicht gesehen.

Der BGH hat nun in seinem Rechtsentscheid[127a] entschieden, daß ein vor Ablauf der Jahresfrist dem Mieter zugegangenes Mieterhöhungsverlangen insgesamt unwirksam ist und keinerlei Wirkungen hat. Dabei geht der BGH davon aus, daß § 2 MHRG dem Vermieter unter bestimmten materiellen und formellen Voraussetzungen einen Anspruch auf Zustimmung zu einer Erhöhung des Mietzinses gibt. Das Mieterhöhungsverlangen ist ein Antrag auf Abschluß eines Änderungsvertrages für dessen Wirksamkeit es auf den Zugang ankomme (§ 130 BGB). Die Einhaltung der einjährigen Wartefrist ist materielle Voraussetzung für einen Anspruch des Vermieters gegen den Mieter auf Zustimmung zu diesem Abänderungsverlangen.

Nach Ansicht des BGH kann es dabei dahingestellt bleiben, ob sich dieses Ergebnis nicht bereits zwingend aus dem Wortlaut des § 2 MHRG ergibt, wonach ein Mieterhöhungsverlangen erst nach Ablauf der Jahreswartefrist wirksam „erhoben werden kann". Zumindest spricht für diese Auslegung der systematische Zusammenhang von § 2 Abs. 1 Satz 1 Nr. 1 mit den Absätzen 3 und 4 MHRG. Gemäß Abs. 3 knüpft das Gesetz für den Beginn der dem Mieter eingeräumten

---

127a BGH Rechtsentscheid v. 16.6.1993 NJW 1993, 2109 = WuM 1993, 388 = DWW 1993, 230 = ZMR 1993, 453.

Überlegungsfrist sowie der Frist zur Erhebung einer Klage auf Erteilung der Zustimmung an den Zugang des Erhöhungsverlangens an. Wird die Zustimmung erteilt, so ist der erhöhte Mietzins gemäß Abs. 4 von dem Beginn des 3. Kalendermonates an zu zahlen, der auf den Zugang des Erhöhungsverlangens folgt. Ebenso kommt es für den Beginn der Frist, innerhalb derer ein Mieter von seinem Kündigungsrecht Gebrauch machen muß, auf den Zugang des Erhöhungsverlangens an (§ 9 Abs. 1 MHRG). Diese können nach dem Normzweck nicht vor Ablauf der einjährigen Wartefrist, sondern frühestens ab diesem Zeitpunkt zu laufen beginnen. Wenn nämlich die Fristen gemäß § 2 Abs. 3 MHRG nicht vor Ablauf der einjährigen Sperrfrist zu laufen beginnen und das Gesetz für deren Beginn ausdrücklich auf den Zugang des Mieterhöhungsverlangens abstellt und nicht auf den Ablauf der Wartefrist, so folgt daraus, daß die materiellen Voraussetzungen des Erhöhungsverlangens einschl. des Ablaufs der Jahreswartefrist im Zeitpunkt seines Zugangs vorliegen müssen. Die effektive Wartefrist bis zur tatsächlichen Anhebung der Miete beträgt nach der gesetzlichen Regelung in jedem Fall mindestens 15 Monate.

Dies entspricht auch dem Normzweck, eine gewisse Kontinuität der Mietpreise zu gewährleisten. Hierdurch wird auch die Befugnis des Vermieters, das Erhöhungsverlangen zum frühestmöglichen Zeitpunkt durchzusetzen, nicht beschnitten. Auch nach der bisherigen Rechtsprechung mußte der Mietzins letztendlich 15 Monate unverändert bleiben. Es wird dem Normzweck, den Mieter für eine bestimmte Zeit vor Mieterhöhungsverlangen zu schützen, auch besser gerecht, wenn dieser nicht schon während der laufenden Sperrfrist mit neuen Erhöhungsverlangen konfrontiert wird. Hierdurch werden auch keine übertriebenen formalistischen Anforderungen an den Vermieter gestellt. Er kann ohne besondere Schwierigkeiten dafür Sorge tragen, daß sein Erhöhungsverlangen nicht vorzeitig zugeht, in dem er es etwa rechtzeitig mit dem Ablauf der Wartefrist abschickt. Auf einen taggenauen Zugang kommt es gerade nicht an. Es reicht, wenn das Erhöhungsverlangen innerhalb des auf den Monat der einjährigen Wartefrist nachfolgenden Monats zugeht. Der Vermieter erlangt durch die vorzeitige Stellung eines Mieterhöhungsverlangens auch keinen Vorteil, weil die Überlegungsfrist des § 2 Abs. 3 MHRG in jedem Fall erst mit Ablauf der einjährigen Sperrfrist beginnt.

Schließlich dient diese Auslegung auch der Rechtssicherheit. Nach den drei Rechtsentscheiden war nämlich immer ungewiß geblieben, ab welcher zeitlichen Grenze ein vorzeitiges Erhöhungsverlangen unwirksam ist, weil es nicht nur um „einige Tage oder Wochen" verfrüht zuging[127b].

69 Die Wartefrist wird nicht ausgelöst durch Erhöhungen der Miete, die sich aus den §§ 3–5 MHRG ergeben haben. Ist also während des vergangenen Jahres die Miete nach einer Modernisierung ausdrücklich nach § 3 MHRG erhöht worden oder wurde sie wegen einer Erhöhung der Kapitalkosten oder Betriebskosten heraufgesetzt, dann kann trotzdem eine Mieterhöhung nach § 2 MHRG stattfinden, wenn die o. g. Voraussetzungen erfüllt sind. Anders ist es nach *Ablauf der Preisbindung*. Entfällt für eine Wohnung nach Fristablauf oder wegen vorzeitiger Rückzahlung der Fördermittel die Beschränkung auf die Kostenmiete, so ist von da an die Miete nach den Vorschriften des MHRG zu erhöhen. In diesem Fall ist für die Berechnung der Wartefrist auf die *letzte Erhöhung der Kostenmiete* noch während der Preisbindung abzustellen[128]. Lag keine Kostenmieterhöhung im letzten Jahr vor, kann der Vermieter sein Erhöhungsverlangen bereits vor Ablauf der Mietpreisbindung abgeben[129].

b) Kappungsgrenze

70 Um den Mietanstieg etwas zu verlangsamen, gestattete das MHRG *bisher* schon eine Steigerung der Miete innerhalb von 3 Jahren nur um *30 %*. Durch das 4. MRÄndG ist diese Kappungsgrenze zeitlich befristet differenziert worden und beträgt für einen *Teil des Wohnungsbestandes* nur noch *20 %*. Dabei ist es egal, ob diese Grenzen

---

127b OLG Hamm NJW 1987, 400 = WuM 1987, 114; LG Berlin WuM 1989, 334.
128 LG Hagen WuM 1986, 139; LG Berlin WuM 1989, 334; LG Arnsberg WuM 1991, 207.
129 KG NJW 1982, 2077.

durch eine Mieterhöhung von 20 % oder 30 % erreicht werden oder ob dies durch jährliche Mieterhöhungen geschieht[130].

Zur Berechnung ist die *niedrigste Miete* der letzten 3 Jahre vor dem Termin heranzuziehen, zu dem die jetzige Mieterhöhung fällig wird[131]. Dabei sind dann *alle* Mieterhöhungen, mit Ausnahme der ausdrücklich ausgenommenen wegen Modernisierung oder Erhöhung von Betriebs- oder Kapitalkosten gemäß §§ 3–5 MHRG, zu berücksichtigen, also auch alle Erhöhungen der Kostenmiete, wenn es sich zuvor um preisgebundenen Wohnungsbau handelte. Dies gilt *auch* dann, wenn die Kostenmiete wegen einer *Erhöhung der Kapitalkosten* gestiegen ist[132].

Soweit die Ausgangsmiete von vor 3 Jahren eine *(Teil-)Inklusivmiete* ist, also *Betriebskostenanteile* enthält, sind diese Anteile nicht herauszurechnen sondern in die Kappungsgrenze mit *einzubeziehen*[133]. War die Miete zu Beginn des Mietverhältnisses auf Grund vom Mieter durchzuführender Renovierungs- oder Modernisierungsarbeiten vereinbarungsgemäß für eine bestimmte Zeit besonders niedrig, kann auch nur diese niedrigere Miete um jeweils 30 % in drei Jahren erhöht werden, es sei denn, die Parteien haben ausdrücklich etwas anderes vereinbart[134]. Es ist *zulässig*, das Mieterhöhungsverlangen *vor Ablauf* der Dreijahresfrist zu stellen, damit die erhöhte Miete dann unmittelbar im Anschluß an die Frist fällig wird[135].

71

Die Kappungsgrenze beträgt für *bestimmte Mieterhöhungsverlangen* nur 20 % und zwar für solche,

72

- die dem Mieter zwischen dem 1. September 1993[136] und dem 1. September 1998[137] zugehen und

---

130 OLG Karlsruhe ZMR 1990, 222.
131 LG Hamburg WuM 1984, 111; LG Hannover WuM 1990, 517.
132 OLG Hamm WuM 1990, 333.
133 LG Hannover WuM 1987, 125.
134 LG Freiburg WuM 1989, 396.
135 BayObLG WuM 1988, 117.
136 So die Übergangsvorschrift in Art. 6 Abs. 1 4. Mietrechtsänderungsgesetz.
137 Vgl. § 2 Abs. 1 Ziff. 3 lit b MHRG.

- die Wohnungen betreffen, die vor dem 1. Januar 1981 fertiggestellt wurden und deren Ausgangsmietzins vor der Erhöhung ohne Betriebskostenanteil mehr als 8,– DM beträgt.

Mit dieser zeitlich befristeten Regelung will der Gesetzgeber die Mietsteigerungen vorübergehend begrenzen, um den Schutz der Mieter in einer Situation zu verbessern, in der die Ausweitung des Wohnungsangebotes noch deutlich hinter dem Nachfrageanstieg zurückbleibt.

73 *Maßgebend* ist dabei die *Fertigstellung des Wohnraums, nicht* des *Gebäudes.* Wohnraum, der z. B. erst nach dem 31. 12. 1980 in einem bereits davor fertiggestellten Gebäude durch Ausbau von Nebenräumen oder durch Erweiterung des Gebäudes fertiggestellt worden ist, ist deshalb von der Regelung ausgenommen. Für Wohnraum dagegen, der seit dem 1. 1. 1981 aus bereits vorhandenem Wohnraum, z. B. durch Zusammenlegung oder -teilung von Wohnungen, seine jetzige Form und Qualität erhalten hat, soll nach wie vor das frühere Fertigstellungsdatum und damit auch die herabgesetzte Kappungsgrenze gelten[138].

74 Die Kappungsgrenze von 20 % gilt ferner nur bei einer *Ausgangsmiete* ohne Betriebskostenanteil von *mehr als 8,00 DM/qm* Wohnfläche. Bis 8,00 DM/qm bleibt es, auch wenn der Wohnraum vor dem 1. 1. 1981 fertiggestellt wurde, bei einer Kappungsgrenze von 30 % innerhalb von 3 Jahren. Dies wird im Gesetz ausdrücklich klargestellt. Im Ergebnis hätte dies jedoch dazu geführt, daß eine Erhöhung einer Ausgangsmiete von bis zu 8,00 DM/qm zu einem höheren Mietzins geführt hätte, als eine – auf 20 % begrenzte – Mieterhöhung einer Ausgangsmiete ab 8,01 DM/qm. So würde eine Ausgangsmiete von 8,00 DM/qm bei einer 30 %igen Kappungsgrenze auf bis zu 10,40 DM/qm erhöht werden können, während eine Miete von 8,01 DM/qm wegen der 20 %igen Kappungsgrenze nur auf 9,60 DM erhöht werden darf. Deshalb bestimmt das Gesetz, daß eine *Erhöhung* um 30 % *in keinem Fall* zu einer Mieterhöhung auf mehr als *20 % über dem Grenzwert von 8,00 DM/qm,* also 9,60 DM/qm, führen darf.

---

138 So die Gesetzesbegründung, BT-Drs. 12/3254, S. 13.

Das bedeutet, daß faktisch die Kappungsgrenze bereits ab einer Ausgangsmiete von 7,38 DM/qm Wohnfläche weniger als 30 % beträgt. Nicht berücksichtigt bleiben dabei – wie bei der gesamten Kappungsgrenzenregelung – Mieterhöhungen auf Grund der §§ 3–5 MHRG.

Der Gesetzgeber wollte durch die Festlegung eines einheitlichen Grenzwertes von 8,00 DM/qm die *Rechtseinheit* im Bundesgebiet wahren. Die Vorschrift entfaltet faktisch aber in den Ballungsgebieten und anderen Gebieten mit hohem Mietpreisniveau eine stärkere Wirkung, weil dort ein höherer Anteil der Mieten über 8,00 DM/qm liegt und daher bei Mieterhöhungen der herabgesetzten Kappungsgrenze unterliegen. Der Grenzwert selbst soll den oberen Bereich der sogenannten *Quadratmeter-Bewilligungsmieten* widerspiegeln, wie sie in der Mietwohnungsförderung des sozialen Wohnungsbaus der Länder im Jahre 1991 maßgebend waren[139]. Es handelt sich bei diesem Grenzwert um eine *Nettokaltmiete ohne Betriebskosten.* Soweit der Mieter also nicht alle der in Anlage 3 zu § 27 der II. Berechnungsverordnung[140] enthaltenen Betriebskosten zusätzlich – entweder pauschal oder als Vorauszahlung – zahlt, müssen diese Kosten anteilig aus der Ausgangsmiete herausgerechnet werden. Dabei ist genauso vorzugehen, wie bei der Berechnung des Betriebskostenzuschlags zu den Werten des Mietspiegels[141]. 75

Die Kappungsgrenze gilt grundsätzlich auch für den *Sonderfall* des Übergangs vom öffentlich geförderten zum freifinanzierten Wohnungsbau[142]. Eine Einschränkung ergibt sich aus § 2 Abs. 1a MHRG. Hat der Mieter für die Wohnung bisher eine *Fehlbelegungsabgabe* zahlen müssen und ist diese Verpflichtung *entfallen,* weil die Wohnung nicht mehr der Preisbindung unterfällt, dann würde eine *Beschränkung* der Mieterhöhungsmöglichkeit durch eine Kappungsgrenze ggf. den *Mieter einseitig begünstigen,* wenn die ortsübliche Vergleichsmiete zwar mehr als 30 % höher als die Kostenmiete ist, aber immer noch geringer als die Kostenmiete zzgl. Fehlbelegungsab- 76

---

139 So die Gesetzesbegründung, BT-Drs. 12/3254, S. 13.
140 Siehe unten den Wortlaut bei Rdn. 563.
141 Siehe unten Rdn. 90 f.
142 Zu den Besonderheiten siehe unten Rdn. 92 ff.

gabe. Hier kann der Vermieter also bei den Mietern, die die Förderungsgrenzen des sozialen Wohnungsbaus überschreiten, die Miete ohne Einhaltung einer Kappungsgrenze auf das Niveau der ortsüblichen Vergleichsmiete erhöhen. Entscheidend ist dabei die zuletzt tatsächlich gezahlte Fehlbelegungsabgabe. Da der Vermieter hiervon keine Kenntnis hat, hat der Gesetzgeber ihm in § 2 Abs. 1a am Ende MHRG ausdrücklich einen entsprechenden *Auskunftsanspruch* eingeräumt. Gegenüber der Behörde, die die Fehlbelegungsabgabe erhebt, hat der Vermieter keinen Auskunftsanspruch. Kommt der Mieter seiner Auskunftspflicht nicht oder zu spät nach und kann der Vermieter deshalb zunächst kein Mieterhöhungsverlangen in der möglichen Höhe erstellen, dann muß der Mieter den Vermieter gemäß §§ 284, 286 BGB so stellen, als wenn der Vermieter die Informationen rechtzeitig gehabt hätte. Er muß also die Differenz dem Vermieter als *Schadensersatz* zahlen.

77 Bei der Berechnung jeder Kappungsgrenze sind nach § 2 Abs. 1 MHRG *öffentliche Förderungsmittel* mietzinsmindernd zu berücksichtigen, wenn die damit bewirkten Wohnwertverbesserungen den Vermieter nach § 2 MHRG zu Mieterhöhungen berechtigen. Durch die gesetzliche Neufassung der Vorschrift ist nun klargestellt, daß die Anrechnung der Förderungsmittel auf einen Mieterhöhungsbetrag zu erfolgen hat, der noch nicht durch eine Kappungsgrenze nach oben begrenzt ist[143].

78 Das Gesetz verbietet nur Mieterhöhungen über die Kappungsgrenze hinaus. Von der Rechtsprechung werden aber auch Mieterhöhungen für unzulässig erachtet, die eine *Bagatellgrenze* nicht überschreiten. Der Begriff der ortsüblichen Vergleichsmiete ist kein exakter pfenniggenauer, sondern ein normativer Begriff. Er beinhaltet eine gewisse Bandbreite an Vergleichswerten. Wenn die Vergleichsmiete aber nur wenige Pfennige höher ist, als die gezahlte Quadratmetermiete, dann dürfte nicht feststellbar sein, daß die ortsübliche Vergleichsmiete tatsächlich höher ist. Solch unzulässigen Bagatellmieterhöhungen wurden im Bereich bis 1 % angenommen[144].

---

143 So die Gesetzesbegründung, BT-Drs. 12/3254, S. 13.
144 OLG Braunschweig WuM 1991, 118.

c) Nichtüberschreiten der ortsüblichen Vergleichsmiete

Die Höhe der „ortsüblichen Vergleichsmiete" ist die wichtigste Voraussetzung für ein Mieterhöhungsverlangen. Dabei muß man sich aber immer vor Augen halten, daß es sich um einen *Rechtsbegriff* handelt. Es handelt sich um die üblichen Entgelte, die in der Gemeinde für nicht preisgebundenen Wohnraum vergleichbarer Art, Größe, Ausstattung, Beschaffenheit und Lage in den letzten vier Jahren vereinbart oder geändert worden sind. Damit ist ein *repräsentativer Querschnitt* der Mieten für vergleichbare Wohnungen gemeint. Also nicht die höchste vereinbarte Miete oder die zuletzt vereinbarte Miete bestimmt die *ortsübliche Vergleichsmiete,* sondern ein durch *Gewichtung* zu ermittelnder Mittelwert aus den in den letzten vier Jahren vereinbarten Mieten. Dabei sind aber nur die „üblichen" Mieten zu berücksichtigen. Unberücksichtigt haben deshalb zu bleiben auf der einen Seite reine Gefälligkeitsmieten und auf der anderen Seite Mieten, die unter Ausnutzung einer besonderen Nachfragesituation zustandegekommen sind.

Für die Mietpreisbildung und die Ermittlung der Vergleichsmiete sind die im Gesetz aufgeführten *5 Wohnwertmerkmale* maßgeblich.

aa) Art des Mietobjekts

Damit ist die *Struktur des Hauses* und der Wohnung gemeint. Unterscheidungsmerkmale sind hier u. a.:

Altbau oder Neubau,
Einfamilienhaus, Reihenhaus oder Mehrfamilienhaus,
Appartment oder Mehrzimmerwohnung.

bb) Größe des Mietobjekts

Damit wird vor allem die *Quadratmeterzahl* der Wohnung aber *auch* die *Zimmeranzahl* gemeint. Wie die Quadratmeterzahl genau zu ermitteln ist, ist in der Rechtsprechung strittig. Für den sozialen Wohnungsbau gibt es die Vorschriften der §§ 42 bis 44 der II. Berechnungsverordnung[145]. Die Vorschriften stimmen im wesentlichen mit

---

145 Siehe unten Rdn. 564.

der inzwischen aufgehobenen *DIN-Norm 283* Blatt 2 überein[146]. Soweit die II. Berechnungsverordnung nicht gilt, also insbesondere im freifinanzierten Wohnungsbau, berechnet sich die Wohnfläche weder nach DIN 283 noch nach der II. Berechnungsverordnung oder einer anderen Rechtsvorschrift. Nach einem Rechtsentscheid des BayObLG[147] ist vielmehr die Wohnfläche nach den *besonderen Umständen des Einzelfalls* zu ermitteln. Dabei können sich die Gerichte bei der Ermittlung der Umstände des Einzelfalls aber von den Festlegungen der II. Berechnungsverordnung leiten lassen[148]. Diese Fragen haben vor allem für Balkone und Loggien Bedeutung. Ein Balkon ist dabei mit einem Viertel bis höchstens mit der Hälfte seiner Fläche anzurechnen. Entscheidend ist dabei vor allem, wie die Fläche bei den Vergleichswohnungen mitberechnet wurde. Den Parteien bleibt es im Rahmen der Vertragsfreiheit zur Vermeidung von Streitigkeiten unbenommen, für die Wohnflächenberechnung die Anwendung der II. Berechnungsverordnung oder einer – nicht mehr geltenden, aber textlich noch greifbaren – DIN-Norm zu vereinbaren.

82 Haben die Parteien in den Mietvertrag die Größe der Wohnung mit aufgenommen, so ist zu unterscheiden: Haben sie eine zu geringe Größe dort festgehalten, so ist diese für Mieterhöhungen maßgeblich[149]; haben sie demgegenüber mehr Quadratmeter im Vertrag fixiert, als tatsächlich vorhanden sind, dann ist die richtige Wohnungsgröße maßgeblich.

cc) Ausstattung des Mietobjekts

83 Hierzu zählt alles, was der Vermieter dem Mieter zur Verfügung gestellt hat. Nach DIN 283 Teil 1 Ziff. 3[150] gehören hierzu u. a. die

---

146 Deren Text ist unten unter Rdn. 567, 568 abgedruckt.
147 BayObLGZ 1983, 195 = WuM 1982, 254 = ZMR 1984, 66 = MDR 1983, 1027; siehe hierzu auch den Vorlagebeschluß des LG Kiel WuM 1993, 260; AG Neuss WuM 1993, 410.
148 So auch die Antwort des Parlamentarischen Staatssekretärs Funke am 30.3.1993 auf eine Anfrage des Abgeordneten Reschke, abgedruckt in NJW 1993 Heft 21, Seite XIII und Antwort des Parlamentarischen Staatssekretärs Günther am 15.4.1993 auf eine Anfrage des gleichen Abgeordneten, BT-Drs. 12/4735, S. 38, abgedruckt DWW 1993, 119 f.
149 Das ergibt sich aus § 1 S. 3 MHRG. Die Parteien haben dann vertraglich eine andere vorrangige Regelung getroffen; siehe hierzu auch oben Rdn. 25.
150 Siehe unten Rdn. 567.

Die Mieterhöhung nach § 2 MHRG 63

dort aufgezählten *räumlichen Ausstattungsmerkmale* (Ziff. 3.11), wie z. B. Waschküche, Kellerräume oder Speicherräume, die zur gemeinsamen Benutzung verfügbaren Räume (Ziff. 3.12), wie z. B. Fahrradkeller, Vorplätze usw., sowie die gesamte *sonstige Ausstattung* (Ziff. 3.3). Hierzu gehören innerhalb der Wohnung z. B. eingebaute Ausstattungsstücke, wie Wandschränke und Garderoben; außerhalb der Wohnung können dies z. B. *Gärten, Terrassen, Kinderspielanlagen* sein, soweit sie zu einer Wohnung gehören aber auch als Gemeinschaftseinrichtungen. Entscheidend ist hier die konkrete Ausstattungssituation der zu bewertenden Wohnung. Die DIN 283 kann hier nur eine überschlägige Aufzählung ohne Anspruch auf Vollständigkeit beinhalten. Sie gibt für das Beratungsgespräch mit dem Mandanten einen Leitfaden, den es abzufragen gilt.

Mietereinbauten, die auch vorliegen, wenn der Mieter die entsprechende Einrichtung vom Vormieter gekauft hat[151], haben dabei *unberücksichtigt* zu bleiben[151a]. Ein Vermieterwechsel ändert daran nichts. Die Parteien können hier aber abweichende Vereinbarungen treffen, z. B. bei umfangreichen Mieterumbauten, die vom Vermieter teilweise bezuschußt wurden. Eine solche Vereinbarung ergibt sich daraus, daß ein neuer Mietvertrag nach der Mietermodernisierung mit einem anderen Vermieter geschlossen wird[151b]. 84

dd) Beschaffenheit des Mietobjekts

Damit ist der *Zuschnitt der Wohnung* einschließlich der mitvermieteten Hausteile sowie Art und Gestaltung der *Umgebung* gemeint. Auch der Zustand der Wohnung ist hier ein Merkmal, wobei zu beachten ist, daß behebbare Mängel bei der Mieterhöhung für die Bemessung des Mietzinses keine Bedeutung haben. Insofern kann allenfalls ein Zurückbehaltungsrecht[152] in Betracht kommen. 85

---

151 Zur Wirksamkeit solcher Vereinbarungen siehe nunmehr § 4a Abs. 2 WoVermG.
151a Z. B. LG Baden-Baden WuM 1993, 358; BayObLG WuM 1981, 208.
151b LG München WuM 1993, 451 (454).
152 Dazu unten Rdn. 108.

ee) Lage des Mietobjekts

86 Wertbildend ist hier sowohl die Lage der Wohnung *im Haus* wie auch die Lage *im Ort*.

Die Ortslage wird bestimmt durch die Baudichte, den baulichen Zustand des Ortsteils, Frei- und Grünflächen, landschaftlichen Charakter, Beeinträchtigungen durch Lärm, Staub, Geruch, Verkehrsanbindung und die vorhandenen Infrastruktureinrichtungen.

Die Lage im Haus wird bestimmt durch die Geschoßlage und die Ausrichtung nach der Himmelsrichtung.

Gerade die Beurteilung der Lage der Wohnung ist zwischen den Mietvertragsparteien häufig im Streit[153]. Dies liegt zum einen daran, daß die einzelnen Kriterien auf Grund unterschiedlicher Anforderungen und Bedürfnisse stark unterschiedlich gewichtet werden. Was für eine Familie mit kleinen Kindern eine gute Wohnlage ist, kann für Senioren schlecht sein und umgedreht. Zum anderen ist gerade die *Qualität der Lage* einer Wohnung *sehr stark mietpreisbildend*. In den meisten Mietspiegeln ist die Alters- und Ausstattungsklasse verhältnismäßig einfach objektiv überprüfbar und demgemäß auch feststehend. Aber allein der Wechsel einer Lageklasse kann den Rahmen der Vergleichsmiete um bis zu 2,– DM verschieben. Entscheidend ist dabei ein objektiver Lagemaßstab.

d) Maßgeblicher Zeitpunkt zur Feststellung der ortsüblichen Vergleichsmiete

87 Da die Feststellung der ortsüblichen Vergleichsmiete zum Teil recht problematisch sein kann, kommt es gerade in Zeiten teilweise schnell ansteigender Mieten darauf an, zunächst festzustellen, für welchen Zeitpunkt die ortsübliche Vergleichsmiete festgestellt werden soll. Nach der herrschenden Auffassung in der Rechtsprechung[154] und in der Literatur[155] kommt es für die Feststellung der ortsüblichen Miete

---

153 Hierzu allgemein Isenmann WuM 1992, 43.
154 BayObLG WuM 1992, 677 = ZMR 1993, 11 = DWW 1993, 17; mit Anm. Börstinghaus ZAP F. 4 R S. 73; LG Hamburg WuM 1991, 335; 1990, 310; LG Köln WuM 1982, 20; LG Bochum WuM 1982, 18; OLG Oldenburg WuM 1982, 105.
155 Z. B. Schmidt-Futterer/Blank, C 74; Sternel, III, Rdn. 624, 742; Voelskow ZMR 1992, 326 (328) mit einer Anmerkung dazu von Isenmann ZMR 1992, 482.

auf das Mietenniveau zum Zeitpunkt des *Zugangs des Mieterhöhungsverlangens* an.
Dies liegt an der gesetzlich angeordneten praktischen Ausgestaltung des Erhöhungsverfahrens. Das Mieterhöhungsverlangen ist ein Antrag auf Abschluß eines entsprechenden Abänderungsvertrages. Dieser Antrag wird gemäß § 130 Abs. 1 Satz 1 BGB mit dem Zeitpunkt des Zugangs wirksam. Dieser Zugangszeitpunkt setzt die Zustimmungsfrist und die Klagefrist gemäß § 2 Abs. 3 Satz 1 MHRG in Lauf. Ein wirksames Mieterhöhungsverlangen begründet die Verpflichtung des Mieters zur Zustimmung. Damit der Mieter überprüfen kann, ob er zur Zustimmung verpflichtet ist oder ob er es ggf. auf einen Prozeß ankommen lassen kann, ist der Vermieter verpflichtet, sein Mieterhöhungsverlangen zu begründen. Ob durch diese Begründung der Vermieter dargelegt hat, daß die verlangte Miete die ortsübliche Vergleichsmiete nicht übersteigt, kann der Mieter, dem ein Mieterhöhungsverlangen zugegangen ist, aber nur für den Zeitpunkt des Zugangs nachprüfen, für den mehrere Monate später liegenden Zeitpunkt der Fälligkeit des erhöhten Mietzinses kann er dies allenfalls schätzen.

3. Besonderheiten

a) Inklusivmieten

Die meisten *Mietspiegel* weisen lediglich eine *Nettomiete,* also die Grundmiete aus. Die Grundmiete meint das Entgelt für die Gebrauchsüberlassung, ohne daß damit Betriebskosten abgegolten werden. Insbesondere in älteren Mietverträgen werden aber nicht alle umlagefähigen Nebenkosten zusätzlich als Betriebskosten auf die Mieter umgelegt und abgerechnet. Sieht ein Wohnungsmietvertrag als Mietentgelt nur einen bestimmten Betrag (zzgl. Heizungs-/Warmwasserkosten) vor, ist dieser Betrag im Regelfall als *(Teil-)Inklusivmiete* zu verstehen, mit der auch an sich umlagefähige Betriebskosten abgegolten sein sollen[156]. Um in diesen Fällen eine *Vergleichbarkeit*

---

[156] OLG Stuttgart NJW 1983, 2329 = WuM 1983, 285 = ZMR 1983, 389 = MDR 1983, 928 = DWW 1983, 227; bestätigt durch OLG Hamm DWW 1993, 39 = WuM 1993, 29.

der Werte des Mietspiegels mit dem Zahlbetrag für die konkrete Wohnung herzustellen, muß für die Wohnung erst einmal der Betriebskostenanteil errechnet werden. Hierzu ist ein Blick in den Mietvertrag erforderlich. Aus dem Mietvertrag ergibt sich, welche Betriebskosten der Mieter gesondert zahlt. Dabei kommt es nicht darauf an, ob über die Betriebskosten abgerechnet werden muß oder ob eine Pauschale vereinbart wurde. Grundsätzlich können höchstens folgende Betriebskosten entsprechend der Regelung in Anlage 3 Abs. 1 der II. Berechnungsverordnung[157] mietvertraglich umgelegt[158] werden:

- Grundsteuer,
- Sach- und Haftpflichtversicherung
- Kosten der Wasserversorgung einschließlich Entwässerung,
- Heizungs- und Warmwasserkosten,
- Aufzug,
- Straßenreinigung,
- Müllabfuhr,
- Schornsteinreinigung,
- Hausreinigung,
- Gartenpflege,
- Allgemeinbeleuchtung,
- Hauswart,
- maschinelle Wascheinrichtungen,
- Gemeinschaftsantenne,
- Verteileranlage für ein Breitbandkabel.

89 Wenn der Mieter diese Kosten, soweit sie im Haus oder für die Wohnung anfallen, durch eine Nebenkostenpauschale oder durch Nebenkostenvorauszahlungen gesondert zahlt, handelt es sich bezüglich der mietvertraglich vereinbarten Miete ebenfalls um die Grundmiete. In diesem Fall ist ein direkter Vergleich der gezahlten Miete mit den Werten des Mietspiegels möglich.

---

157 Siehe unten Rdn. 562.
158 So noch zuletzt auch BGH DWW 1993, 74 (75) = WuM 1993, 109.

Die Mieterhöhung nach § 2 MHRG

Schwieriger wird es, wenn der Mieter nach dem Mietvertrag keinerlei Betriebskosten zusätzlich zahlt *(Warm-, Inklusiv- oder Bruttomiete)* oder wenn er nur für einige dieser Betriebskosten gesonderte Zahlungen *(Teilinklusivmiete)* erbringt. In diesem Fall müssen diese Betriebskostenanteile zunächst aus der vom Mieter gezahlten Miete herausgerechnet werden, um diesen so herausgerechneten Betrag als Zuschlag zu den Werten des Mietspiegels wieder hinzuzurechnen[159].

90

Dabei ist wie folgt vorzugehen: Zunächst sind die *Jahresbeträge* für die *Betriebskosten* zu ermitteln, die *nicht zusätzlich* vom Mieter zu zahlen sind. Der Jahresbetrag aller dieser Kosten ist durch die Gesamtquadratmeter des Hauses bzw. der Abrechnungseinheit zu dividieren und, um den Monatswert zu erhalten, durch 12 zu teilen. Dieser Wert ist der in dem Zahlbetrag des Mieters enthaltene Betriebskostenanteil.

Dies soll an einem fiktiven Beispiel verdeutlicht werden:

Der Mieter zahlt für seine 80 qm große Wohnung in einem insgesamt 500 qm Wohnfläche großen Mehrfamilienhaus 560,- DM Miete. Zusätzlich hat er nach dem Mietvertrag Nebenkostenvorauszahlungen zu leisten für die Heizung, das Wasser, die Entwässerung, Flurlicht und die Haftpflichtversicherung.

Der *Zuschlag* zur Mietwerttabelle des Mietspiegels errechnet sich damit wie folgt:

Betriebskostenanteil in der Miete:

folgende Kosten fallen im Haus im Jahr an:

Grundsteuer	1 000,— DM
gebündelte Gebäudeversicherung	1 400,— DM
Straßenreinigung	600,— DM
Müllabfuhr	500,— DM
Summe:	3 500,— DM
3500,— DM : 500 qm	7,— DM
7,— DM : 12 Monate	0,58 DM

Wenn man nun z. B. feststellen sollte, daß die ortsübliche Vergleichsmiete für die Wohnung 7,80 DM nach dem Mietspiegel beträgt, dann ist zu diesem Wert

---

[159] OLG Stuttgart NJW 1983, 2329 = WuM 1983, 285; OLG Hamm DWW 1993, 39 = WuM 1993; AG Dortmund DWW 1989, 367.

von 7,80 DM der Betriebskostenanteil von 0,58 DM wieder hinzuzurechnen. Es steht dem Vermieter also unter der Bedingung, daß alle anderen Voraussetzungen gegeben sind, ein Anspruch auf Zustimmung zu einer Mieterhöhung auf 8,38 DM pro qm zu.

91 Bei der Berechnung der *Kappungsgrenze* ist in einem solchen Fall von der *ursprünglichen Inklusivmiete* auszugehen[160]. Lediglich bei der Beurteilung der Frage, ob vorliegend die 20%ige Kappungsgrenze zur Anwendung kommt, sind die Betriebskosten auf diese Weise aus der Miete herauszurechnen. Im übrigen steht dem Vermieter gegenüber dem Mieter kein Anspruch auf Änderung der Mietstruktur, d. h. eine Änderung hinsichtlich der Umlagefähigkeit der Nebenkosten, zu. Verlangt der Vermieter im Erhöhungsverlangen gemäß § 2 MHRG zugleich die Umstellung von einer Bruttokaltmiete auf eine Nettokaltmiete, so ist das Mieterhöhungsverlangen insgesamt unwirksam[161].

b) Das Ende der Mietpreisbindung

92 Wie oben dargestellt, werden die Mieten im freifinanzierten und öffentlich geförderten Wohnungsbau vom Ansatz her unterschiedlich berechnet. Probleme tauchen deshalb häufig dann auf, wenn eine Wohnung aus einer Kategorie in die andere wechselt, z. B. weil die Bindungsfristen abgelaufen sind oder die Fördermittel vorzeitig zurückgezahlt wurden.

93 *Entfällt* für eine Wohnung nach Fristablauf oder wegen vorzeitiger Rückzahlung der Fördermittel die *Beschränkung auf die Kostenmiete*, so ist von da an die Miete nach den *Vorschriften des MHRG* zu erhöhen. In diesem Fall ist für die Berechnung der Wartefrist auf die letzte Erhöhung der Kostenmiete noch während der Preisbindung abzustellen[162]. Lag keine Kostenmieterhöhung im letzten Jahr vor, kann der Vermieter sein Erhöhungsverlangen bereits vor Ablauf der Mietpreisbindung abgeben[163]. Im übrigen gilt unter bestimmten

---

160 AG Hagen WuM 1990, 555.
161 LG Berlin ZMR 1988, 61.
162 LG Hagen WuM 1986, 139; LG Berlin WuM 1989, 334; LG Arnsberg WuM 1991, 207; vgl. auch bereits Rdn. 69.
163 KG NJW 1982, 2077.

Voraussetzungen die Kappungsgrenze gemäß § 2 Abs. 1a MHRG nicht[164].

Streitpunkt hierbei sind häufig auch die *Nebenkosten*. Früher waren in der Kostenmiete die meisten Nebenkosten enthalten. Durch § 27 Abs. 3 II. Berechnungsverordnung a. F.[165] ist vorgeschrieben worden, daß für den Bereich des sozialen Wohnungsbaus über die *Betriebskosten abzurechnen* ist. Die Verordnung sah für die Vermieter eine Umstellungsfrist vor. Soweit die Vermieter davon Gebrauch gemacht haben, handelt es sich bei der Kostenmiete nur noch um eine Nettomiete, die gemäß § 2 MHRG erhöht werden kann. Außerdem sind die bisherigen Umlagebeträge als Betriebskostenvorauszahlungen zu zahlen. Wenn der Vermieter innerhalb der Umstellungsfrist die Kostenmiete nicht auf eine Nettomiete umgestellt hat, dann wird die ehemalige Kostenmiete zur Brutto- oder Teilinklusivmiete, die entsprechend den oben[166] dargestellten Grundsätzen erhöht werden kann. Ein Anspruch auf zusätzliche Zahlung der Nebenkosten oder auf Umstellung der Mietstruktur besteht nicht[167].

94

Eine *besondere Form der Mietpreisbindung* im weiteren Sinne waren die Mieten *gemeinnütziger Wohnungsunternehmen*. Für sie galt zwar auch das MHRG, sie durften nach dem inzwischen aufgehobenen § 7 Abs. 2 WGG aber nur eine „angemessene" Miete erheben. Diese Beschränkung ist durch das Gesetz zur Überführung der Wohnungsgemeinnützigkeit in den allgemeinen Wohnungsmarkt[168] mit Wirkung vom 1. 1. 1990 aufgehoben. In § 4 dieses Gesetzes wurden die Landesregierungen ermächtigt, für Gebiete mit erhöhtem Wohnungsbedarf durch Rechtsverordnung zu bestimmen, daß für nicht preisgebundenen Wohnraum eines Unternehmens, das am 31. 12. 1989 als gemeinnütziges Wohnungsunternehmen anerkannt war, das MHRG mit der Maßgabe gilt, daß abweichend von § 2 Abs. 1 Nr. 3 MHRG der Vermieter die Zustimmung zu einer Erhöhung des Mietzinses unter der

95

---

164 Siehe oben Rdn. 76.
165 BGBl. I 1984, 553.
166 Rdn. 88 ff.
167 AG Dortmund MDR 1989, 821 = WuM 1989, 333 = NJW-RR 1989, 1042.
168 BGBl. I 1988, 1093 (1136).

Voraussetzung verlangen kann, daß der Mietzins sich innerhalb eines Zeitraums von *einem Jahr,* von Erhöhungen nach §§ 3–5 MHRG abgesehen, *nicht um mehr als 5 %* erhöht. Diese Beschränkung gilt jedoch nicht für Mietverträge, die nach dem 31. 12. 1989 eingegangen wurden. Die Regelung ist verfassungsrechtlich unbedenklich[169]. Die Beschränkung gilt dabei nicht nur für die Wohnungen, die im Eigentum der ehemals gemeinnützigen Wohnungsunternehmen stehen, sondern auch für alle die Wohnungen, die von solchen Unternehmen *verwaltet* werden[169a]. Die Landesregierungen der alten Bundesländer haben von dieser Ermächtigungsgrundlage wie folgt Gebrauch gemacht:

Baden-Württemberg: Hat von der Ermächtigung keinen Gebrauch gemacht.

Bayern: Durch VO vom 12. 12. 1989[170] wurden mehrere kreisfreie Städte und zahlreiche Gemeinden zu Wohnungsmangelgebieten i. S. d. Verordnung erklärt. Die Verordnung gilt bis 31. 12. 1995.

Berlin: Durch VO vom 1. 8. 1989[171] wurde die Bundeshauptstadt in den Schutzbereich des Gesetzes bis zum 31. 12. 1995 aufgenommen. Die Verordnung gilt ausdrücklich auch für Erwerber solcher Wohnungen aber nicht für Ein- und Zweifamilienhäuser.

Bremen: Der Senat hat durch VO vom 19. 12. 1989[172] von der Ermächtigung Gebrauch gemacht.

Hamburg: Der Senat hat die Verordnung zur Begrenzung des Mietanstiegs vom 29. 8. 1989[173] erlassen. Sie gilt bis 31. 12. 1995.

Hessen: Auch dort gilt eine MiethöheVO[174], in die zahlreiche Gemeinden aufgenommen sind. Nach Auskunft des Ministeriums gibt es dort aber Überlegungen, die VO aufzuheben.

Niedersachsen: Dort gilt ebenfalls eine entsprechende VO vom 13. 5. 1991[175], die inzwischen geändert wurde[176]. Sie gilt bis zum 31. 12. 1995.

---

169 BVerfG NJW 1992, 3031.
169a LG München WuM 1993, 406; AG München WuM 1993, 407; LG Kassel WuM 1993, 408; LG Münster WuM 1993, 409.
170 Bayerisches Gesetz- und Verordnungsblatt 1989, 687.
171 Gesetz- und Verordnungsblatt für Berlin 1989, 1567.
172 Brem.GBl. 1989, 436.
173 Hamburgisches Gesetz- und Verordnungsblatt 1989, 181.
174 Hessisches Gesetz- und Verordnungsblatt 1989, 437.
175 Niedersächsisches Gesetz- und Verordnungsblatt 1991, 185.
176 Niedersächsisches Gesetz- und Verordnungsblatt 1991, 278.

Nordrhein-Westfalen: Durch VO vom 14.11.1989[177] wurden alle Kreise und kreisfreien Städte zu Gebieten mit erhöhtem Wohnbedarf erklärt.

Rheinland-Pfalz: Hatte durch die Landesverordnung zur Begrenzung des Mietanstiegs vom 28.12.1989[178] von der Ermächtigungsgrundlage Gebrauch gemacht. Die VO ist inzwischen wieder aufgehoben worden.

Saarland: Dort wurde von der Ermächtigung kein Gebrauch gemacht.

Schleswig-Holstein: In eine LandesVO zur Begrenzung des Mietanstiegs vom 6.12.1989[179] wurden mehrere Gemeinden aufgenommen.

c) Zuschläge zum Mietspiegel

Da keine Wohnung einer anderen Wohnung völlig gleicht und bekanntlich jeder Vergleich „hinkt", stellt sich die Frage, ob es *zulässig ist, Zuschläge oder Abschläge* zu den Werten des Mietspiegels, den Feststellungen eines Sachverständigen oder zu der Vergleichsmiete der Vergleichswohnung zu machen. Für die Mieterhöhung, die mit dem örtlichen Mietspiegel begründet wird, ist die Antwort insofern leicht, als dort schon bestimmte Zu- oder Abschläge ausdrücklich vorgesehen sind, beispielsweise für besonders große oder kleine Wohnungen, Isolierfenster, Aufzug pp. Ob weitere Zuschläge für im Mietspiegel nicht erfaßte Ausstattungsmerkmale zulässig sind, erscheint fraglich, wenn der Mietspiegel als Ergebnis empirischer Untersuchungen solche Zuschläge nicht ausweist und die Untersuchungen diese wohl auch nicht bestätigt haben[180]. *Auf jeden Fall unzulässig* sind *Zuschläge* für bestimmte *Teilmärkte,* also Wohnungen die von bestimmten Bevölkerungsgruppen angemietet werden wie z.B. Studenten[181], Ausländern[182], Stationierungskräften[183] oder Wohngemeinschaften[184]. Bezüglich eines Zuschlags wegen des *Alters* eines Mietspiegels siehe oben[185].

96

---

177 Gesetz- und Verordnungsblatt für das Land NRW 1989, 607.
178 Gesetz- und Verordnungsblatt für das Land Rheinland-Pfalz 1989, 271.
179 Gesetz- und Verordnungsblatt für Schleswig-Holstein 1989, 178.
180 AG Hagen WuM 1989, 579.
181 AG Dortmund MDR 1991, 1062 = NJW-RR 1991, 1228.
182 OLG Stuttgart OLGZ 1983, 114 = NJW 1982, 1160 = WuM 1982, 108 = ZMR 1982, 215.
183 OLG Hamm OLGZ 1983, 242 = NJW 1983, 947 = WuM 1983, 78 = ZMR 1983, 297.
184 OLG Hamm OLGZ 1983, 223 = NJW 1983, 1622 = WuM 1983, 108 = ZMR 1983, 238.
185 Rdn. 59.

97 Eine Besonderheit gilt bei den *Schönheitsreparaturen*. In der Regel werden diese heute entgegen dem gesetzlichen Normalfall vom Mieter übernommen. Sollte ausnahmsweise einmal eine solche Überwälzung nicht stattgefunden haben, so ist zu den Werten des Mietspiegels ein Zuschlag hinzuzurechnen[186]. Hinsichtlich der Höhe des Zuschlages dürften die Werte gemäß § 28 Abs. 4 II. Berechnungsverordnung[187] ein Anhaltspunkt sein. Danach dürfen die Kosten der Schönheitsreparaturen mit höchstens 12,– DM je Quadratmeter Wohnfläche im Jahr angesetzt werden. Dieser Satz verringert sich für Wohnungen, die überwiegend nicht tapeziert sind, um 1,20 DM. Der Satz erhöht sich für Wohnungen mit Heizkörpern um 0,95 DM und für Wohnungen, die überwiegend mit Doppelfenstern oder Verbundfenstern ausgestattet sind, um 1,– DM. Dies ergibt folgende *monatlichen Höchstzuschläge* pro Quadratmeter:

Wohnung überwiegend nicht tapeziert, ohne Heizkörper, ohne Doppelfenster	0,90 DM
Wohnung überwiegend nicht tapeziert, mit Heizkörpern, ohne Doppelfenster	0,98 DM
Wohnung überwiegend nicht tapeziert, mit Doppelfenster, ohne Heizkörper	0,98 DM
Wohnung tapeziert, ohne Heizkörper und ohne Doppelfenster	1,00 DM
Wohnung überwiegend nicht tapeziert, mit Heizkörper und mit Doppelfenster	1,06 DM
Wohnung tapeziert, mit Heizkörper, ohne Doppelfenster	1,08 DM
Wohnung tapeziert, ohne Heizkörper, mit Doppelfenster	1,08 DM
Wohnung tapeziert, mit Heizkörper und mit Doppelfenster	1,16 DM

d) Garagenmietverträge

98 Soweit *Garagen einzeln* vermietet werden, gibt es bezüglich der Anwendbarkeit der MHRG *keine Probleme*. Da es sich dabei nicht um Wohnraum handelt, gelten weder die besonderen Vorschriften zur Durchsetzung einer Mieterhöhung noch das Verbot der Änderungskündigung. Der Vermieter kann also das Mietverhältnis kündi-

---

[186] OLG Koblenz NJW 1985, 333 = WuM 1985, 15; LG Wiesbaden WuM 1987, 127.
[187] In der Fassung v. 13. 7. 1992, BGBl. I, 1250; wegen des genauen Wortlauts siehe unten Rdn. 562.

gen und dem Mieter den Abschluß eines neuen Mietvertrages zu geänderten Bedingungen anbieten.

Anders sieht es aus, wenn der Vermieter dem Mieter *neben der Wohnung* auch eine Garage vermietet hat. In der Regel dürfte dann ein *einheitlicher Wohnungsmietvertrag* vorliegen, auch wenn Wohnungs- und Garagenmietvertrag in getrennten Urkunden festgehalten wurden[188]. In diesem Fall ist eine *Änderungskündigung* gemäß § 1 MHRG *ausgeschlossen*. Die Garagenmiete kann ebenfalls nur unter den Voraussetzungen des § 2 MHRG (oder ggf. auch nach dem Umlageverfahren nach den §§ 3–5 MHRG) erhöht werden. Der Vermieter kann also die Zustimmung zur Erhöhung auf die ortsübliche Vergleichsmiete für Garagen verlangen. Soweit diese in einem Mietspiegel ausgewiesen ist, ist dies leicht möglich. Ob ein *Zuschlag* zu den Werten des Mietspiegels für Wohnung mit Garage möglich ist, erscheint *zweifelhaft*[189]. Soweit der Vertragsmietzins nicht in einen Anteil für die Wohnung und einen weiteren für die Garage aufgespalten ist, muß ggf. im Wege der Schätzung, eine *Herausrechnung* erfolgen. Wichtig ist aber, daß dann nicht isoliert die „Garagenmiete" erhöht werden kann[189a]. Vielmehr erfolgt eine Erhöhung der Miete für das einheitliche Wohnungsmietverhältnis mit der Folge, daß hierdurch auch die Jahressperrfrist insgesamt, also auch für die Wohnung, ausgelöst wird.

99

4. Verhaltensmöglichkeiten des Mieters

Hat der Vermieter ein Mieterhöhungsverlangen gestellt, so muß der Mieter sich entscheiden, ob er diesem Verlangen zustimmen will oder nicht, im letzteren Fall muß der Vermieter sich entscheiden, ob er eine Klage auf Zustimmung erhebt oder nicht.

100

Der Mieter hat im Grunde *drei Möglichkeiten,* wie er auf das Mieterhöhungsverlangen reagieren kann:

---

188 BayObLG ZMR 1991, 174; LG Köln WuM 1992, 264 = ZMR 192, 251; LG Mannheim NJW 1974, 1713 = MDR 1974, 935 = ZMR 1974, 279 = WuM 1975, 45; AG Brühl WuM 1985, 338.
189 So aber LG Berlin Grundeigentum 1991, 729: Zuschlag 5%.
189a Vgl. AG Bielefeld WuM 1993, 357.

- er kann dem Verlangen mit oder ohne Einschränkungen zustimmen,
- er kann das Mietverhältnis kündigen,
- er kann das Verlangen zurückweisen oder gar nicht reagieren und es damit auf einen Prozeß ankommen lassen.

Umstritten ist, ob er sich ggf. wegen Mängeln an der Wohnung in Hinblick auf seine Zustimmung auf ein *Zurückbehaltungsrecht* berufen kann.[190]

a) Zustimmung des Mieters

101 Wenn der Mieter der Auffassung ist, die Mieterhöhung ist formell ordnungsgemäß und materiell gerechtfertigt, dann sollte er seine Zustimmung wie verlangt erklären, da anderenfalls die *Kosten einer Mieterhöhungsklage* wahrscheinlich von ihm getragen werden müßten. Die Kosten eines solchen Verfahrens können den Jahresbetrag der verlangten Erhöhung schnell mehrfach übertreffen.

102 Eine *Form* für die Zustimmung ist grundsätzlich nicht vorgeschrieben. *Ausnnahmsweise* ist die Zustimmung in folgenden Fällen *schriftlich* zu erteilen:

- Bei Mietverträgen die für längere Zeit als ein Jahr abgeschlossen werden; § 566 BGB[191]
- wenn im Mietvertrag wirksam[192] vereinbart ist, daß Vertragsabänderungen der Schriftform bedürfen. Diese vertragliche Schriftformklausel ist im Fall des § 2 MHRG aber dispositiv, d. h. beide Mietvertragsparteien können für den konkreten Einzelfall auf die Einhaltung des Schriftformerfordernisses verzichten[193].

103 Wenn, wie in der Regel, keine besondere Form für die Zustimmung erforderlich ist, dann kann die Zustimmung *auch konkludent,* d. h. durch eindeutiges Verhalten, erklärt werden. Ein solches als Zustimmung zu deutendes Verhalten ist vor allem die *Zahlung*. Dabei ist in

---

190 Siehe unten Rdn. 108.
191 Hierzu ausführlich Schlemminger NJW 1992, 2249.
192 Dazu OLG München WuM 1989, 133.
193 BGHZ 71, 164 = NJW 1978, 1585 (1586).

der Rechtsprechung *umstritten,* ob eine einmalige Zahlung ausreicht, oder ob *mehrere vorbehaltlose Zahlungen* der erhöhten Miete erforderlich sind[194]. Hat der Mieter konkludent zugestimmt, ist eine vom Vermieter trotzdem erhobene Klage als unzulässig abzuweisen, da ein Rechtsschutzbedürfnis fehlt[195]. Davon zu unterscheiden ist der Fall, daß der Mieter auf eine „einseitige Mieterhöhung" des Vermieters Zahlungen erbringt[196].

Wenn der Mieter die Zustimmung (oder auch nur eine teilweise Zustimmung) erteilt hat, schuldet er den erhöhten Mietzins. Auf die Frage, ob das Mieterhöhungsverlangen formell ordnungsgemäß war, kommt es dann nicht mehr an[197]. *Nur* wenn die Zustimmung des Mieters unter den Voraussetzungen des *Haustürwiderrufsgesetzes*[198] zustande gekommen ist, kann der Mieter u. U. innerhalb der dort bestimmten Fristen seine Erklärung *widerrufen*[199]. Der neue Mietzins ist erstmals für den dritten Kalendermonat, der dem Zugang des Mieterhöhungsverlangens folgt, zu zahlen[200]. Dies gilt auch, wenn der Vermieter gar keinen Termin genannt hat[201]. 104

Die Zustimmung muß nicht zwingend innerhalb irgendeiner Frist erfolgen. Sie kann insbesondere auch noch nach Ablauf der sogenannten Überlegungsfrist[202] erteilt werden. *Nach Ablauf* dieser Frist ist der *Vermieter aber zur Klage* berechtigt, so daß der Mieter bei Zustimmungen nach Ablauf dieser Frist wiederum ein höheres *Kostenrisiko* trägt. Die Überlegungsfrist soll im übrigen den Mietvertragsparteien auch Zeit geben, eventuell bestehende Differenzen über die Eingruppierung der Wohnung in die Mietwerttabelle oder die ortsübliche Miete zu besprechen und ggf. eine Einigung herbeizuführen. 105

---

194 LG Kiel WuM 1993, 198; AG Dortmund WuM 1985, 29; LG Hamburg ZMR 1980, 86; LG Berlin WuM 1985, 331; LG Braunschweig WuM 1986, 142 m. abl Anm. von Schneider.
195 LG Kiel WuM 1993, 198.
196 Dazu AG Flensburg WuM 1991, 356 und oben Rdn. 37.
197 LG Aachen WuM 1988, 280.
198 Siehe unten Rdn. 556.
199 Bestritten, siehe Kossmann ZAP F. 4, S. 42; siehe auch oben Rdn. 27.
200 Zur genauen Fristberechnung siehe unten die Tabelle Rdn. 195 f.
201 OLG Koblenz NJW 1983, 1861; BayObLG WuM 1988, 117.
202 Siehe dazu unten die Tabelle bei Rdn. 195 f.

b) Teilzustimmung des Mieters

106 Möglich ist auch die teilweise Zustimmung des Mieters, d. h. die Zustimmung zu einer *geringeren Erhöhung* als sie der Vermieter verlangt hat. Diese Möglichkeit vermindert insbesondere auch das Kostenrisiko hinsichtlich eines eventuellen späteren Prozesses.

107 Nicht möglich ist hingegen, daß nur *einer von mehreren Mietern* der Mieterhöhung zustimmt. Eine solche teilweise Zustimmung ist völlig bedeutungslos. Auch der Mieter, der von mehreren allein seine Zustimmung erteilt hat, ist später mitzuverklagen und trägt ein Kostenrisiko[203]. Genauso wie der Vermieter sein Erhöhungsverlangen nur an alle Mieter adressieren kann, so können die Mieter auch nur alle gemeinsam der Mieterhöhung zustimmen.

c) Zurückbehaltungsrecht

108 Umstritten ist die Frage, ob der Mieter ein Zurückbehaltungsrecht hinsichtlich der Zustimmungserklärung hat, wenn die Wohnung mit *behebbaren Mängeln* behaftet ist. Diese Mängel haben im Mieterhöhungsverfahren keine Bedeutung. Sie können den Mieter ggf. berechtigen, die Miete zu mindern. Er hat außerdem einen Anspruch, daß der Vermieter die Mängel beseitigt. Ob der Mieter nun dem Vermieter mitteilen kann, er stimme der Mieterhöhung zu, wenn die genau bezeichneten Mängel an der Wohnung beseitigt werden, wird von den Gerichten sehr unterschiedlich beantwortet[204].

d) Kündigung

109 Eine auf Grund der heutigen Wohnungsmarktsituation mehr hypothetische Möglichkeit bietet das Gesetz dem Mieter, der einem Mieterhöhungsverlangen des Vermieters nicht nachkommen will oder kann. Ihm wurde vom Gesetzgeber ein *Sonderkündigungsrecht in § 9 Abs. 1 MHRG* eingeräumt. Danach kann der Mieter bei einem Mieterhöhungsverlangen nach § 2 MHRG das Mietverhältnis bis zum

---

203 Hierzu unten Rdn. 197 f.
204 Bejahend: LG Itzehoe WuM 1990, 157; verneinend: LG Hamburg WuM 1991, 593; AG Hamburg WuM 1991, 279; LG Konstanz WuM 1991, 279; LG Berlin ZMR 1984, 339; AG Kassel WuM 1992, 137; sowie die umfassende Darstellung von Mutter ZMR 1992, 185.

Die Mieterhöhung nach § 3 MHRG 77

Ablauf des zweiten Monats, der auf den Zugang des Verlangens folgt, für den Ablauf des übernächsten Monats kündigen.

Das *Kündigungsrecht des Vermieters* ist demgegenüber etwas eingeschränkt. In den Fällen, in denen der Mieter durch Urteil zur Zustimmung zu einer Mieterhöhung verurteilt wurde, kann der Vermieter eine Kündigung wegen eines Zahlungsrückstandes, der gerade aus der Mieterhöhung resultiert, erst zwei Monate nach Rechtskraft des Urteils aussprechen. Dies ist deshalb gerechtfertigt, weil der Prozeß mehrere Monate dauern kann, das Urteil aber die Miete ab dem Zeitpunkt erhöht, der vor Beginn des Prozesses lag. Damit dem *Mieter* in diesen Fällen Zeit und Gelegenheit eingeräumt wird, sich die Geldmittel zu besorgen, ohne eine fristlose Kündigung befürchten zu müssen, hat das Gesetz ihm hier eine 2monatige Schonfrist eingeräumt. Diese gilt aber nicht, wenn die Mietvertragsparteien sich in einem Vergleich auf die Mieterhöhung einigen[205]. Hier sollten unbedingt im Vergleich *entsprechende Vereinbarungen* getroffen werden[206].

110

IV. Die Mieterhöhung nach § 3 MHRG

Die Mieterhöhung gemäß *§ 3 MHRG* stellt neben der Anpassung der Miete auf das ortsübliche Vergleichsmietenniveau die wichtigste Erhöhungsmöglichkeit für den Vermieter dar. Anders als bei der zuvor geschilderten Mieterhöhung, kann der Vermieter unter den in § 3 MHRG geschilderten Umständen *einseitig* ihm entstandene Kosten auf den oder die Mieter umlegen, einer Zustimmung des Mieters bedarf es hier also nicht.

111

Daraus ergibt sich bereits, daß dieses Umlageverfahren anders funktioniert, als das Zustimmungsverfahren des § 2 MHRG. Nachfolgend werden die für die anwaltliche Praxis wichtigsten Voraussetzungen dargestellt. Wegen der zahlreichen *Einzelprobleme* wird auf den *Lexikonteil* verwiesen[207].

---

205 OLG Hamm WuM 1992, 54.
206 Formulierungsvorschläge bei Börstinghaus ZAP F. 4 R, S. 60; siehe auch unten Rdn. 164.
207 Siehe unten Rdn. 493 ff.

112 Auch die Mieterhöhung gemäß § 3 MHRG kann ausgeschlossen sein. Dies ist z. B. der Fall, *wenn die Parteien eine Staffelmietvereinbarung*[208] getroffen haben[209]. Weiter ist eine Mieterhöhung in den Fällen ausgeschlossen, in denen die Modernisierung zu einem Zeitpunkt durchgeführt wurde, zu dem die Wohnung noch der Sozialbindung unterlag und keine Genehmigung hierfür gemäß § 6 Neubaumietenverordnung (NMV) vorlag[210].

Ansonsten sind auch bei der Erhöhung nach § 3 MHRG sowohl formale wie auch materielle Voraussetzungen zu beachten.

1. Formelle Voraussetzungen

113 Eine *besondere Mitteilungspflicht vor Beginn* der Baumaßnahmen gibt es nun in § 3 MHRG nicht mehr. Als Beitrag zur Rechtsvereinfachung wurde diese ehemalige Soll-Vorschrift in § 3 Abs. 2 MHRG aufgehoben. Daraus folgt für das Mieterhöhungsverfahren:

Sind die *Baumaßnahmen durchgeführt* worden, ist der Vermieter berechtigt, unter den Voraussetzungen des § 3 MHRG die Kosten im *vereinfachten Umlageverfahren* geltend zu machen.

114 Umstritten war lange Zeit das Verhältnis von *§ 3 MHRG zu § 541b BGB*. Während § 541b BGB[211] die Voraussetzungen enthält, unter denen der Mieter verpflichtet ist, „Maßnahmen zur Verbesserung der gemieteten Räume oder sonstiger Teile des Gebäudes zur Einsparung von Heizenergie oder Wasser" zu dulden, befaßt sich § 3 MHRG mit den Auswirkungen von den Gebrauchswert der Mietsache nachhaltig erhöhenden, die allgemeinen Wohnverhältnisse auf die Dauer verbessernden oder nachhaltig eine Einsparung von Heizenergie oder Wasser bewirkenden Maßnahmen. Daraus resultieren in der Praxis die Schwierigkeiten. Nach dem ausdrücklichen Wortlaut des § 3 MHRG ist Voraussetzung für die Mieterhöhung lediglich, daß bauliche Maßnahmen der dort beschriebenen Art tatsächlich durchge-

---

208 Siehe unten Rdn. 191.
209 Siehe auch oben Rdn. 21.
210 AG Stuttgart WuM 1987, 429.
211 In der Fassung des 4. Mietrechtsänderungsgesetzes.

führt wurden. Ob *daneben* für eine wirksame Mieterhöhung noch die materiellen und formellen Voraussetzungen des § 541 b BGB vorliegen müssen, war umstritten. Das Kammergericht hatte in einem Rechtsentscheid[212] die Auffassung vertreten, daß für eine Mieterhöhung nach § 3 MHRG zwar eine Zustimmung des Mieters zu diesen Arbeiten nicht erforderlich ist, daß aber eine *Duldungspflicht* des Mieters bezüglich der Modernisierungsmaßnahmen bestanden haben muß. Eine solche Duldungspflicht setzte voraus, daß der Vermieter seiner Hinweispflicht nachgekommen ist. Dabei muß der Vermieter den Mieter gemäß § 541 b Abs. 2 BGB 2 Monate vor Beginn der Arbeiten über deren Art, Umfang und Beginn sowie die voraussichtliche Dauer und die zu erwartende Erhöhung des Mietzinses informieren. Erst diese Mitteilung löst die Duldungspflicht aus.

Demgegenüber haben nunmehr das OLG Stuttgart[213] und das OLG Frankfurt[214] entschieden, daß der Anspruch auf die *erhöhte Miete* immer dann besteht, wenn der Mieter die Durchführung einer Modernisierungsmaßnahme durch *Gestattung des Zutritts* zu den Mieträumen geduldet hat. In diesem Fall ist eine Mieterhöhung nach § 3 MHRG nicht davon abhängig, daß der Vermieter zuvor eine dem § 541 b Abs. 2 Satz 1 BGB genügende Anzeige gemacht hat. Soweit der Gesetzgeber nunmehr die Hinweispflicht als Soll-Vorschrift in § 3 Abs. 2 MHRG im Rahmen einer Lichtung des „Vorschriftendschungels auf dem Gebiet des Mietrechts"[215] aufgehoben hat und damit an die Mitteilung im Rahmen des § 541 b BGB Folgen für das Mieterhöhungsverfahren nach § 3 MHRG knüpft, wollte der Gesetzgeber damit ausdrücklich an der Tragweite und Wirksamkeit des § 541 b BGB keine Änderungen herbeiführen. Durch die Änderung des § 3 MHRG sollte lediglich den sich aus § 541 b BGB unmittelbar ergebenden Rechtswirkungen als zusätzliche Wirkung die Verschiebung des Mieterhöhungszeitpunktes für den Fall hinzugefügt werden, daß

---

212 NJW-RR 1988, 1420 = WuM 1988, 389 = ZMR 1988, 422 = DWW 1988, 371; DWW 1989, 390 mit Anmerkungen von Schutz; ZMR 88, 460; Steinig DWW 88, 376 und Blümmel/Kinne DWW 1988, 302.
213 WuM 1991, 332 = ZMR 1991, 297; Anm. Börstinghaus ZAP F. 4 R, S. 29.
214 WuM 1991, 527 = ZMR 1991, 432 = DWW 1991, 336.
215 So ausdrücklich die Gesetzesbegründung des 4. Mietrechtsänderungsgesetzes in BT-Drs. 12/3254, S. 14.

"der Vermieter dem Mieter die zu erwartende Erhöhung des Mietzinses nicht nach § 541b Abs. 2 Satz 1 BGB mitgeteilt hat oder wenn die tatsächliche Mieterhöhung gegenüber dieser Mitteilung um mehr als 10% nach oben abweicht".

115 Der Mieter kann sich also nur dadurch gegen die Mieterhöhung wehren, daß er der Modernisierungsmaßnahme weder zustimmt noch sie duldet. In diesem Fall muß der Vermieter zunächst den Mieter auf Duldung der Modernisierungsmaßnahme gemäß § 541b BGB in Anspruch nehmen. Dazu müssen die dort festgelegten formalen und materiellen Voraussetzungen gegeben sein.

116 Nach Abschluß der Arbeiten kann der Vermieter seinen Anspruch auf Mieterhöhung gemäß § 3 Abs. 3 Satz 1 MHRG *einseitig* durch *schriftliche Erklärung* gegenüber dem Mieter geltend machen. Wegen der Schriftform wird auf die obigen Ausführungen Bezug genommen[216]. Eine gemäß § 125 BGB nichtige Erklärung führt nicht zum Verlust des Anspruchs. Der Vermieter kann den Anspruch erneut und diesmal formgültig geltend machen.

117 Die Erklärung kann *nicht vor Abschluß* der Arbeiten abgegeben werden[217]. Der Vermieter ist aber auch nicht gehindert, den Anspruch erst später geltend zu machen. Es gilt allenfalls der Einwand der *Verwirkung*[218]. Da die formgerechte Mieterhöhung ohne Zustimmung des Mieters zu einer Mieterhöhung führt, schuldet der Mieter den erhöhten Mietzins mit Beginn des auf die Mieterhöhung folgenden übernächsten Monat. Diese Frist verlängert sich um *6 Monate,* wenn der Vermieter den Mieter nicht in der schriftlichen Mitteilung nach § 541b Abs. 2 BGB auf die Mieterhöhung hingewiesen hat oder wenn die *tatsächliche Mieterhöhung* gegenüber dieser Mitteilung um mehr als 10% *nach oben abweicht.* Der Vermieter kann auch dann noch abwarten, ob und ggf. wann er die vom Mieter evtl. nicht gezahlten Mehrbeträge einklagt. Allein die fehlende gerichtliche Geltendmachung stellt noch keinen Verwirkungstatbestand dar. Es fehlt das Umstandsmoment.

---

216 Siehe oben Rdn. 38 ff.
217 Kossmann ZAP F. 4, S. 54.
218 LG Hamburg WuM 1989, 308.

Die Mieterhöhung nach § 3 MHRG

§ 3 Abs. 3 MHRG verlangt, daß der Vermieter sowohl 118
- eine *Berechnung*
  als auch
- eine *Erläuterung*

der Mieterhöhung im *Erhöhungsschreiben* vornimmt. Diese inhaltlichen Vorgaben müssen beide gegeben sein. Durch die Angaben soll der Mieter geschützt werden. Er soll ausreichend Gelegenheit haben, die geforderte Mieterhöhung auf ihre Berechtigung hin zu überprüfen.

Der Vermieter muß zunächst die durchgeführte Baumaßnahme erläutern und begründen. Soweit er dies bereits in seinem Ankündigungsschreiben[219] getan hat, entfällt diese Voraussetzung hier. Soweit mehrere Maßnahmen durchgeführt wurden, sind diese jeweils einzeln zu erläutern und zu begründen[220]. Es ist für jede einzelne Maßnahme zu begründen, ob hierdurch eine Wertverbesserung, Energieeinsparung oder sonstige Änderung eingetreten ist. 119

Die *Berechnung* der Kosten muß in für den Mieter nachvollziehbarer und *überprüfbarer Weise* geschehen[221]. Dabei sind die Kosten so aufzuschlüsseln, daß die Berechtigung der Mieterhöhung überprüft werden kann[222]. Nicht erforderlich ist, daß die Belege dem Schreiben beigefügt werden. Schließlich muß der Vermieter erläutern, nach welchem *Verteilungsschlüssel* er die Kosten auf die einzelnen Wohnungen umgelegt hat. 120

2. Materielle Erhöhungsvoraussetzungen

Das Gesetz nennt *vier Arten von baulichen Maßnahmen,* die den Vermieter berechtigen, eine Mieterhöhung nach § 3 MHRG vorzunehmen: 121

---

[219] Siehe hierzu oben Rdn. 114.
[220] LG Hamburg WuM 1982, 247; WuM 1988, 168.
[221] LG Hagen WuM 1978, 242; AG Köln WuM 1986, 123.
[222] AG Köln WuM 1985, 186.

a) Maßnahmen, die den *Gebrauchswert* nachhaltig erhöhen,

b) Maßnahmen, die allgemein die *Wohnverhältnisse* auf Dauer verbessern,

c) Maßnahmen, die der *Einsparung* von *Heizenergie* oder *Wasser* dienen,

d) andere bauliche Änderungen.

122 Eine *Gebrauchswerterhöhung* muß der *Wohnung* zugute kommen. Hierzu zählt vor allem auch der Einbau von Isolierfenstern[223]. Zu den zur Zeit strittigsten Maßnahmen auf diesem Gebiet gehört der Anschluß der Wohnung an das Breitbandkabelnetz der TELEKOM[224]. Die Gebrauchswerterhöhung muß schließlich nachhaltig sein, unwesentliche oder nur vorübergehende Verbesserungen genügen nicht. Eine bloße Steigerung des Verkehrswerts des *Gebäudes reicht nie* aus.

123 Allgemeine Wohnwertverbesserungen sind z. B. die Anlage oder der Ausbau von nicht öffentlichen *Gemeinschaftsanlagen* wie Kinderspielplätzen, Grünanlagen, Stellplätzen und anderen Verkehrsanlagen[225]. Auch Maßnahmen innerhalb des Gebäudes ohne Bezug zu einer bestimmten Wohnung können dazu zählen, beispielsweise der Ein- oder Umbau einer Waschküche, Sprechanlage oder eines Fahrstuhls[226]. Umstritten ist, ob auch die Renovierung der Außenfassade hierzu zählt[227]. Erschließungsmaßnahmen der Gemeinde, zu denen der Vermieter nach den Vorschriften des KAG zu Beiträgen herangezogen wird, stellen keine solche Maßnahme dar[228].

124 Zu den Maßnahmen, die eine nachhaltige Einsparung von Heizenergie bewirken, gehören vor allem die in dem *„Katalog energiesparender Maßnahmen"*[229] aufgeführten baulichen Änderungen. Die-

---

[223] Weitere Maßnahmen sind beispielhaft aufgeführt bei Fischer-Dieskau, § 11 II. BV Anm. 10.
[224] Für eine Gebrauchswertsteigerung: AG Köln WuM 1991, 159, AG Münster WuM 1989, 190 und LG Berlin DWW 1983, 251; dagegen AG Tempelhof WuM 1983, 260.
[225] So die Definition im aufgehobenen § 4 Abs. 2 ModEnG.
[226] Palandt-Putzo, BGB, 51. Auf., § 3 MHRG Rdn. 8 ff.
[227] Dafür Fischer-Dieskau/Pergande, § 3 MHG Anm. 3; dagegen AG Köln WuM 1987, 31; Kossmann ZAP F. 4, S. 48.
[228] OLG Hamm NJW 1983, 2331 = WuM 1983, 287 = ZMR 1993, 416 = MDR 1983, 843; LG Lübeck WuM 1981, 344; a. A.: Fischer-Dieskau/Pergande, § 3 MHRG Anm. 3.
[229] Abgedruckt unter Rdn. 569.

ser Katalog ist aber *nicht abschließend,* so daß auch technische Neuerungen in Betracht kommen können. Durch das 4. Mietrechtsänderungsgesetz neu mitaufgenommen in die privilegierten Baumaßnahmen wurden jetzt auch Maßnahmen zur Wassereinsparung. Diese Maßnahmen stehen aber unter dem Gebot der *Wirtschaftlichkeit,* d. h. die verlangte Mieterhöhung darf nicht außer Verhältnis zur möglichen Energie- oder Wassereinsparung stehen[230]. In diesem Fall sind umlagefähig nur die Kosten, die aus der Sicht eines „vernünftigen Wohnungsvermieters" hätten aufgewandt werden dürfen. Die darüber hinausgehenden Beträge dürfen nicht umgelegt werden. Es muß also eine Amortisation erreicht werden, die realistisch ist.

Schließlich kann auch eine vom *Vermieter nicht zu vertretende* bauliche Änderung eine Mieterhöhung nach § 3 MHRG rechtfertigen. Hierzu gehören all die Baumaßnahmen, die nicht unter die drei zuvor beschriebenen Punkte fallen, zu denen der Vermieter aber gezwungen ist, z. B. durch *behördliche Anordnung.* Als Beispiel mag hier die Umstellung von Stadtgas auf Erdgas genügen. Eine Mieterhöhung aus diesem Grund ist selbst bei Vorliegen einer Mietanpassungsvereinbarung nach § 10a MHRG möglich[231]. 125

Abzugrenzen sind die vorstehenden Maßnahmen von den reinen *Instandhaltungs- bzw. Instandsetzungsmaßnahmen.* Die Kosten hierfür hat der Vermieter alleine zu tragen und kann sie nicht umlegen. Die Probleme liegen hier im Detail. So ist der Austausch verrotteter Fenster nicht umlagefähig[232]. Häufig werden diese Fenster aber durch Energie- oder Schallschutzfenster ersetzt, deren Kosten wiederum grundsätzlich umlagefähig wären. Hier sind entsprechend dem Rechtsentscheid des OLG Celle[233] die Kosten für die zum Zeitpunkt *fällig gewesenen Instandsetzungen* vom Gesamtaufwand *abzusetzen.* Hingegen findet ein Abzug wegen der zukünftigen Einsparungen und Vorteile nicht statt. 126

---

230 AG Berlin-Tiergarten Grundeigentum 1991, 153; LG Aachen WuM 1991, 356; LG Hamburg NJW-RR 1991, 845 = ZMR 1991, 302 = WuM 1991, 560; LG Berlin Grundeigentum 1989, 1229; OLG Karlsruhe WuM 1985, 17 = ZMR 1984, 412; AG Köln WuM 1986, 344.
231 Dazu oben Rdn. 28 ff.
232 LG Oldenburg WuM 1980, 86; AG Darmstadt WuM 1982, 299.
233 NJW 1981, 1625 = WuM 1981, 151 = ZMR 1981, 246 = MDR 1981, 761.

3. Berechnung des Erhöhungsbetrages

127 Der Vermieter kann nach dem Gesetzeswortlaut eine Erhöhung der jährlichen Miete um *11 %* der für die Wohnung *aufgewandten Kosten* verlangen. Zu ermitteln sind deshalb zum einen die „jährliche Miete" und zum andern die auf die Wohnung entfallenden Kosten.

128 Die „aufgewendeten Kosten" richten sich zunächst nach den dem Vermieter tatsächlich entstandenen *Baukosten*[234]. Hierzu zählen nicht nur die reinen Baukosten, also die Grundstückskosten und die an Handwerker und ggf. Baustoffhändler gezahlten Beträge, sondern auch die Baunebenkosten wie Architekten- und Ingenieurhonorar[235].

Umstritten ist, ob auch die Kosten der Beschaffung der Finanzierung (Maklerprovision, Disagio, Spesen usw. hierzuzählen)[236]. Soweit der Vermieter selbst Arbeiten durchgeführt hat oder diese von Dritten aus Gefälligkeit ausgeführt wurden, dürfen fiktive Kosten in Höhe des Nettoentgelts für eine gleichwertige Unternehmerleistung angesetzt werden[237].

129 *Nicht* zu den „aufgewendeten Kosten" zählen der *Mietausfall* während der Bauphase oder evtl. vorgenommene Mietzinsminderungen wegen der Beeinträchtigungen während der Bauphase. Nicht umlagefähig sind ferner die für fällige Instandsetzungen aufgewendeten Kosten[238]. Soweit diese Kosten zusammen mit einer Modernisierung angefallen sind, müssen diese – ggf. im Wege der Schätzung – herausgerechnet werden. Ein Problem ergibt sich hier oft daraus, im Nachhinein feststellen zu müssen, ob Instandsetzungen zum Zeitpunkt der Modernisierungsarbeiten tatsächlich fällig waren. In Betracht kommt hier die Durchführung eines *selbständigen Beweissicherungsverfahrens* nach §§ 485 ff. ZPO. Dies kann sowohl der Mieter wie auch der Vermieter vor Beginn der Arbeiten einleiten. Für den Vermieter ergibt sich das

---

[234] OLG Hamburg NJW 1981, 2820 = WuM 1981, 127 = ZMR 1981, 213.
[235] Kossmann ZAP F. 4, S. 50 m. w. N.
[236] Nicht berücksichtigungsfähig: OLG Hamburg NJW 1981, 2820 = WuM 1981, 127 = ZMR 1981, 213; Schmidt-Futterer/Blank, Rdn. C 192; einmalige Kosten der Geldbeschaffung will berücksichtigen: Fischer-Dieskau/Pergande, § 3 MHG Anm. 4.
[237] Kossmann ZAP F. 4, S. 51 m. w. N.
[238] OLG Celle oben Rdn. 126; OLG Hamm NJW 1981, 1622 = WuM 1981, 129 = ZMR 1981, 216 = MDR 1981, 1019; LG Dortmund ZMR 1979, 281.

Interesse daraus, daß die Rechtsprechung eine Mieterhöhung nach § 3 MHRG völlig ablehnt, wenn eine Aufteilung der Kosten später nicht möglich ist[239]. Im übrigen hat der Vermieter im Prozeß die *Darlegungs- und Beweislast* bezüglich der Abzüge wegen fälliger Instandsetzungen[240].

Soweit die Kosten nicht nur eine Wohnung, sondern mehrere Wohnungen oder auch das ganze Haus betreffen, sind sie vom Vermieter nach billigem Ermessen gemäß § 315 BGB zu verteilen. Soweit einzelne Baumaßnahmen nicht nur einer bestimmten Wohnung zugute kommen, bietet sich die Aufteilung der Kosten nach dem Verhältnis der Wohnungsgrundfläche zur Gesamtwohnfläche des Hauses an. Entspricht die Verteilung nicht „billigem Ermessen" so hat die Verteilung durch Urteil gemäß § 315 BGB zu erfolgen. 130

Die *Berechnung der Jahresmiete,* zu der 11 % der Kosten hinzugerechnet werden dürfen, ist strittig. Der Streit ist nur dann erheblich, wenn die vom Mieter zu zahlende Miete sich in den letzten 12 Monaten verändert hat. Betrug sie z. B. 9 Monate 500,- DM und die letzten 3 Monate 600,- DM, dann beläuft sich der Erhöhungsbetrag bei umlagefähigen Kosten von 12.000,- auf 635,- (9 × 500 + 3 × 600 = 6300,- DM + 12.000 × 11/100 = 7620/12 = 635,- DM), wenn man die Jahresmiete der letzten 12 Monate berücksichtigt[241], hingegen 710,- DM (7200,- DM + 1320,-/12) wenn man 11 % der umlagefähigen Kosten zum Zwölffachen der zuletzt gezahlten Jahresmiete hinzurechnet[242]. 131

Umstritten ist weiterhin, ob die Mieterhöhung gemäß § 3 MHRG durch § 5 WiStG nach oben begrenzt wird[243]. Hier ist der Streit wohl noch nicht endgültig entschieden. Auf jeden Fall wird die Erhöhung aber durch *§ 302a StGB* nach oben hin beschränkt[244].

---

239 AG Braunschweig WuM 1985, 365.
240 AG Hamburg WuM 1985, 365.
241 So die Berechnungen bei Emmerich/Sonnenschein, Handkommentar, § 3 MHG Rdn. 14; Schmidt-Futterer/Blank, Rdn. C 202a.
242 So Fischer-Dieskau/Pergande, § 3 MHG Anm. 4; Barthelmess, § 3 MHG Rdn. 20.
243 Siehe oben Rdn. 16.
244 OLG Köln NJW 1976, 119; Kossmann ZAP F. 4, S. 52.

4. Fälligkeit der Mieterhöhung

132 Nach der Neuregelung des § 3 Abs. 4 MHRG wird die Mieterhöhung nach Modernisierung einheitlich zum Beginn des auf das Mieterhöhungsverlangen folgenden übernächsten Monat wirksam. Die Unterscheidung danach, ob die Erklärung vor oder nach dem 15. eines Monats zugegangen ist, gibt es jetzt nicht mehr. Diese Frist *verlängert sich um sechs Monate,* wenn der Vermieter dem Mieter die zu erwartende Erhöhung des Mietzinses nicht nach *§ 541b Abs. 2 BGB* mitgeteilt hat oder wenn die tatsächliche Mieterhöhung gegenüber dieser Mitteilung um mehr als 10 % nach oben abweicht.

5. Verhältnis der Mieterhöhungen gemäß § 2 und § 3 zueinander

133 Hat der Vermieter in der Wohnung Modernisierungsmaßnahmen i. S. d. § 3 MHRG durchgeführt, so ist er berechtigt, diese Maßnahmen zur Grundlage einer Mietzinserhöhung zu machen. Er hat dabei vom Ansatz her *zwei verschiedene Möglichkeiten* dies zu tun:

134 Er kann zum einen eine Mietzinsanhebung im *vereinfachten Umlageverfahren nach § 3 MHRG* geltend machen. Unabhängig davon kann der Vermieter auch in diesem Fall vom Mieter die Zustimmung zu einer Mietanhebung auf die ortsübliche Vergleichsmiete verlangen, falls diese in dem gemäß § 2 MHRG relevanten Zeitraum gestiegen ist[245]. Dabei hat er jedoch zu beachten, daß er bei dieser Anhebung auf das ortsübliche Vergleichsmietenniveau von einem Zustand der Wohnung ohne die Modernisierung ausgeht, deren Kosten er gemäß § 3 MHRG umgelegt hat[246].

135 Der Vermieter kann auch *ausschließlich* nach § 2 MHRG vorgehen und die *Modernisierung* der Wohnung dergestalt mit in das Zustimmungsverfahren *einbeziehen,* daß er die Anhebung der Miete auf die Vergleichsmiete nach dem Standard der durch die Modernisierung verbesserten Wohnung verlangt. Diese Vorgehensweise schließt eine weitere Erhöhung gemäß § 3 MHRG aus[247].

---

245 AG Berlin-Schönefeld Grundeigentum 1991, 577.
246 OLG Hamm NJW 1983, 289 = WuM 1983, 17 = ZMR 1983, 102.
247 AG Köln WuM 1990, 520; AG Osnabrück ZMR 1989, 340 = WuM 1989, 635.

Die Mieterhöhung nach § 3 MHRG 87

Probleme tauchen bei dieser unterschiedlichen Vorgehensweise u. a. **136**
bei der Berechnung der Kappungsgrenze auf. Im ersten Fall hat der
Vermieter die Kappungsgrenze nur für die Mieterhöhung nach § 2
MHRG einzuhalten. Diese Beschränkung gilt für das einseitige
Anhebungsverfahren nach § 3 MHRG nicht[248]. Nach Abschluß beider
nebeneinander betriebenen Erhöhungsverfahren darf damit der insgesamt
erhöhte Mietzins die Summe aus Mietzins vor der Anhebung +
30 % + Modernisierungszuschlag gemäß § 3 MHRG nicht überschreiten[249].

Wenn der Vermieter den *einheitlichen Weg* über § 2 MHRG wählt,
dann darf dieser so errechnete *Betrag* zwar ebenfalls erreicht, aber
auf keinen Fall überschritten werden[250]. Da die Kappungsgrenze eine
Schutzvorschrift zugunsten der Mieter ist, kann der Vermieter sie
auch nicht durch die Wahl eines anderen Erhöhungsverfahrens umgehen.
Unzulässig ist deshalb eine Berechnung der Art, zunächst den
Modernisierungszuschlag gemäß § 3 MHRG der Ausgangsmiete hinzuzurechnen
und auf diesen erhöhten Betrag dann die 20 oder
30 %ige Kappungsgrenze anzuwenden.

Auf der anderen Seite würde der *Vermieter* ohne nachvollziehbaren **137**
Grund *schlechter gestellt,* wenn bei einer einheitlichen Erhöhung nach
§ 2 MHRG lediglich eine Mieterhöhung von 20 % oder 30 % auf die
Ausgangsmiete zulassen würde. Da dem Vermieter in diesem Fall
nämlich untersagt ist, den Modernisierungszuschlag nach einer Mieterhöhung
nach § 2 MHRG nachzuholen, könnte er diese Schlechterstellung
auch nicht mehr aufholen.

Aus der gesetzlichen Ausgestaltung der beiden Erhöhungsverfahren
läßt sich diese Schlechterstellung nicht begründen. Die nur im
Zustimmungsverfahren geltende Kappungsgrenze wird durch § 2
Abs. 1 Nr. 3 MHRG selbst relativiert. Danach sind nämlich bei der
Berechnung der Kappungsgrenze Mieterhöhungen nach den §§ 3–5
MHRG aus den letzten 3 Jahren nicht zu berücksichtigen. Wenn aber

---
248 OLG Karlsruhe OLGZ 1983, 488 = NJW 1984, 62 = WuM 1983, 314 = ZMR 1984, 201 = DWW 1983, 276.
249 Bzw. 20 % in den Fällen des § 2 Abs. 1 Ziff. 3 S. 2 MHRG.
250 OLG Hamm WuM 1993, 106.

bei bereits abgeschlossenen Mieterhöhungsverfahren nach den §§ 3–5 MHRG eine Anrechnung auf die Kappungsgrenze nicht erfolgt, dann sind überzeugende Gründe, warum dies bei einem einheitlichen Verfahren anders sein soll, nicht ersichtlich. Der Wortlaut des Gesetzes spricht vielmehr dafür, *Modernisierungsmaßnahmen* und daraus folgende Mieterhöhungen bei der Berechnung der *Kappungsgrenze* als Sonderfälle der Mieterhöhung völlig *auszuklammern*.

6. Prozessuales

138 Soweit eine Einigung zwischen den Mietvertragsparteien nicht zustandekommt[251], muß ggf. geklagt werden. Dabei ist zunächst zu unterscheiden, in welchem *Verfahrensstadium* man sich befindet.

139 Verweigert der Mieter die Durchführung der Maßnahme, muß zunächst nach § 541b BGB auf Zustimmung geklagt werden. Hier muß vor allem darauf geachtet werden, daß die formalen Voraussetzungen des § 541b BGB eingehalten wurden.

140 Hat der Mieter der Maßnahme zugestimmt oder sie zumindest geduldet, kann unmittelbar auf Zahlung des Erhöhungsbetrages und ggf. Feststellung der Verpflichtung zur Zahlung geklagt werden.

141 Wenn der Vermieter eine Mieterhöhung nach § 3 MHRG zunächst verlangt hat, aber eine gerichtliche Geltendmachung nicht erfolgt ist, kann der Mieter um diese Rechtsunsicherheit zu beseitigen, negative Feststellungsklage erheben.

V. Die Mieterhöhung nach § 4 MHRG[252]

142 Die Rechtslage bei den Betriebs- oder Nebenkosten ist äußerst vielschichtig. Grundsätzlich gibt es im freifinanzierten Wohnungsbau keine Vorschrift – mit Ausnahme der HeizkostenVO –, woraus sich ergibt, daß Betriebskosten erhoben werden müssen. Haben die Parteien *keine Vereinbarung* über die zusätzliche Zahlung von Neben-

---

251 Zu der aus den von Kossmann ZAP F. 4, S. 55 geschilderten Gründen ebenfalls nur dringend geraten werden kann.
252 Siehe hierzu ausführlich Kossmann ZAP F. 4, S. 57.

kosten, sei es als Pauschale, sei es als abrechenbare Vorauszahlung getroffen, dann kann der Vermieter die Nebenkosten nicht vom Mieter verlangen. Sieht ein Wohnungsmietvertrag als Mietentgelt nur einen bestimmten Betrag (zzgl. Heizungs-/Warmwasserkosten) vor, ist dieser Betrag im Regelfall als (Teil-)Inklusivmiete zu verstehen, mit der auch an sich umlagefähige Betriebskosten abgegolten sein sollen[253]. Dies ist eine allgemeine Auslegungsregel. Es ist nämlich davon auszugehen, daß der Vermieter die *Kosten* in den Mietzins mit *einkalkuliert* hat, genauso wie andere Kostenfaktoren und einen etwaigen Gewinnanteil. Die entgegengesetzte Vorstellung liefe darauf hinaus, daß der Vermieter dem Mieter etwas schenken wolle, was unüblich und realitätsfern wäre. Eine solche Auslegung widerspricht auch nicht dem Interesse des Mieters. Diesem ist es im allgemeinen gleichgültig, wie der Vermieter die Miete kalkuliert. Er will und muß nur wissen, was er insgesamt zu zahlen hat. Diesem Bedürfnis genügt auch die Angabe einer nicht aufgeschlüsselten (Teil-)Inklusivmiete. Weitergehenden Darstellungsbedarf hat allein der Vermieter, der Betriebskosten zusätzlich zu einem Grundmietbetrag umlegen will. Er muß deshalb im einzelnen klarstellen, daß die Betriebskosten mit der Miete noch nicht abgegolten sind.

Welche Betriebskosten im einzelnen umgelegt werden dürfen, ergibt sich demnach ausschließlich aus dem zwischen den Parteien abgeschlossenen Vertrag und nicht unmittelbar aus dem Gesetz. Das Gesetz gibt nur den Rahmen vor. Danach können auch mietvertraglich höchstens die in Anlage 3 zur II. BV[254] aufgezählten Betriebskosten auf den Mieter überwälzt werden[255]. Nicht umlagefähig sind insbesondere die Verwaltungskosten jeglicher Art, Instandhaltungskosten und die Erbbauzinsen. Nach ständiger Rechtsprechung steht dem Vermieter gegenüber dem Mieter auch kein Anspruch auf Änderung der Mietstruktur, also die nachträgliche Einführung oder Erweiterung der Umlagefähigkeit von Nebenkosten zu. Dies gilt auch dann,

---

253 OLG Hamm DWW 1993, 39; OLG Stuttgart NJW 1983, 2329 = WuM 1983, 285 = ZMR 1983, 389 = MDR 1983, 928 = DWW 1983, 227.
254 Siehe unten Rdn. 563.
255 BGH DWW 1993, 74 (75) = WuM 1993, 109; OLG Koblenz NJW 1986, 995; OLG Karlsruhe ZMR 1988, 261.

wenn die Wohnung nach Ablauf der Preisbindung als freifinanziert gilt[256].

144 § 4 Abs. 2 MHRG regelt die Durchführung einer Mieterhöhung wegen gestiegener Betriebskosten. Dabei ist zunächst immer zu prüfen, ob die Mieterhöhung gem. § 4 Abs. 2 MHRG im konkreten Einzelfall nicht gemäß § 1 Satz 3 MHRG ausgeschlossen ist oder ob sich ein solcher Ausschluß nicht aus dem Gesetz ergibt. Dies ist z. B. dann der Fall, wenn die Parteien im Mietvertrag vereinbart haben, daß der Mieter für bestimmte Nebenkosten eine Pauschale zu zahlen hat. Umstritten ist die Frage, wenn die Parteien eine Inklusiv- oder Teilinklusivmiete vereinbart haben[257]. Soweit die Rechtsprechung eine Erhöhung der Miete gemäß § 4 Abs. 2 MHRG bei Vereinbarung einer Inklusiv- oder Teilinklusivmiete ablehnt, konnte dem bisher schon nicht gefolgt werden. Die Vorschriften des § 4 Abs. 2 MHRG wäre anderenfalls überflüssig[258]. Nachdem der Gesetzgeber nunmehr in § 4 Abs. 5 MHRG durch das 4. Mietrechtsänderungsgesetz ausdrücklich die Inklusivmieten angesprochen hat, kann die Auffassung, die den Rechtsentscheiden zu Grunde liegt, m. E. nicht weiter aufrecht erhalten bleiben. Nach den neuen Vorschriften ist der Vermieter berechtigt, den Abrechnungsmaßstab für die Kosten der Wasserver- und entsorgung einseitig zu ändern. Sind diese Kosten im Mietzins enthalten, so ist dieser entsprechend herabzusetzen. Der Gesetzgeber geht also selbst von der *Anwendbarkeit* des § 4 MHRG auf *Inklusiv- und Teilinklusivmieten* aus. Eine abweichende Auslegung in § 4 Abs. 2 MHRG ist nicht gerechtfertigt und findet insbesondere im Wortlaut des Gesetzes keine Anhaltspunkte.

145 Wenn man von der Möglichkeit einer Erhöhungsumlage ausgeht, dann setzt diese weiter voraus, daß der Gesamtbetrag der Betriebskosten, soweit über diese nicht abzurechnen ist oder der Mieter pauschale Zahlungen leistet, gestiegen ist. Es kommt also nicht auf die

---

256 AG Dortmund MDR 1989, 821 = WuM 1989, 333 = NJW-RR 1989, 1042.
257 Verneinend: OLG Karlsruhe NJW 1980, 1051; OLG Zweibrücken NJW 1981, 1622; OLG Hamm WuM 1983, 311; offengelassen jetzt von OLG Karlsruhe WuM 1993, 257.
258 Auf die überzeugende Argumentation von Frantzioch in Fischer-Dieskau/Pergande, § 4 MHRG Anm. 3a wird Bezug genommen.

einzelnen Betriebskostenpositionen an. Dabei ist folgende Berechnung anzustellen:

jährliche Betriebskosten, die heute anfallen
abzüglich
jährliche Betriebskosten zum Zeitpunkt des Mietvertragsschlusses.

Liegt nach dieser Berechnung eine Erhöhung vor, ist der Vermieter berechtigt, nicht verpflichtet, den Erhöhungsbetrag auf den Mieter umzulegen. Dies hat durch schriftliche Erklärung zu erfolgen. Gemäß § 4 Abs. 2 S. 2 MHRG muß der Vermieter in diesem Schreiben den Grund der Erhöhung bezeichnen und die Erhöhung erläutern. Dazu müssen aufgeführt werden[259]:

- die Betriebskosten zum Zeitpunkt des Mietvertragsabschlusses,
- die Betriebskosten heute,
- der Grund der Betriebskostenerhöhung,
- der sich daraus ergebende Erhöhungsbetrag,
- der Umlagemaßstab,
- der auf den Mieter entfallende anteilige Erhöhungsbetrag.

Übt der Vermieter sein Gestaltungsrecht wirksam aus, dann ist der Mieter verpflichtet, den Erhöhungsbetrag ab dem folgenden 1. zu zahlen. Die Frist verlängert sich um einen Monat, wenn die Erklärung dem Mieter nach dem 15. zugeht. *Ausnahmsweise* ist *eine rückwirkende* Erhöhung gemäß § 4 Abs. 3 MHRG zulässig. Dies setzt voraus, daß sich auch die Betriebskosten rückwirkend erhöht haben.

VI. Die Mieterhöhung nach § 5 MHRG[260]

§ 5 MHRG gestattet dem Vermieter unter bestimmten Voraussetzungen, Erhöhungen der *Kapitalkosten,* die infolge einer Erhöhung des Zinssatzes aus einem dinglich gesicherten Darlehn fällig werden, durch schriftliche Erklärung anteilig auf den Mieter *umzulegen.* Diese Möglichkeit ist für den freifinanzierten Wohnungsbau systemwidrig,

---
259 LG Osnabrück WuM 1976, 204; AG Köln WuM 1978, 110; AG Hamburg WuM 1981, 21; AG Hagen WuM 1980, 18; AG Osnabrück WuM 1973, 216; AG München WuM 1977, 171.
260 Siehe hierzu Kossmann ZAP F. 4, S. 69; Kinne/Schultz ZMR 1992, 5; Plönes WuM 1993, 320.

da sie dem Kostenmiete-Prinzip entstammt. Der Gesetzgeber wollte jedoch das Risiko, das mit den teilweise erheblichen Schwankungen auf dem Kapitalmarkt für den Vermieter verbunden ist, aus wohnungspolitischen Gründen zumindest teilweise auf den Mieter verlagern. Die Erhöhungsmöglichkeit nach § 5 MHRG wird *nicht* durch § 5 *WiStG* begrenzt[261]. Zu den Voraussetzungen im einzelnen:

147 Voraussetzung ist zunächst, daß beim Vermieter Kapitalkosten im Zusammenhang mit dem *Erwerb oder der Errichtung* des vermieteten Gebäudes anfallen. Kapitalkosten für Instandhaltungs- bzw. Instandsetzungsarbeiten sind nicht umlagefähig. Zu den Kosten zählen gemäß § 21 II. BV:

- Zinsen für Fremdmittel,
- laufende Kosten, die aus Bürgschaften für Fremdmittel entstehen,
- sonstige wiederkehrende Leistungen aus Fremdmitteln, namentlich aus Rentenschulden.

Unter Kapitalkosten – die nach § 5 MHRG umlagefähig sind – fallen grundsätzlich, ohne Rücksicht auf ihre konkrete Bezeichnung, sämtliche Aufwendungen, die auf der Grundlage des vereinbarten Darlehnsvertrages als Vergütung für den Gebrauch des Kapitals zu zahlen sind. Ein *Disagio* stellt nach der Rechtsprechung ebenfalls Kapitalkosten dar, wenn deshalb der laufend zu zahlende Zinssatz geringer ist[262]. *Tilgungsbeträge* gehören *nicht* zu den Kapitalkosten.

Das Darlehn muß zum Zeitpunkt des Mietvertragsabschlusses aufgenommen sein. Es muß dinglich gesichert sein. Dabei kann eine Absicherung auch auf einem anderen Grundstück des Eigentümers erfolgen[263]. Erhöhte Kapitalkosten eines durch ein Grundpfandrecht gesicherten Darlehens können nicht nach § 5 MHRG umgelegt werden, soweit sie auf einen Darlehnsteil entfallen, der den Nennbetrag

---

261 OLG Hamm OLGZ 1983, 107 = NJW 1983, 1915 = WuM 1983, 18 = ZMR 1983, 314 = DWW 1983, 17 = MDR 1983, 230; AG Aachen WuM 1993, 134; LG Stuttgart NJW-RR 1993, 279 = WuM 1993, 361; zu dieser Rspr. kritisch Scholl WuM 1992, 583.
262 OLG Stuttgart NJW 1984, 1903 = WuM 1984, 191; LG Lüneburg WuM 1985, 352; LG Stuttgart NJW-RR 1993, 279.
263 Rechtsentscheid des OLG Hamm v. 30. 4. 1993 DWW 1993, 172 = ZMR 1993, 333 = WuM 1993, 338.

des Grundpfandrechts übersteigt[264]. Dem Mieter steht deshalb gemäß § 5 Abs. 4 MHRG ein Auskunftsanspruch gegenüber dem Vermieter hinsichtlich der Höhe der Valutierung des Darlehns zu. Kommt der Vermieter dieser Verpflichtung nicht nach, steht ihm nach der ausdrücklichen gesetzlichen Regelung der Erhöhungsbetrag nicht zu.

Bei der Berechnung des Erhöhungsbetrages kommt es nicht auf die prozentuale – Zinssteigerung an, sondern auf die Kapitalkostensteigerung. Wenn z. B. eine nominal vorliegende Zinserhöhung wegen in der Zwischenzeit eingetretener teilweiser Tilgung des Darlehns nicht dazu führt, daß der absolut zu zahlende Zinsbetrag sich erhöht, scheidet eine Mieterhöhung aus. Des weiteren ist bei der Berechnung des Erhöhungsbetrages immer auf die *Valutierung* zum jeweiligen *Stichtag* abzustellen. Dabei ist folgende Berechnung anzustellen: **148**

> jährliche Zinszahlungen heute für das heute noch valutierte Darlehn
> abzüglich
> jährlicher Zinszahlungen zum Zeitpunkt des Mietvertragsschlusses für das zum Mietvertragsschluß valutierte Darlehn

Der Vermieter kann nur solche Kapitalkostenerhöhungen umlegen, die er nicht zu vertreten hat. Nicht zu vertreten hat der Vermieter solche Kostensteigerungen, die bei einer *ordnungsgemäßen und wirtschaftlichen Verwaltung* des vermieteten Gebäudes unvermeidbar sind[265]. Hierzu gehört z. B. die Erhöhung auf Grund einer Ablösung einer zeitlich befristeten Zwischenfinanzierung. Zu vertreten hat der Vermieter Kapitalkostenerhöhungen, die im Rahmen von Umschuldungen entstehen, die auf Grund eines Zahlungsverzuges des Vermieters erforderlich wurden oder zur Ablösung von Fördermitteln erfolgten.

Problematisch ist immer wieder eine Mieterhöhung nach § 5 MHRG, wenn das Gebäude oder die Wohnung veräußert worden ist[266]. Häufig werden in diesen Fällen aus den unterschiedlichsten Gründen Umfinanzierungen vorgenommen. Gemäß § 5 Abs. 5 MHRG darf der **149**

---

264 BayObLG WuM 1992, 584 = ZMR 1993, 13, ZAP F. 4R, S. 75 mit Anm. Börstinghaus.
265 OLG Hamm NJW 1982, 891; OLG Karlsruhe WuM 1982, 273.
266 Vgl. hierzu Vogg ZMR 1993, 45.

Mieter in diesen Fällen nicht höher belastet werden, als er es auch ohne das Veräußerungsgeschäft gewesen wäre. Daraus ergeben sich folgende Fallvarianten:

a) *Zum Zeitpunkt des Mietvertragsabschlusses war kein Darlehn – mehr – valutiert*
   Da der ehemalige Vermieter keine Mieterhöhung nach § 5 MHRG hätte durchführen können, kann es der Erwerber ebenfalls nicht.

b) *Zum Zeitpunkt der Veräußerung war kein Darlehn – mehr – valutiert*
   Da der ehemalige Vermieter keine Mieterhöhung nach § 5 MHRG hätte durchführen können, kann es der Erwerber ebenfalls nicht.

c) *Übernahme des Darlehns durch den Erwerber*
   Hier sind Kapitalkostensteigerungen umlagefähig. Zu beachten ist aber, daß ein Vergleich mit den Kapitalkosten zum Zeitpunkt des Mietvertragsabschlusses zu erfolgen hat und nicht zum Zeitpunkt des Erwerbsgeschäftes.

d) *Der Erwerber nimmt ein neues Darlehn auf und löst altes Darlehn ab*
   Hier stellt sich meistens die Frage des „vertreten müssens". Eine Umlagefähigkeit ist nur dann grundsätzlich gegeben, wenn eine Kapitalkostenerhöhung auch ohne Umschuldung möglich gewesen wäre. Dies ist z. B. dann nie der Fall, wenn der Erwerber ein günstigeres Darlehn vom Veräußerer hätte übernehmen können oder wenn bei gestiegenem Zinsniveau für das alte Darlehn noch eine längere Zinsfestschreibung vereinbart war. Dinglich gesicherte Darlehn des Erwerbers sind aber in jedem Fall nur bis zur Höhe des zum Zeitpunkt der Ablösung valutierten dinglich gesicherten Darlehns des Veräußerers möglich.

150 Wenn dem Vermieter dem Grunde nach ein Erhöhungsrecht zusteht, muß er dies schriftlich geltend machen. Gemäß § 5 Abs. 2 MHRG i. V. m. § 4 Abs. 2 Satz 2 MHRG muß der Vermieter in diesem Schreiben den Grund der Erhöhung bezeichnen und die Erhöhung erläutern. Dazu müssen aufgeführt werden:

- der Darlehnsbetrag zum Zeitpunkt des Mietvertragsabschlusses,
- der Darlehnsbetrag heute,
- der Zinssatz zum Zeitpunkt des Mietvertragsabschlusses,
- der Zinssatz heute,
- die jährlichen Kapitalkosten zum Zeitpunkt des Mietvertragsabschlusses,
- die jährlichen Kapitalkosten heute,
- der sich daraus ergebende Erhöhungsbetrag,
- der Umlagenmaßstab,
- der auf den Mieter entfallende anteilige Erhöhungsbetrag.

Eine rückwirkende Erhöhung von Kapitalkosten ist nicht möglich, wohl aber kann der Vermieter bereits vor Fälligkeit der Zinserhöhung das Erhöhungsverlangen an den Mieter richten mit der Folge, daß Mieterhöhungszeitpunkt und Zinserhöhung zusammenfallen. Ansonsten wirkt das Erhöhungsverlangen jeweils zum nächsten 1., es sei denn die Erklärung geht nach dem 15. dem Mieter erst zu; dann verschiebt sich die Erhöhung um einen Monat.

VII. Der Mieterhöhungsprozeß

1. Das Verfahren bei einer Mieterhöhung nach § 2 MHRG   151

Wenn der Mieter dem Mieterhöhungsverlangen innerhalb der Überlegungsfrist nicht oder nicht vollständig zugestimmt hat, kann der Vermieter Klage erheben. Eine vor Ablauf der Frist erhobene Klage ist unzulässig, es sei denn, der Mieter hat bereits verbindlich erklärt, er werde der Mieterhöhung auf keinen Fall zustimmen[267]. Die Klage muß bis *spätestens 2 Monate nach* Ablauf der *Überlegungsfrist* erhoben werden[268]. Dies bedeutet grundsätzlich Zustellung der Klage an den Mieter. Eine nach Ablauf der Frist zugestellte Klage ist nur unter den Voraussetzungen des § 270 Abs. 3 ZPO rechtzeitig, d. h. der Vermie-

---

[267] KG WuM 1981, 54 = ZMR 1981, 158.
[268] Zur Fristberechnung siehe unten Rdn. 195.

ter muß die Klage vor Ablauf der Frist bei Gericht eingereicht haben und die Zustellung muß „demnächst" erfolgt sein. Das ist nur dann der Fall, wenn der Vermieter alles Zumutbare für die alsbaldige *Zustellung* getan hat[269]. Es handelt sich im übrigen um eine Ausschlußfrist, gegen deren Versäumnis keine Wiedereinsetzung in den vorigen Stand möglich ist[270]. Die Gerichtsferien hemmen den Lauf der Frist nicht[271].

152 Die Klage muß von *allen Vermietern* gegen *alle Mieter* erhoben werden. Dies gilt selbst dann, wenn ein Mitmieter vorprozessual seine Zustimmung erteilt hat. Dies folgt aus der *gesamthänderischen Bindung* der Mieter, die eine einheitliche Entscheidung fordert[272]. Daraus folgt, daß dann, wenn die Klage einem Mieter zu spät zugestellt wird – ohne daß die Voraussetzungen des § 270 Abs. 3 ZPO vorliegen – die Klage insgesamt abzuweisen ist.

153 *Sachlich zuständig* für die Zustimmungsklage sind die Amtsgerichte gemäß § 23 Nr. 2a GVG. *Örtlich zuständig* ist gemäß § 29a ZPO jeweils das Amtsgericht, in dessen Bezirk sich die gemietete Wohnung befindet. Die Klage muß auf Zustimmung zur verlangten Mieterhöhung ab einem bestimmten Termin gerichtet sein. Eine *Zahlungsklage* bezüglich der Erhöhungsbeträge ist *unbegründet,* da ein solcher Zahlungsanspruch erst nach der bisher noch fehlenden Zustimmung des Mieters entsteht.

154 Die Frage, ob ein Mieterhöhungsprozeß eingeleitet und ggf. durchgeführt wird, ist vor allem eine wirtschaftliche Frage. Das *Kostenrisiko* eines solchen Prozesses ist u. U. dann sehr hoch, wenn sich das Gericht entschließt, ein *Sachverständigengutachten* einzuholen. Auch wenn die Gerichte immer mehr dazu übergehen, die Werte des Mietspiegels als Beweismittel zu verwerten, so wird dennoch häufig ein Gutachten noch eingeholt werden müssen. Dies kann auch dann geschehen, wenn keine der Parteien es beantragt hat, § 144 ZPO.

---

269 Thomas Putzo, ZPO, § 270 Anm. 3d m. w. N.
270 Sternel, Mietrecht III, Rdn. 706 m. w. N. in Fn. 12.
271 LG München WuM 1985, 317.
272 KG WuM 1986, 106 = ZMR 1986, 117 = DWW 1986, 70.

Der Mieterhöhungsprozeß

Erfahrungsgemäß belaufen sich allein die Kosten für ein solches Gutachten auf *ca. 1.500,– DM*. Hinzu kommen die übrigen Kosten des Verfahrens und der Anwälte[273].

a) Verfahren und Antrag allgemein

Das Gericht hat verschiedene Möglichkeiten, wie es das Verfahren betreibt. Dies hängt teilweise auch vom *Streitwert* ab. Der Streitwert einer solchen Klage bemißt sich nach dem *Jahreserhöhungsbetrag*, der verlangt wird. Bei einem Streitwert bis 1200,– DM steht das Verfahren im Ermessen des Gerichts, § 495a ZPO. Es muß nur dann eine mündliche Verhandlung durchführen, wenn eine Partei dies ausdrücklich beantragt hat. In den übrigen Fällen kann das Gericht entweder zunächst ein schriftliches Vorverfahren anordnen oder direkt einen frühen ersten Termin bestimmen.

155

b) Die Beweisaufnahme

Soweit die Parteien nicht nur über Formfragen der Mieterhöhung streiten, liegt das *Schwergewicht* der gerichtlichen Entscheidungsfindung in der Regel in der Ermittlung der *ortsüblichen Vergleichsmiete*. Hier gilt es von anwaltlicher Seite vorbereitet zu sein.

156

Grundsätzlich ist das Gericht an Beweisanträge der Parteien gebunden. Dabei ist jedoch darauf zu achten, daß es sich um förmliche Beweisanträge im Prozeß handelt. Es muß also *Beweis angeboten* werden über die ortsübliche Vergleichsmiete für eine *konkrete Wohnung*. Dies muß auch ausreichend *substantiiert* sein. An die Begründungsmittel des Mieterhöhungsverlangens ist weder das Gericht, noch eine der Parteien gebunden[274]. Das Gericht entscheidet gemäß § 286 Abs. 1 ZPO unter Berücksichtigung des gesamten Inhalts der Verhandlungen und des Ergebnisses einer etwaigen Beweisaufnahme nach freier Überzeugung, ob es die vom Vermieter behauptete ortsübliche Vergleichsmiete für wahr ansieht oder nicht.

---

273 Eine Tabelle zur Berechnung der Kosten befindet sich unten bei Rdn. 197.
274 BayObLG WuM 1985, 53 = ZMR 1985, 100.

157 Soweit die Parteien über objektive Merkmale, wie Ausstattung, Größe und ggf. auch Lage streiten, kann das Gericht die notwendigen Feststellungen u. U. durch richterliche *Inaugenscheinnahme* feststellen. In Betracht kommt auch ein Gutachten über die Wohnungsgröße. Soweit es um Fragen geht, die dem Zeugenbeweis zugänglich sind, also z. B. wann das Gebäude errichtet wurde, oder welche Einbauten der Mieter vorgenommen hat und die deshalb bei der Ausstattung nicht berücksichtigt werden dürfen, kann es auch angebotene Zeugen vernehmen. Hier gilt aber die *Dispositionsmaxime* uneingeschränkt, d. h. die Parteien müssen den Zeugenbeweis ausdrücklich angeboten haben.

158 Problematischer ist es mit der Ermittlung der ortsüblichen Vergleichsmiete. Wie oben festgestellt, handelt es sich dabei um einen Rechtsbegriff, der ausgefüllt werden muß[275]. Das Gericht kann hierzu ggf. auch auf eigene Sachkunde zurückgreifen. In welchem Rahmen es dabei auf einen Mietspiegel zurückgreifen darf, ist zwischen Rechtsprechung[276] und Mietrechtsliteratur[277] umstritten. Dabei dürfte vom Ansatz her wohl unbestritten sein, daß der *Mietspiegel kein förmliches Beweismittel* der ZPO ist[278]. Auf der anderen Seite ist es allein die Entscheidung des Tatrichters, ob und in welcher Weise er das allgemeinkundige, im Mietspiegel enthaltene Zahlenmaterial bei seiner Überzeugungsbildung im Rahmen der ihm durch § 2 Abs. 1 MHRG aufgegebenen vergleichenden Bewertung als Hilfsmittel mit heranzieht. Ob dies dann als Parteigutachten[279] oder antizipiertes Sachverständigengutachten[280] erfolgt, ist eher ein wissenschaftlicher als ein praxiserheblicher Streit. Aus verfassungsrechtlicher Sicht bestehen keine Bedenken gegen die Verwertung eines zum entscheidungserheblichen Zeitpunkt gültigen Mietspiegels durch die Fachgerichte[281].

---

[275] Siehe oben Rdn. 79 ff.
[276] AG Frankfurt NJW-RR 1989, 12; LG Dortmund WuM 1991, 559; AG Aachen WuM 1991, 120; LG Frankfurt WuM 1991, 595.
[277] Z. B.: Schopp ZMR 1993, 141; Voelskow ZMR 1992, 326 mit einer Anmerkung hierzu von Isenmann ZMR 1992, 482.
[278] So ausdrücklich KG WuM 1991, 425 = ZMR 1991, 341 = DWW 1991, 235.
[279] Emmerich/Sonnenschein, § 2 MHRG Rdn. 68.
[280] Schmidt-Futterer/Blank Rdn. C 96.
[281] BVerfG WuM 1992, 48 und BVerfG WuM 1991, 523.

In Gemeinden, in denen ein Mietspiegel existiert, wird der Anwalt 159
sich auf jeden Fall mit diesem auseinanderzusetzen haben. Die
Gerichte verlangen schon konkrete Anhaltspunkte, um neben einem
Mietspiegel noch ein Sachverständigengutachten einzuholen[282]. Dabei
hat das Gericht auch die Interessen der Parteien zu berücksichtigen.
Es sollen keine unnötigen Kosten verursacht werden[283]. Angriffspunkt
kann hierbei für die antwaltliche Argumentation vor allem die Art
und Weise des *Zustandekommens des Mietspiegels* sein. Auf die aus-
führliche *Checkliste* bei Sternel wird hier verwiesen[284]. Von besonderer Bedeutung ist ggf. die Ermittlung der *Feldbesetzungen*, d. h. wie-
viel Daten/Fragebögen liegen der Mietspanne eines Rasterfeldes des
Mietspiegels zu Grunde[285].

Soweit in der entsprechenden Gemeinde kein Mietspiegel aufgestellt 160
wurde oder das Gericht dessen Werte nicht ohne weiteres übernehmen will, bleibt als Beweismittel nur das Sachverständigengutachten.
Dabei ist darauf zu achten, daß der *Sachverständige* nur *Hilfsperson*
des Gerichts ist und nicht den Rechtsstreit entscheiden darf. Vor der
„Übermacht der Sachverständigen" wird berechtigterweise immer
häufiger gewarnt[286]. Der Sachverständige ist weder „Halbgott" noch
ist er generell überflüssig[287]. Die *Aufgabe* des Sachverständigen im
gerichtlichen Verfahren ist im übrigen zu unterscheiden von der eines
Sachverständigen, der vom Vermieter *vorprozessual* mit der Erstellung eines Gutachtens zur Begründung eines Mieterhöhungsverlangens beauftragt wurde. Im gerichtlichen Verfahren muß der Vermieter den vollen Beweis erbringen, daß die von ihm verlangte Miete die
ortsübliche Vergleichsmiete nicht übersteigt. Hieran mangelt es häufig gerichtlichen Gutachten. Die Gutachten äußern sich häufig zur
Frage, ob die Miete angemessen sei, oder ob irgendwo im Stadtgebiet
eine ähnliche Miete gezahlt werde. Das ist alles unerheblich. Der

---

282 AG Aachen WuM 1991, 120.
283 LG Frankfurt WuM 1990, 519.
284 Sternel, Mietrecht III, Rdn. 745.
285 Zu den diesbezüglichen Bedenken gegenüber dem Dortmunder Mietspiegel Stand 1. 6. 1992 siehe Börstinghaus, Mieterhöhung, S. 33.
286 Siehe hierzu die Ausführungen von Müller-Luckmann DRiZ 1993, 71; Meyer DRiZ 1992, 126; Franzki DRiZ 1991, 314.
287 So aber wohl Reinecke WuM 1993, 101.

Sachverständige muß auf Grund seiner Sachkunde Feststellungen darüber treffen, wie sich für vergleichbare Wohnungen der Mietzins bei Neuabschlüssen und Mieterhöhungen in den letzten vier Jahren entwickelt hat. Nur wenn sich darüber im Gutachten nachvollziehbare Ausführungen befinden, ist es brauchbar.

161 Ein *Problem* stellt sich dabei hinsichtlich der vom Sachverständigen im Gutachten angeführten Vergleichswohnungen. Die Sachverständigen berufen sich insofern häufig auf *datenschutzrechtliche Gesichtspunkte,* wenn sie die *Anschriften* der Vergleichswohnungen nicht mitteilen. Ob dies tatsächlich möglich ist, ist umstritten[288]. Es erscheint aber sehr fraglich, ob die Rechtsprechung, die ein Auskunftsverweigerungsrecht des Sachverständigen bejaht, nach einer neuen Entscheidung des BGH[289] noch haltbar ist. Dort hat der BGH für einen vergleichbaren Fall entschieden, daß das Gutachten unter Verletzung des Anspruchs auf rechtliches Gehör zustandegekommen und deshalb unverwertbar sei. Die Erfüllung der gutachterlichen Pflicht verlange, die tatsächlichen Grundlagen des Gutachtens offenzulegen. Welche Probleme auftauchen können, wenn die Angaben nicht überprüft werden können, beschreibt Reinecke[290] eindrucksvoll. Soweit Isenmann[290a] behauptet, die erforderlichen Informationen häufig nur unter der Auflage der absoluten Verschwiegenheit von Vermietern zu erhalten, ist dies prozeßrechtlich unerheblich, auch wenn das Problem sicher nicht unterschätzt werden darf.

162 Gemäß § 404a Abs. 1 ZPO hat das *Gericht* die Tätigkeit des Sachverständigen zu leiten. Es ist gegenüber dem Sachverständigen *weisungsbefugt.* Ganz wichtig ist, daß das Gericht bei einem streitigen Sachverhalt bestimmt, welche Grundlagen der Sachverständige dem Gutachten zugrunde legen soll. Es ist also *nicht Aufgabe* des Sachverständigen – ggf. im Ortstermin – mit den Parteien den Streitstoff zu erörtern und dann von einem „bewiesenen" oder „wahrscheinliche-

---

[288] Bejahend LG Bonn WuM 1993, 133; verneinend LG Göttingen WuM 1989, 520, AG Lübeck WuM 1989, 259.
[289] BGH NJW 1992, 1817 (1819).
[290] WuM 1993, 101 (103).
[290a] Isenmann ZMR 1993, 446.

ren" Sachverhalt auszugehen. In einem solchen Fall sollte ggf. auch einmal über einen *Befangenheitsantrag* gegenüber dem Sachverständigen nachgedacht werden. In Praxi völlig unüblich, aber deswegen nicht weniger sinnvoll, sind Termine, in denen der Sachverständige in seine Aufgabe eingewiesen wird und ihm sein Auftrag erläutert wird, § 404a Abs. 2 und 5 ZPO. Die Parteivertreter sollten auf einen solchen Termin ruhig öfter hinwirken, damit die Beweisaufnahme von vornherein richtig angegangen wird und nicht später gegen ein vom Ansatz her verfehltes Gutachten an argumentiert werden muß.

Für die anwaltliche Praxis ist ferner die Vorschrift des § 411 Abs. 4 ZPO wichtig. Danach haben die Parteien dem Gericht innerhalb eines angemessenen Zeitraumes ihre *Einwendungen* gegen das Gutachten, die Begutachtung betreffende Anträge und Ergänzungsfragen mitzuteilen. Dem Gericht ist auch gestattet, eine mit dem Sanktionsmittel der *Präklusion* versehene Frist zu setzen. Dabei müssen die Parteien wohl nicht alle denkbaren Einwendungen vorbringen oder ankündigen. Nach dem Zweck der Vorschrift genügt es, wenn erkennbar erläuterungsbedürftige Punkte des Gutachtens so bezeichnet werden, daß sich alle Prozeßbeteiligten rechtzeitig darauf einstellen können. Zusatzfragen, die sich erst aufgrund der Erläuterung des Sachverständigen in der mündlichen Verhandlung ergeben, sind weiter zulässig. **163**

c) Der Vergleich

Auch im Mieterhöhungsverfahren kann es sinnvoll sein, den Rechtsstreit vergleichsweise zu beenden. Dabei können sowohl die Kosten einer Beweisaufnahme durch Einholung eines Sachverständigengutachtens bei nicht rechtsschutzversicherten Parteien ein Grund sein, als auch die Tatsache, daß beide Parteien den „Streit" nicht bis zur bitteren Neige ausfechten wollen, um ggf. den späteren Umgang miteinander nicht zu belasten. Im Vergleich sollte geregelt werden, welche Miete ab welchem Termin zu zahlen ist. Sinnvollerweise sollte eine Bestimmung über die mit der Grundmiete gezahlten Nebenkosten und ggf. die Höhe der Nebenkostenvorauszahlungen getroffen werden. Wegen der *Rückstände* aus der Mieterhöhung kann ggf. auch **164** eine *Bezifferung* erfolgen. Die Parteien sollten im übrigen auch daran denken, daß die Mietrückstände ggf. zu einer *Kündigung gemäß § 554 BGB* berechtigen könnten. Die *Schonfrist* des § 9 Abs. 2 MHRG gilt bei einer Mieterhöhung auf Grund eines gerichtlichen Vergleichs gerade *nicht*[291].

Formulierungsvorschlag für einen Vergleich:

> Die Parteien sind darüber einig, daß die von den Beklagten für die von ihnen innegehaltene Wohnung in der A-Straße in 12345 Stadt 3. OG. rechts zu zahlende Miete ab 1. Juni 1993 insgesamt 600,– DM beträgt. Zusätzlich haben die Beklagten eine Nebenkostenvorauszahlung in Höhe von 120,– DM auf die laut Mietvertrag umlagefähigen Betriebskosten zu zahlen.
>
> Die Parteien sind sich darüber einig, daß eine Kündigung wegen Zahlungsrückständen, die sich nur aus diesem Vergleich ergeben, erst 2 Monate nach Ablauf der Widerrufsfrist möglich ist.
>
> Die Parteien behalten sich den Widerruf dieses Vergleichs durch schriftliche Anzeige zu den Gerichtsakten bis zum (Datum) vor.

d) Das Urteil

165 Wenn die Parteien sich nicht einigen, muß das Gericht ein Urteil erlassen. Das Urteil *ersetzt* dann die *Zustimmung* des Mieters zur verlangten Mieterhöhung. Es ist gemäß *§ 894 ZPO vollstreckbar,* d. h. die Zustimmung gilt mit Rechtskraft der Entscheidung als abgegeben. Insofern hat das Urteil bezüglich der Hauptsache keine vorläufige Vollstreckbarkeit auszusprechen. Wie das Urteil abzusetzen ist, richtet sich nach dem Streitwert.

- Bei Streitwerten bis zu 1.200,– DM kann das Gericht auf den Tatbestand verzichten und die Entscheidungsgründe ggf. ins Protokoll diktieren, § 495a ZPO[292].

- Ist gegen das Urteil kein Rechtsmittel gegeben, also ist keine der Parteien mit mehr als 1.500,– DM beschwert oder haben die Parteien auf Rechtsmittel verzichtet, braucht das Gericht ebenfalls keinen Tatbestand abzusetzen, § 313a ZPO. Auf die Entschei-

---

291 OLG Hamm WuM 192, 54 = ZMR 1992, 109; Börstinghaus ZAP F. 4 R, S. 59.
292 Zu Sinn und Unsinn dieses Verfahrens: Schneider ZAP F. 13, S. 199.

dungsgründe kann verzichtet werden, wenn kein Rechtsmittel gegen die Entscheidung möglich ist und die Parteien zusätzlich spätestens am zweiten Tag nach der mündlichen Verhandlung auf sie verzichtet haben.
- In allen anderen Fällen, erfolgt eine „normale" Entscheidung mit Tatbestand und Entscheidungsgründen.

Soweit der Mieter zur Zahlung verurteilt wird, gilt die Schonfrist des § 9 Abs. 2 MHRG für eine Kündigung wegen eines Zahlungsverzuges auf Grund der Mieterhöhung.

e) Streitwert – Gebühren – Beschwer

Der *Gebührenstreitwert* einer Mieterhöhungsklage berechnet sich nach *§ 16 Abs. 5 GKG*. Danach ist maßgebend höchstens der Jahresbetrag des zusätzlich geforderten Mietzinses. Der Gebührenstreit ist dann kleiner als der Jahresdifferenzbetrag, wenn das Mietverhältnis kein ganzes Jahr mehr Bestand hat, z. B. bei befristeten oder gekündigten Mietverhältnissen. **166**

Wie der *Rechtsmittelstreitwert* zu berechnen ist, ist *strittig*. Nach der einen Auffassung bemißt sich die Beschwer nach dem Jahresbetrag der zusätzlichen Mietforderung[293], nach einer anderen Auffassung berechnet sich der Rechtsmittelstreitwert nach § 9 ZPO, also einem Mehrfachen des Jahresbetrages[294]. **167**

2. Das Verfahren bei Mieterhöhungen nach §§ 3–5 MHRG

Der größte *Unterschied* zu einem Verfahren nach § 2 MHRG besteht im *Klageantrag*. Während im Zustimmungsverfahren nach § 2 MHRG nicht auf Zahlung, sondern auf Zustimmung zu einer bestimmten Mieterhöhung ab einem bestimmten Termin geklagt werden muß, kann bei Mieterhöhungen auf Grund der vereinfachten Umlageverfahren nach den §§ 3–5 MHRG unmittelbar auf Zahlung geklagt **168**

---
[293] Z. B. LG Regensburg WuM 1992, 145; LG Köln WuM 1991, 563.
[294] Z. B. LG Hamburg WuM 1993, 134.

werden. Aus diesem Grund kann hier der Mieter bei einem entsprechenden Rechtsschutzbedürfnis auch eine negative Feststellungsklage dahingehend ergeben, daß festgestellt wird, dem Vermieter stehe der vorprozessual geltend gemachte Mieterhöhungsbetrag nicht zu. Das Rechtsschutzbedürfnis für eine solche Klage ergibt sich bereits daraus, daß der Mieter einige Zeit abwarten kann, bis er die Klage erhebt und bis zu diesem Zeitpunkt u. U. schon Rückstände aufgelaufen sind, die die Voraussetzungen des § 554 BGB erfüllen.

3. Die Rechtsmittel

169 Gegen ein solches amtsgerichtliches Urteil gibt es *teilweise* das Rechtsmittel der *Berufung*. Eine Berufung ist aber nur dann möglich, wenn die Beschwer der ganz oder teilweise unterlegenen Partei mehr als 1.500,- DM beträgt. Diese *Einschränkungen* bezüglich eines Rechtsmittels gelten aber dann *nicht,* wenn das Amtsgericht in seinem Urteil von einer Entscheidung eines OLG oder des BGH abgewichen ist und die Entscheidung auf dieser Abweichung beruht.

170 Dabei liegt eine *Divergenz* i. S. d. § 511a Abs. 2 ZPO nur dann vor, wenn das Amtsgericht in einer mietrechtlichen Frage von der obergerichtlichen Rechtsprechung abgewichen ist[295]. Wichtigste Voraussetzung ist hierbei, daß die Entscheidung auf der *Abweichung* von einer obergerichtlichen Entscheidung „beruht". Dies ist z.B. dann der Fall, wenn das Gericht im konkreten Fall von der Nichtanwendbarkeit einer obergerichtlichen Entscheidung zu Unrecht ausgeht[296]. Dabei muß der Berufungskläger die Voraussetzungen einer Divergenzberufung darlegen[297]. Ob das erstinstanzliche Urteil auf dieser Abweichung von der obergerichtlichen Rechtsprechung beruht, prüft das Berufungsgericht von Amts wegen nach Feststellung einer tatsächlichen Abweichung[298].

---

295 LG Berlin Grundeigentum 1992, 159; LG Zweibrücken WuM 1993, 203.
296 LG Berlin Grundeigentum 1992, 1045.
297 LG Berlin WuM 1992, 636 = MM 1993, 73 = ZMR 1993, 169.
298 LG Berlin Grundeigentum 1992, 159; LG Berlin WuM 1992, 636 = MM 1993, 73 = ZMR 1993, 169.

Das LG entscheidet einen Mieterhöhungsprozeß immer abschließend. 171
Ein *Rechtsmittel* ist gegen das Urteil *nicht mehr möglich*. Das LG
kann aber während des Verfahrens einen *Rechtsentscheid* des OLG
und dieses einen solchen des BGH jeweils zu einer abstrakten Rechtsfrage einholen. Ein Antrag einer Partei auf Erlaß eines Rechtsentscheids ist unzulässig[299]. Diese Obergerichte entscheiden nicht den
konkreten Prozeß, sondern beantworten nur *gestellte Rechtsfragen*.
Diese *Antworten* (= Rechtsentscheide) sind aber für alle anderen
Landgerichte *bindend*.

VIII. Die Mieterhöhung in den neuen Bundesländern[299a]

1. Allgemeines

Grundsätzlich gilt auch in der ehemaligen DDR das bundesdeutsche 172
Mietrecht. Gemäß § 11 MHRG gilt aber teilweise ein Sonderrecht.
Dieses ist sehr stark differenziert. Dabei kommt es im wesentlichen
auf die Bezugsfertigkeit und nicht auf den Mietvertragsabschluß an,
d. h. die Preisbindung *endet nicht mit Auszug* des Mieters, sondern
gilt auch für die Neuvermietung weiter. Es ist im Einzelnen wie folgt
zu unterscheiden:

2. Wohnraum, der nach dem 3. 10. 1990 bezugsfertig wurde

Hier muß weiter unterschieden werden:

a) Noch mit staatlichen Mitteln gebaut 173

Wohnraum, der ab dem 3. 10. 1993 fertiggestellt wurde, aber noch mit
staatlichen Mitteln der ehemaligen DDR gebaut wurde, unterliegt der
Preisbindung. Es gelten die 1. und 2. GrundMV[300]. Gemäß § 1 Abs. 3
1. GrundMV bzw. § 5 2. GrundMV darf dieser Mietzins auch bei
Neuvermietungen nicht überschritten werden.

---

299 OLG Hamm WuM 1988, 397 = ZMR 1988, 432.
299a Siehe hierzu ausführlich Schilling/Heerde, Mietrecht in den neuen Bundesländern von A–Z.
300 KrG Cottbus WuM 1993, 113.

174 **b) *Freifinanzierte Wohnungen***
Gemäß § 11 Abs. 1 Ziff. 1 und 2 MHRG sind auf Wohnraum, der entweder neu errichtet wurde oder erst wiederhergestellt wurde, wenn keine staatlichen Mittel eingesetzt wurden, Preisvorschriften nicht anzuwenden. Hier ist die *Miete frei vereinbar* mit der Beschränkung, daß die Grenze des § 5 WiStG eingehalten wird.

175 **c) *Öffentlich geförderter Wohnungsbau***
Völlig anders ist die Rechtslage, wenn Wohnraum, der ab dem 3.10.1990 fertiggestellt wurde, entsprechend den Vorschriften des WoBindG und dem II. WoBauG öffentlich gefördert wurden. In diesem Fall kann der Vermieter die Kostenmiete verlangen.

176 **3. Wohnraum, der vor dem 3.10.1993 bezugsfertig war**
Es handelt sich um den sog. *preisgebundenen Altbaubestand*. Die Preisbindung hängt nicht davon ab, ob die Wohnung am 2.10.1990 vermietet war. Hier gelten die 1. und 2. GrundMV[301]. Gemäß § 11 Abs. 2 MHRG sind jedoch Mieterhöhungen wegen nach dem 3.10.1990 fertiggestellter Modernisierungsmaßnahmen zulässig.

4. Mieterhöhungen bei Geltung der GrundMV

177 **a) *Formalien***
Die Grundmietenverordnungen enthalten keine Vorschriften über das formale Mieterhöhungsverfahren. Diese ergeben sich vielmehr unmittelbar aus § 11 MHRG und den allgemeinen Vorschriften. Wegen der Einzelheiten kann deshalb auf die obigen Ausführungen verwiesen werden[302]. Eine *Abweichung* kann sich für die *Adressierung* des Mieterhöhungsschreibens ergeben. Gemäß § 100 Abs. 3 ZGB sind Ehegatten automatisch Mitmieter gewesen, auch wenn im Mietvertrag nur ein Ehegatte aufgenommen worden war. Dabei sind die Eheleute eindeutig zu bezeichnen. Formelhafte alternative Adressierungen

---

301 Siehe unten Rdn. 557 und Rdn. 558.
302 Siehe oben Rdn. 38 ff.

(Herrn/Frau X) sind unzureichend[303]. Auch die Anrede als „Familie" unter Einschluß des Anfangsbuchstabens eines Vornamens und des Familiennachnamens genügt nicht[304].

b) Die 1. GrundMV vom 17. 6. 1991[305]

178

Zum 1.10.1991 wurde das ehemalige Mietpreissystem der DDR umgestellt. Der Vermieter kann durch *einseitige Erklärung das Grundmietenprinzip* einführen. Dies setzt zunächst voraus, daß aus der bisherigen Miete die Betriebskostenanteile herausgerechnet werden. Dies hat nach § 10 BetrKostUV zu erfolgen. Soweit Betriebskosten im Mietzins gesondert ausgewiesen waren, sind diese vom Zahlbetrag abzuziehen. Soweit Betriebskosten bisher im Mietzins nicht gesondert ausgewiesen waren, ermäßigt sich der Mietzins in der Regel um 10 %[306]. Dieser „Nettomietzins" darf nach der 1. GrundMV wie folgt erhöht werden:

(1) es ist von einem durchschnittlichen Erhöhungsbetrag von 1,– DM auszugehen;

(2) *Zuschläge* von 0,15 DM hierzu sind anzusetzen, wenn

- die Wohnung in einer Gemeinde mit mehr als 100.000 Einwohnern liegt.
- die Wohnung am 2.10.1990 mit Zentralheizung ausgestattet war oder
- die Wohnung am 2.10.1990 mit einem Bad ausgestattet war. Dabei muß der *Vermieter* das Bad aber auf *seine Kosten* eingebaut haben[307]. Die Wohnung ist auch dann als „ohne Bad" zu bewerten, wenn der Vermieter das Bad eingebaut, der Mieter aber die Kosten trägt, selbst wenn die Sozialfürsorge für den Mieter an den Vermieter zahle[308].

---

303 KrG Cottbus-Stadt WuM 1992, 109 = ZAP DDR EN-Nr. 234/92; die gegen das Urteil eingelegte Verfassungsbeschwerde wurde vom BVerfG mangels Erfolgsaussicht nicht angenommen WuM 1992, 514; AG Grimmen WuM 1992, 685; LG Berlin VIZ 1993, 81.
304 BG Chemnitz WuM 1993, 34.
305 Siehe hierzu Pfeifer ZAP-DDR F. 4, S. 13.
306 Wegen der genauen Abzugsbeträge je nach Umlageverfahren siehe § 10 Abs. 2 BetrKostUV, unten Rdn. 560.
307 BayObLG NJW 1981, 2259; AG Naumburg WuM 1992, 681.
308 AG Halle/Saalkreis DWW 1993, 46.

(3) *Abschläge* von 0,15 DM sind anzusetzen, wenn
- die Wohnung mit einem Außen-WC ausgestattet ist
- die Wohnung nicht in sich abgeschlossen ist. Eine Wohnung mit Außen-WC ist dabei als in sich abgeschlossen einzuordnen[309].

Hinsichtlich der anrechenbaren *Wohnfläche* verweist die 1. GrundMV ausdrücklich auf die *§§ 42–44 II. BV*[310]. Wenn der Vermieter keine Neuberechnung der Wohnfläche vornimmt, kann er die Wohnungsgröße schätzen. Auf Verlangen des Mieters ist eine Neuberechnung durchzuführen. Dies hat nur dann Sinn, wenn sie für das ganze Haus durchgeführt wird. Dabei sind im übrigen Gartenflächen außer Ansatz zu lassen[311].

179 *c) Die 2. GrundMV vom 27. 7. 1992*[312]

Mit Wirkung zum 1. 1. 1993 können die Grundmieten nochmals erhöht werden. Ausgangspunkt ist dabei die am 31. 12. 1992 geschuldete Miete. Dieser „Nettomietzins" darf nach der GrundMV wie folgt erhöht werden:

(1) es ist von einem durchschnittlichen Erhöhungsbetrag von 1,20 DM auszugehen;

(2) *Zuschläge* von 0,30 DM hierzu sind anzusetzen, wenn die Wohnung in einem Einfamilienhaus liegt und die Gemeinde mehr als 20.000 Einwohner zählt,

(3) *Abschläge* von 0,15 DM sind anzusetzen, wenn die Wohnung am 2. 10. 1990 nicht mit einem Innen-WC ausgestattet ist,

(4) *Abschläge* von 0,30 DM sind vorzunehmen, wenn die Wohnung am 2. 1. 1990 nicht mit einem Bad ausgestattet war. Ein *Bad* ist dabei ein *separater Raum* mit einer funktionierenden Bade- und Duscheinrichtung. Der Einbau muß auf Kosten des Vermieters erfolgt sein.

---

309 AG Wernigerode WuM 1992, 359.
310 Siehe unten Rdn. 564.
311 AG Wernigerode DWW 1993, 83.
312 Siehe hierzu Pfeifer ZAP-DDR F. 4, S. 65.

Weitere Zuschläge sind nach der Beschaffenheit des Gebäudes möglich. Wegen der Staffelung der Zuschläge je nach Bauzustand des Gebäudes wird auf § 2 2. GrundMV verwiesen[313]. Zur Umsetzung der Mieterhöhungen und zur Vermeidung von Streitigkeiten wegen unterschiedlicher Vorstellungen über die Beschaffenheitskriterien hat das Bundesbauministerium mit den Mieter- und Vermieterverbänden einen entsprechenden *Kriterienkatalog* erarbeitet[314].

Bei erheblichen Instandsetzungen kann nach § 3 der 2. GrundMV bis zum 1. 1. 1996 zwischen den Mietvertragsparteien ein weiterer Zuschlag vereinbart werden[315].

Wenn mit der Wohnung auch eine *Garage oder ein Einstellplatz* vermietet wurde, kann der Vermieter gemäß § 4 2. GrundMV eine Mieterhöhung von 15,– DM verlangen.

Ein *Berechnungsfehler* bei der Zusammensetzung des Erhöhungsbetrages führt zur Unwirksamkeit der Erhöhungserklärung[316]. Ein schlichter Rechenfehler führt nicht zur Unwirksamkeit. Hier kann der Vermieter ggf. eine *Anfechtung* erklären[317]. Beruht die Grundmietenerhöhung auf einer falsch berechneten alten Grundmiete, kann der Vermieter die alte Grundmiete berichtigen[318]. Abweichende Mietzinsvereinbarungen sind gemäß § 1 Abs. 4 der 1. GrundMV bzw. § 5 Abs. 2 der 2. GrundMV unzulässig und deshalb gemäß § 134 BGB unwirksam. Dabei bezieht sich die Nichtigkeit nur auf den *mietpreiswidrigen Teil* und nicht auf das gesamte Mietentgelt[319]. Dem Mieter steht ein *Rückzahlungsanspruch gemäß § 812 BGB* zu. § 817 Satz 2 BGB steht dem nicht entgegen[320].

180

---

313 Siehe unten Rdn. 558.
314 Abgedruckt unten bei Rdn. 559.
315 Wegen der Einzelheiten wird auf die Ausführungen von Pfeifer in ZAP-DDR F. 4, S. 65 (73 ff.) Bezug genommen.
316 AG Naumburg WuM 1992, 681.
317 AG Idar-Oberstein WuM 1990, 442.
318 AG Wernigerode DWW 1993, 83.
319 KrG Erfurt WuM 1992, 233.
320 LG Berlin Grundeigentum 1992, 1213; LG Berlin ZAP-DDR EN-Nr. 113/93.

181 *d) Betriebskosten*

Hinsichtlich der Betriebskosten gilt für die Wohnungen, die der besonderen Preisbindung für die ehemalige DDR unterliegen, die Betriebskosten-Umlageverordnung[321]. Sie hat Vorrang vor abweichenden Bestimmungen vor ihrem Inkrafttreten. Dem Vermieter ist gestattet, durch einseitige Gestaltungserklärung die zusätzliche Zahlung von Betriebskosten und vor allem auch Vorauszahlungen darauf zu verlangen. Nur die Heiz- und Warmwasserkosten sind auf 3,– DM/qm (bzw. 2,60 DM/qm nur bei Heizkosten) monatlich begrenzt. Die restlichen Betriebskosten können ihrer tatsächlich anfallenden Höhe nach umgelegt werden. Eine Umlage ist dann ausgeschlossen, wenn ein nach dem 26. 6. 1991 abgeschlossener Mietvertrag sie ausschließt. Der Vermieter kann die Betriebskosten nach einem mit allen Mietern vereinbarten Maßstab anteilig umlegen (§ 2 BetrKostUV). Kommt eine Vereinbarung nicht zustande, dann kann der Vermieter gemäß § 2 Abs. 2 BetrKostUV einen Umlagemaßstab bestimmen.

---

[321] Siehe unten Rdn. 560.

Teil 2: Arbeitshilfen

I. Formulierungsvorschläge

1. Mieterhöhungsverlangen mit Mietspiegel begründet 182

Rechtsanwalt Dr. Recht Justitiagasse 1
  44141 Dortmund
Eheleute
Heinz und Anne Conductor
Habitatioweg 12

44339 Dortmund

  Dortmund, den ....

Betr.: Mieterhöhungsverlangen für die von Ihnen gemietete Wohnung

Sehr geehrte Frau Conductor,
sehr geehrter Herr Conductor,

hiermit zeige ich an, daß mich ihr Vermieter, Herr E. Locator, Vermieterstr. 1 in 44388 Dortmund mit der Wahrnehmung seiner Interessen beauftragt hat. Eine entsprechende Vollmacht ist in der Anlage beigefügt.

Die Miete für Ihre Wohnung ist seit über einem Jahr unverändert. Um die Miete auf den ortsüblichen Stand anzupassen, steht meinem Mandanten nach dem Gesetz zur Regelung der Miethöhe ein Anspruch auf Zustimmung zu einer Mieterhöhung zu. Diesen Anspruch mache ich hiermit geltend.

Ich habe Sie deshalb aufzufordern, einer Mieterhöhung von bisher ... DM auf ... DM ab (Datum) zuzustimmen. Die übrigen Vereinbarungen des Mietvertrages bleiben unverändert, insbesondere ist weiter eine Nebenkostenvorauszahlung auf die Betriebskosten von ... DM zu zahlen.

Die von Ihnen angemietete Wohnung ist ... qm groß, so daß der bisher gezahlte Quadratmeterpreis 6,90 DM beträgt. Dies entspricht nicht mehr der ortsüblichen Vergleichsmiete, die 8,– DM pro Quadratmeter ohne Nebenkosten beträgt. Zum Nachweis hierfür beziehe ich mich auf den Mietspiegel für nicht preisgebundene Wohnungen in Dortmund Stand 1. Juni 1992. Eine Kopie hiervon habe ich zu Ihrer Information beigefügt.

Dabei ist die von Ihnen angemietete Wohnung in die Mietwerttabelle wie folgt einzugruppieren:

Es ist von der Baualtersklasse 1961 bis 1966 modernisiert auszugehen. Das Gebäude wurde 1962 errichtet und im Jahre 1980 umfassend renoviert. Es wurden damals die Bäder sämtlichst erneuert, die Heizungsanlage wurde modernisiert und Isolierfenster wurden eingebaut. Außerdem wurde die Fassade mit einer modernen Wärmedämmung versehen und das Gebäude insgesamt dem Stand der Technik angepaßt.

Hinsichtlich der Ausstattungsklasse ist die Wohnung in die Kategorie II einzuordnen. Ihre Wohnung ist ausgestattet mit Zentralheizung, Bad mit Wanne, WC, Isolierverglasung und Balkon.

Als weitere Ausstattungsmerkmale liegen bei Ihrer Wohnung vor:

Farbige Sanitäreinrichtung, Parkettfußboden, moderner Grundriß.

Die Wohnung liegt in der Lageklasse „gute Wohnlage".

Es handelt sich um eine city-nahe Lage mit vorwiegend aufgelockerter Bebauung.

Die Vekehrsanbindungen zu Einkaufsmöglichkeiten und öffentlichen Einrichtungen sind gut, die Lärm-, Staub- und Geruchsbeeinträchtigungen gering.

Der vom Mietspiegel vorgesehene Rahmen für vergleichbare Wohnungen beträgt somit 6,60 DM bis 8,40 DM. Die Vergleichsmiete ist dabei vorliegend dem oberen Drittel der Mietwerttabelle zu entnehmen. Dies ergibt sich daraus, daß sowohl hinsichtlich der Ausstattungsmerkmale als auch bezüglich der Lagemerkmale eine überdurchschnittliche Bewertung erfolgen muß. Hierfür spricht jeweils:

Unter Berücksichtigung all dieser Merkmale ist deshalb von einer ortsüblichen Vergleichsmiete von

8,00 DM pro qm

auszugehen.

Durch die begehrte Mieterhöhung wird auch die Kappungsgrenze nicht erreicht. Da der Ausgangsmietzins unter 8,00 DM/qm liegt, beträgt die Kappungsgrenze vorliegend 30 %. Die begehrte Miete von 8,00 DM/qm liegt nicht mehr als 30 % über der niedrigsten Miete der vergangenen drei Jahre.

Ich darf Sie deshalb bitten, Ihre Zustimmungserklärung bis spätestens (Datum) abzugeben. Der Vollständigkeit halber möchte ich darauf hinweisen, daß mein Mandant nach Ablauf der Frist innerhalb von 2 Monaten Klage auf Zustimmung zu diesem Mieterhöhungsverlangen vor dem Amtsgericht Dortmund erheben kann. Ich hoffe aber, daß dies nicht erforderlich sein wird.

Hochachtungsvoll

Formulierungsvorschläge

2. Mieterhöhungsverlangen mit Vergleichswohnungen begründet 183

Rechtsanwalt Dr. Recht

Eheleute
Heinz und Anne Conductor
Habitatioweg 12

44339 Dortmund

Justitiagasse 1
44141 Dortmund

Dortmund, den ....

Betr.: Mieterhöhungsverlangen für die von Ihnen gemietete Wohnung

Sehr geehrte Frau Conductor,
sehr geehrter Herr Conductor,

hiermit zeige ich an, daß mich ihr Vermieter, Herr E. Locator mit der Wahrnehmung seiner Interessen beauftragt hat. Eine entsprechende Vollmacht ist in der Anlage beigefügt.

Die Miete für Ihre Wohnung ist seit über einem Jahr unverändert. Um die Miete auf den ortsüblichen Stand anzupassen, steht meinem Mandanten nach dem Gesetz zur Regelung der Miethöhe ein Anspruch auf Zustimmung zu einer Mieterhöhung zu. Diesen Anspruch mache ich hiermit geltend.

Ich bitte Sie deshalb, einer Mieterhöhung von bisher ... DM auf ... DM ab (Datum) zuzustimmen. Die übrigen Vereinbarungen des Mietvertrages bleiben unverändert, insbesondere ist weiter eine Nebenkostenvorauszahlung auf die Betriebskosten von ... DM zu zahlen.

Die von Ihnen angemietete Wohnung ist ... qm groß, so daß der bisher gezahlte Quadratmeterpreis ... DM beträgt. Dies entspricht nicht mehr der ortsüblichen Vergleichsmiete, die ... DM pro Quadratmeter ohne Nebenkosten beträgt. Zum Nachweis hierfür beziehe ich mich auf folgende drei Vergleichswohnungen

1. ABC-Gasse 17, in 44225 Dortmund 3. Etage links Mieter: Müller
   Nettomiete bei 75 qm 525,- (= 7,- DM/qm)
   Baujahr 1965, umfassend modernisiert
   besondere Ausstattung:

2. BC-Straße 1, in 44135 Dortmund 2. Etage rechts Mieter: Meier
   Nettomiete bei 90 qm 612,- (= 6,90 DM/qm)
   Baujahr 1962, umfassend modernisiert
   besondere Ausstattung:

3. C-Wall 7, in 44135 Dortmund 1. Etage links Mieter: Schulze
Nettomiete bei 75 qm 556,– (= 6,95 DM/qm)
Baujahr 1963, umfassend modernisiert
Besondere Ausstattung:

Unter Berücksichtigung dieser Vergleichsobjekte ist deshalb von einer ortsüblichen Vergleichsmiete von mindestens

$$6{,}90 \text{ DM pro qm}$$

auszugehen.

Ich darf Sie deshalb bitten, Ihre Zustimmungserklärung bis spätestens (Datum) abzugeben. Der Vollständigkeit halber möchte ich darauf hinweisen, daß mein Mandant nach Ablauf der Frist innerhalb von 2 Monaten Klage auf Zustimmung zu diesem Mieterhöhungsverlangen vor dem Amtsgericht Dortmund erheben kann. Ich hoffe aber, daß dies nicht erforderlich sein wird.

Hochachtungsvoll

Formulierungsvorschläge 115

3. Mieterhöhungsverlangen mit Sachverständigengutachen begründet 184

Dr. Recht
Rechtsanwalt

Justitiagasse 1
44141 Dortmund

Eheleute
Heinz und Anne Mietnix
Habitatioweg 13
44339 Dortmund

Dortmund, den ....

Betr.: Mieterhöhungsverlangen für die von Ihnen gemietete Wohnung

Sehr geehrte Frau Mietnix,
sehr geehrter Herr Mietnix,

hiermit zeige ich an, daß mich ihre Vermieter, Herr E. Locator und Frau M. Locator, mit der Wahrnehmung ihrer Interessen beauftragt haben. Eine entsprechende Vollmacht ist in der Anlage beigefügt.

Die Miete für Ihre Wohnung ist seit über einem Jahr unverändert. Um die Miete auf den ortsüblichen Stand anzupassen, steht meinem Mandanten nach dem Gesetz zur Regelung der Miethöhe ein Anspruch auf Zustimmung zu einer Mieterhöhung zu. Diesen Anspruch machen sie hiermit geltend.

Ich habe Sie deshalb aufzufordern, einer Mieterhöhung von bisher ... DM auf ... DM ab (Datum) zuzustimmen. Die übrigen Vereinbarungen des Mietvertrages bleiben unverändert, insbesondere ist weiter eine Nebenkostenvorauszahlung auf die Betriebskosten von ... DM zu zahlen.

Die von Ihnen angemietete Wohnung ist ... qm groß, so daß der bisher gezahlte Quadratmeterpreis ... DM beträgt. Dies entspricht nicht mehr der ortsüblichen Vergleichsmiete, die ... DM pro Quadratmeter ohne Nebenkosten beträgt. Zum Nachweis hierfür beziehen wir uns auf das anliegende Sachverständigengutachten des öffentlich bestellten Sachverständigen für Grundstücks- und Gebäudebewertung Dipl.-Ing. Verschätzmich vom (Datum). Der Sachverständige kommt in seinem Gutachten zu dem Ergebnis, daß die ortsübliche Vergleichsmiete für eine Wohnung der von Ihnen angemieteten Art

9,70 DM pro qm

beträgt.

Auf Grund der gesetzlich vorgesehenen Kappungsgrenze können meine Mandanten in diesem Verfahren die Miete aber nur bis auf 9,60 DM erhöhen.

Namens und im Auftrage meiner Mandanten verlange ich deshalb die Zustimmung zu einer Mieterhöhung auf 9,60 DM.

Ich darf Sie deshalb bitten, Ihre Zustimmungserklärung bis spätestens (Datum) abzugeben. Der Vollständigkeit halber möchte ich Sie darauf hinweisen, daß meine Mandanten nach Ablauf der Frist innerhalb von 2 Monaten Klage auf Zustimmung zu diesem Mieterhöhungsverlangen vor dem Amtsgericht Dortmund erheben können. Ich hoffe aber, daß dies nicht erforderlich sein wird.

Hochachtungsvoll

4. Mieterhöhungsverlangen durch eine Hausverwaltungsgesellschaft mit Mietspiegel begründet

185

Dr. Recht
Rechtsanwalt

Justitiagasse 1
44141 Dortmund

Eheleute
Heinz und Anne Conductor
Habitatioweg 12

44339 Dortmund

Dortmund, den ....

Betr.: Mieterhöhungsverlangen für die von Ihnen gemietete Wohnung

Sehr geehrte Frau Conductor,
sehr geehrter Herr Conductor,

hiermit zeige ich kraft beiliegender Vollmacht an, daß mich die Hausverwaltung Ihres Vermieters, die Hausverwaltung Vicarius mit Ihrer Interessenwahrnehmung beauftragt hat. Die Hausverwaltung ist von Ihrem Vermieter Herrn E. Locator, Vermieterstr. 1 in 44388 Dortmund bevollmächtigt, seine Interessen Ihnen gegenüber im Mieterhöhungsverfahren zu vertreten. Eine Vollmacht Ihres Vermieters den Hausverwalter betreffend und eine Vollmachtsurkunde des Hausverwalters an mich sind in der Anlage beigefügt.

Die Miete für Ihre Wohnung ist seit über einem Jahr unverändert. In der Zwischenzeit hat sich die ortsübliche Vergleichsmiete in Dortmund erhöht. Um die Miete auf diesen ortsüblichen Stand anzupassen, steht Ihrem Vermieter nach dem Gesetz zur Regelung der Miethöhe ein Anspruch auf Zustimmung zu einer Mieterhöhung zu. Diesen Anspruch mache ich hiermit geltend.

Namens und im Auftrag Ihres Vermieters bitte ich Sie deshalb, einer Mieterhöhung von bisher ... DM auf ... DM ab (Datum) zuzustimmen. Die übrigen Vereinbarungen des Mietvertrages bleiben unverändert, insbesondere ist weiter eine Nebenkostenvorauszahlung auf die Betriebskosten von ... DM zu zahlen.

Die von Ihnen angemietete Wohnung ist ... qm groß, so daß der bisher gezahlte Quadratmeterpreis ... DM beträgt. Dies entspricht nicht mehr der ortsüblichen Vergleichsmiete, die ... DM pro Quadratmeter ohne Nebenkosten beträgt. Zum Nachweis hierfür beziehe ich mich auf den Mietspiegel für nicht preisgebundene Wohnungen in Dortmund, Stand 1. Juni 1992. Eine Kopie hiervon habe ich beigefügt.

Dabei ist die von Ihnen angemietete Wohnung in die Mietwerttabelle wie folgt einzugruppieren:

Es ist von der Baualtersklasse 1949 bis 1960 auszugehen. Das Gebäude wurde 1958 errichtet.

Die Wohnung ist in die Ausstattungsklasse III einzuordnen. Ihre Wohnung ist ausgestattet mit Zentralheizung, Bad mit Wanne und WC.

Die Wohnung liegt in einer normalen Wohnlage. Es liegen insofern keine besonderen Vorteile, aber auch keine Nachteile vor. Die Verkehrsanbindung ist ausreichend.

Der vom Mietspiegel vorgesehene Rahmen für vergleichbare Wohnungen beträgt somit 5,40 DM bis 7,50 DM. Die Vergleichsmiete entspricht dabei dem Mittelwert, da keine Umstände vorliegen, die eine Abweichung nach oben oder unten hiervon rechtfertigen. Zu diesem Mittelwert von 6,45 DM/qm ist noch ein Zuschlag von 0,50 DM hinzuzurechnen, da die Wohnung vollständig mit Isolierverglasung ausgestattet ist.

Außerdem war zu berücksichtigen, daß der Dortmunder Mietspiegel Stand 1.6.1992 nur die Grundmiete ohne Nebenkostenanteile für vergleichbare Wohnungen ausweist. Aus Ihrem Mietvertrag ergibt sich aber, daß Sie nur auf einige Nebenkosten Vorauszahlungen leisten, die übrigen gemäß der Anlage 3 zu § 27 II. BerchnungsVO grundsätzlich umlegbaren Betriebskosten sind in der Miete enthalten. Um diesen in der Miete enthaltenen Betriebskostenanteil ist nach der einschlägigen höchstrichterlichen Rechtsprechung der Wert des Mietspiegels wieder zu erhöhen, um eine Vergleichbarkeit der Werte herzustellen.

Folgende Betriebskosten fallen im Jahr im Haus an:

Grundsteuer	1000,– DM
gebündelte Gebäudeversicherung	1400,– DM
Straßenreinigung	600,– DM
Müllabfuhr	500,– DM
Summe:	3500,– DM
3500,– DM : 500 qm =	7,– DM

Betriebskostenanteil in Ihrer Miete: 7,– DM : 12 Monate = 0,58 DM/qm

Die ortsübliche Vergleichsmiete beträgt deshalb 6,95 DM + 0,58 DM = 7,53 DM/qm.

Durch diese Miete wird die Miete bezogen auf die letzten drei Jahre auch nicht um mehr als 30 % erhöht.

Ich darf Sie deshalb bitten, Ihre Zustimmungserklärung bis spätestens (Datum) abzugeben. Der Vollständigkeit halber möchte ich darauf hinweisen, daß Ihr Vermieter nach Ablauf der Frist innerhalb von 2 Monaten Klage auf Zustimmung zu diesem Mieterhöhungsverlangen vor dem Amtsgericht Dortmund erheben kann. Ich hoffe aber, daß dies nicht erforderlich sein wird.

Hochachtungsvoll

5. Zurückweisung des Mieterhöhungsverlangens eines Vertreters 186

Heinz und Anne Conductor Habitatioweg 12
  44339 Dortmund

Rechtsanwalt
Dr. Recht
Justitiagasse 1
44141 Dortmund

  Dortmund, den . . .

Betr.: Ihr Mieterhöhungsverlangen für Herrn E. Conductor

Sehr geehrter Herr Dr. Recht,

Ihr o. g. Mieterhöhungsverlangen, das uns gestern erreichte, weisen wir hiermit ausdrücklich gemäß § 174 BGB zurück, da dem Schreiben eine Vollmacht nicht beigefügt war und wir auch nicht von Herrn Conductor über ihre Vertretungsmacht diesbezüglich anderweitig informiert wurden.

Mit freundlichen Grüßen

187   6. Teilweise Zustimmung des Mieters

Heinz und Anne Conductor   Habitatioweg 12
                                                          44339 Dortmund

Herrn
E. Locator
Vermieterstr. 1
44388 Dortmund

                                                          Dortmund, den ....

Betr.: Ihr Mieterhöhungsverlangen

Sehr geehrter Herr Locator,

auf Ihr o. g. Mieterhöhungsverlangen teilen wir Ihnen mit, daß wir diesem mit Wirkung ab (Datum) auf 7,10 DM zustimmen, im übrigen aber unsere Zustimmung – zumindest z. Z. noch – nicht erteilen können.

Hierzu veranlassen uns folgende Gründe:

Die von Ihnen vorgenommene Eingruppierung in den Mietspiegel kann von uns nicht nachvollzogen werden. Hinsichtlich der Baualtersklasse erscheint uns die von Ihnen vorgenommene Eingruppierung in die „Altersklasse 1961 bis 1966 modernisiert" nicht gerechtfertigt zu sein. Das Gebäude ist nach unseren Informationen bereits in den fünfziger Jahren errichtet worden. Auch eine Modernisierung im Sinne des Mietspiegels erscheint fraglich. Eine umfassende Modernisierung liegt nämlich nur dann vor, wenn nachträglich Bad, Heizung und z. B. neue Fenster, Türen oder Fußböden eingebaut werden, so daß die Wohnungen heutigen Wohnansprüchen genügt. Bei den von Ihnen angesprochenen Umbauarbeiten wurden aber lediglich die vorhandenen Gegenstände durch neuere ersetzt, was letztendlich eine Instandsetzung und keine Modernisierung ist.

Den von Ihnen angeführten Lagevorteilen stehen auch erhebliche Nachteile gegenüber. Der Lärm der Straßenkreuzung ist weit überdurchschnittlich. Die Verkehrsanbindung an die U-Bahn ist schlecht und an den übrigen öffentlichen Personennahverkehr allenfalls durchschnittlich. Von einer aufgelockerten Bebauung kann in unmittelbarer Nachbarschaft auch nicht die Rede sein. Es handelt sich durchgehend um drei- bis viergeschossige Gebäude.

Unseres Erachtens ist deshalb von einer Mietspanne von 5,70 DM bis 8,50 DM auszugehen. Der Mittelwert, von dem abzuweichen auf Grund der konkreten Umstände kein Anlaß besteht, beläuft sich auf 7,10 DM.

Formulierungsvorschläge

Sollten Sie uns gegenüber die von Ihnen vorgenommene Eingruppierung weiter konkretisieren, was insbesondere die Baualtersklasse angeht, werden wir selbstverständlich unsere Entscheidung noch einmal überdenken. Wenn Sie meinen, daß hierfür ein persönliches Gespräch erforderlich oder sinnvoll ist, sehen wir Ihren Terminvorschlägen insofern entgegen.

Mit freundlichen Grüßen

188   7. Zurückweisung eines Mieterhöhungsverlangens durch Mieter

Heinz und Anne Conductor   Habitatioweg 12
                                                            44339 Dortmund
Herrn
E. Locator
Vermieterstr. 1

44388 Dortmund

                                                            Dortmund, den . . . .

Betr.: Ihr Mieterhöhungsverlangen

Sehr geehrter Herr Locator,

auf Ihr o. g. Mieterhöhungsverlangen teilen wir Ihnen mit, daß wir diesem – zumindest z. Z. noch – nicht zustimmen werden.

Hierzu veranlassen uns folgende Gründe:

Die von Ihnen vorgenommene Eingruppierung in den Mietspiegel kann von uns nicht nachvollzogen werden. Hinsichtlich der Baualtersklasse erscheint uns die von Ihnen vorgenommene Eingruppierung in die Altersklasse „1961 bis 1966 modernisiert" nicht gerechtfertigt zu sein. Das Gebäude ist bereits in den fünfziger Jahren errichtet worden.

Den von Ihnen angeführten Lagevorteilen stehen auch erhebliche Nachteile gegenüber. Der Lärm der Straßenkreuzung ist weit überdurchschnittlich. Die Verkehrsanbindung an die U-Bahn schlecht und an den übrigen öffentlichen Personennahverkehr allenfalls durchschnittlich. Von einer aufgelockerten Bebauung kann in unmittelbarer Nachbarschaft auch nicht die Rede sein. Es handelt sich durchgehend um 3 bis 4 geschossige Gebäude.

Unseres Erachtens ist deshalb von einer Mietspanne von 5,00 DM bis 7,50 DM auszugehen. Der Mittelwert, von dem abzuweichen auf Grund der konkreten Umstände kein Anlaß besteht, beläuft sich auf 6,25 DM. Dies entspricht ungefähr der heute von uns gezahlten Quadratmetermiete.

Sollten Sie uns gegenüber die von Ihnen vorgenommene Eingruppierung weiter konkretisieren, was insbesondere die Baualtersklasse angeht, werden wir selbstverständlich unsere Entscheidung noch einmal überdenken. Wenn Sie meinen, daß hierfür ein persönliches Gespräch erforderlich oder sinnvoll ist, sehen wir Ihren Terminvorschlägen insofern entgegen.

Mit freundlichen Grüßen

Formulierungsvorschläge

8. Mieterhöhungsklage 189

An das
Amtsgericht
Zivilprozeßabteilung
Gerichtsstr. 22
44135 Dortmund

Dortmund, den ....

Klage

des Emil Locator, Vermieterstr. 1 in 44388 Dortmund

– Klägers –

Prozeßbevollmächtigter: Rechtsanwalt Dr. Recht aus 44141 Dortmund

gegen

die Eheleute Heinz und Anne Conductor, Habitatioweg 12, 44339 Dortmund

– Beklagte –

wegen: Zustimmung zu einem Mieterhöhungsverlangen

Streitwert: 12 x 86,– DM = 1032,– DM
Gerichtskostenvorschuß: 42,– DM zzgl. 18,– DM Zustellungskosten = 60,– DM

Namens und im Auftrage des Klägers erhebe ich Klage gegen die Beklagten mit folgendem Antrag:

> Die Beklagten werden verurteilt, der Erhöhung der Nettomiete für die Wohnung Habitatioweg 12 in 44339 Dortmund 1. Etage links von bisher monatlich 535,– DM auf 621,– DM netto mit Wirkung ab 1. November 1992 zuzustimmen.

Ich beantrage ferner,

1. den Rechtsstreit zur Feriensache zu erklären;
2. soweit das Gericht das Verfahren nach § 495a ZPO betreiben will, die Durchführung einer mündlichen Verhandlung;
3. soweit das Gericht ein schriftliches Vorverfahren anordnet und die Beklagten ihre Verteidigungsbereitschaft nicht rechtzeitig anzeigen oder den Klageanspruch anerkennen sollten, den Erlaß eines Versäumnis- bzw. Anerkenntnisurteils.

Begründung

Der Kläger ist Vermieter der von den Beklagten innegehaltenen 86 qm großen Wohnung

> **Beweis:** in der Anlage überreichte Kopie des Mietvertrages

Der Mietzins beträgt z. Z. 535,– DM (= 6,22 DM/qm). Außerdem sind von den Beklagten noch Betriebskostenvorauszahlungen für folgende Nebenkosten zu zahlen:

Heizung, Wasser, Entwässerung, Flurlicht und Haftpflichtversicherung

> **Beweis:** a) wie oben
> b) Mieterhöhungsverlangen vom 13. 4. 1989
> und Zustimmungserklärung der Beklagten vom 20. 5. 1989

Der Mietzins ist seit mehr als einem Jahr, nämlich seit der letzten Erhöhung im Jahre 1989 unverändert.

Mit Schreiben vom 20. 8. 1992, den Beklagten zugegangen am 24. 8. 1992, bat der Kläger die Beklagten um Zustimmung zu einer Mieterhöhung auf 621,– DM (= 7,22 DM/qm).

> **Beweis:** In der Anlage überreichte Kopie des Erhöhungsverlangens vom 20. 8. 1992

Der Kläger hat dieses Mieterhöhungsverlangen unter Bezugnahme auf den Mietspiegel für die Stadt Dortmund Stand 1. 6. 1992 begründet. Er hat die Wohnung dabei wie folgt eingruppiert:

Baualtersklasse: 1949–1960 modernisiert
Lageklasse: gute Wohnlage
Ausstattungsklasse: III

Demnach ist ein Mietzins von 5,30 DM bis 8,30 DM ortsüblich. Der Kläger verlangt eine Zustimmung zu einer Erhöhung auf 7,22 DM. Diese Miete ist für die von den Beklagten angemietete Wohnung ortsüblich.

> **Beweis:** a) Mietspiegel für Stadt Dortmund als Beweismittel
> b) Sachverständigengutachten

Dabei sind folgende Gesichtspunkte maßgeblich:

1. Baualter

Das Haus wurde 1950 erbaut. 1981 wurde eine umfassende Modernisierung durchgeführt. Dabei wurden folgende Arbeiten durchgeführt:

(genaue Angaben zur Modernisierung)

Formulierungsvorschläge 125

Beweis: a) Sachverständigengutachten
 b) richterliche Inaugenscheinnahme
 c) Zeugnis des ...

2. Ausstattungsklasse:

Es liegen folgende Ausstattungsmerkmale, die der Mietspiegel ausdrücklich aufführt vor:

(genaue Angaben zur Ausstattung)

Beweis: a) Sachverständigengutachten
 b) richterliche Inaugenscheinnahme
 c) Zeugnis des ...

Ferner ist bei der Ausstattung noch zu berücksichtigen, daß die Wohnung

(weitere Ausstattungsmerkmale)

Beweis: a) Sachverständigengutachten
 b) richterliche Inaugenscheinnahme
 c) Zeugnis des ...

3. Lageklasse:

Die Wohnung liegt im 1. Obergeschoß. Sie ist nach Süden ausgerichtet.

Der Habitatioweg ist eine ruhige Stichstraße ohne Verkehrslärm. Die Bebauung ist teilweise aufgelockert. Neben einigen dreigeschossigen Häusern gibt es auch Reihenhäuser. Die nächste U-Bahn-Station ist nur wenige Gehminuten entfernt.

Folgende öffentliche Einrichtungen befinden sich in der Nähe

(nähere Ausführungen zu den Einrichtungen)

Die Einkaufsmöglichkeiten stellen sich für den täglichen Bedarf und für den übrigen Einkauf wie folgt dar:

Beweis für Lage:
 a) Sachverständigengutachten
 b) richterliche Inaugenscheinnahme
 c) Zeugnis der ...

Nach dem Mietspiegel ist deshalb eine Miete von 5,30 DM bis 8,30 DM ortsüblich. Der Vergleichsmietzins war hier etwas über dem Mittelwert anzusiedeln. Dafür spricht die Lage, die schon fast eine Eingruppierung in eine sehr gute Wohnlage gerechtfertigt hätte. Ferner war zu berücksichtigen, daß es sich um eine Teilinklusivmiete handelt, so daß in der Miete noch Nebenkosten enthalten sind, die der Kläger nicht zusätzlich erhält. Es handelt sich dabei um folgende Kosten:

Grundsteuer	1000,– DM
Feuerversicherung	1400,– DM
Straßenreinigung	600,– DM
Müllabfuhr	500,– DM
Summe:	3500,– DM

3500,– DM : 500 qm = 7,– DM/qm

Betriebskostenanteil in der Miete:
7,– DM/qm : 12 Monate   0,58 DM/qm

Da die Beklagten innerhalb der Zustimmungsfrist weder ihre Zustimmung zur Mieterhöhung erklärt haben noch durch Zahlung des Verlangens anerkannt haben, mußte der Kläger innerhalb der Klagefrist des § 2 MHRG den Anspruch auf Zustimmung einklagen.

9. Klageerwiderung des Prozeßbevollmächtigten des Mieters 190

An das
Amtsgericht
Zivilprozeßabteilung
Gerichtsstr. 22
44135 Dortmund

Dortmund, den ....

In Sachen

Locator gegen Conductor,

Az: 1 C 007/92

zeige ich an, die Beklagten zu vertreten.

Die Beklagten wollen sich gegen die Klage verteidigen.

Ich beantrage,
    Termin auch im Verfahren nach § 495a ZPO anzuberaumen

In diesem Termin werde ich beantragen,
    die Klage abzuweisen.

Begründung:

Die Beklagten sind nicht verpflichtet, der vom Kläger begehrten Mieterhöhung zuzustimmen. Es liegen weder die formalen noch materiellen Voraussetzungen für den geltend gemachten Anspruch vor.

1. Formale Voraussetzungen

Es liegt kein ordnungsgemäßes Mieterhöhungsverlangen vor.

Das Schreiben war nicht unterschrieben.

    Beweis: in der Anlage überreichte Kopie des den Beklagten zugegangenen Mieterhöhungsverlangens.
                  Das Original wird im Termin vorgelegt.

Das Schreiben ist auch nicht mit einer automatischen Einrichtung gefertigt, da es auf einem Formular ausgefertigt wurde.

Soweit sich unten auf dem Formular ein irgendwie geartetes Handzeichen befindet, ist dies nicht als Unterschrift im Sinne des Gesetzes zu verstehen, da keine einzelnen Buchstaben erkennbar sind.

Sollte dieses Handzeichen von dem im Briefkopf aufgeführten Sachbearbeiter stammen, so ist das Mieterhöhungsverlangen auch deshalb unwirksam, weil dieser weder vertretungsberechtigter Geschäftsführer der Hausverwaltungs-GmbH noch Prokurist ist. Zwar hat dem Schreiben eine Vollmacht des Klägers für die Hausverwaltungs-GmbH beigelegen, eine Untervollmacht für den Sachbearbeiter lag dem Schreiben aber nicht bei. Dies haben wir unverzüglich mit Schreiben vom 26. 8. 1992 gerügt und das Begehren zurückgewiesen.

Beweis: In der Anlage überreichte Kopie des Schreibens vom 26. 8. 1992

Soweit dann später einmal eine Vollmacht nachgeschickt wurde, ist dies unbeachtlich, da nach Zurückweisung das gesamte Mieterhöhungsverlangen als einseitiges Rechtsgeschäft wiederholt werden muß. Auch die Klageerhebung bedeutet keine wirksame Nachholung.

Das Schreiben ist auch deshalb unwirksam, weil der Kläger in ihm weitere Änderungen des Mietvertrages ankündigt und deshalb für uns der Eindruck entstand, daß zwischen den angekündigten weiteren Vertragsänderungen und unserer Zustimmung bzw. Nichterteilung der Zustimmung ein Zusammenhang besteht.

2. Materielle Voraussetzungen

Es wird bestritten, daß die vom Kläger begehrte Miete der ortsüblichen Vergleichsmiete für Dortmund entspricht.

Die vom Kläger vorgenommene Einstufung in den Mietspiegel ist in folgenden Punkten nicht richtig:

Baualtersklasse: nur 1949 – 1960
Lageklasse: nur normale Wohnlage
Ausstattungsklasse: III in Ordnung

Eine Modernisierung hat nicht stattgefunden. Es mag eine Instandsetzung gewesen sein, die der Kläger hat durchführen lassen. Die in der Klage angegebenen Arbeiten werden bestritten.

Die Angaben zur Wohnlage sind in folgenden Punkten falsch:

Beweis: a) richterlicher Inaugenscheinnahme
b) Sachverständigengutachten

Ferner liegen aber noch folgende negative Lagemerkmale vor, die der Kläger nicht aufgeführt hat:

Beweis: a) richterliche Inaugenscheinnahme
b) Sachverständigengutachten

Für vergleichbare Wohnungen wird ein Mietzins gezahlt, der die von uns gezahlte Miete nicht übersteigt. Dies ergibt sich selbst nach der Eingruppierung des Klägers, die bestritten wird. Aus dem Mietspiegel ergibt sich, daß auch Wohnungen für 5,30 DM in den letzten drei Jahren vermietet wurden. Da die Wohnung der Beklagten hier im unteren Drittel einzuordnen wäre, ist die Vergleichsmiete nicht höher, zumindest nur äußerst gering, was eine Mieterhöhung ebenfalls nicht rechtfertigen würde.

Soweit der Kläger Nebenkosten anspricht, werden diese zulässigerweise mit Nichtwissen bestritten.

191 10. Staffelmietvereinbarung[322]

Die Nettomiete beträgt ab 1. 12. 1992 monatlich   898,44 DM

Die Parteien sind sich darüber einig, daß sich dieser Betrag in Zukunft zu folgenden Zeitpunkten auf folgende Beträge erhöht

ab 1. 12. 1993	934,37 DM	ab 1. 12. 1997	1093,08 DM
ab 1. 12. 1994	971,75 DM	ab 1. 12. 1998	1136,80 DM
ab 1. 12. 1995	1010,61 DM	ab 1. 12. 1999	1182,28 DM
ab 1. 12. 1996	1051,04 DM	ab 1. 12. 2000	1229,57 DM

Bis zum 1. 12. 2001 sind Mieterhöhungen gemäß §§ 2, 3 und 5 MHRG ausgeschlossen.

Das Mietverhältnis kann vom Mieter frühestens zum 1. 12. 1996 gekündigt werden.

192 11. Erläuterungen zur Staffelmietvereinbarung

Eine Staffelmietvereinbarung ist für einen Zeitraum **bis zu 10 Jahren** zulässig. Die Zeitabstände müssen nicht gleich sein, sie müssen aber jeweils **mindestens ein Jahr betragen**. Die Vereinbarung muß schriftlich erfolgen.

Die **Erhöhungsbeträge müssen betragsmäßig** ausgewiesen werden. Die Angabe des Anfangsmietzinses und eines jährlichen Steigerungsbetrages genügte bisher schon nach der Rechtsprechung nicht[323]. Nach der Neufassung des Gesetzes muß der jeweilige Mitzins oder die Erhöhung betragsmäßig angegeben sein. Jeder Vertragspartner kann dann durch einfach Addition des Ausgangsmietzinses mit den Erhöhungsbeträgen die jeweilige Miethöhe berechnen. Prozentuale Erhöhungen sind aber weiterhin unwirksam.

Durch die Vereinbarung einer Staffelmiete sind kraft Gesetzes die Mieterhöhungen gemäß §§ 2, 3 und 5 MHRG ausgeschlossen. Möglich ist nur eine Erhöhung der Miete wegen Betriebskostensteigerungen gemäß § 4 MHRG. Es entspricht allgemeiner Meinung, daß auf eine Staffelmietvereinbarung gemäß § 10 MHRG die **Kappungsgrenze** des § 2 Abs. 2 Nr. 3 MHRG **nicht anwendbar** ist[324]. Es gelten nur die Grenzen des § 5 WiStG bzw. § 302a StGB.

---

322 Wenn die Staffelmietvereinbarung in der Wohnung des Mieters abgeschlossen wurde, dann ist strittig, ob das HWiG (siehe Rdn. 556) anwendbar ist. Es sollte dann vorsorglich eine Belehrung über das Rücktrittsrecht entsprechend dem Formulierungsvorschlag in Rdn. 194 erfolgen.
323 OLG Braunschweig WuM 1985, 213 = NJW-RR 1986, 91 und OLG Karlsruhe WuM 1990, 9.
324 LG Berlin MM 1991, 227 = Grundeigentum 1991, 727.

Möglich ist in der Staffelmietvereinbarung auch eine Vereinbarung über eine Mindestmietzeit. Diese darf nach dem Gesetz für den Mieter aber nicht mehr als 4 Jahre betragen. Dabei ist die Kündigung bereits zum Ablauf der vierjährigen Mietzeit und nicht erst im Anschluß daran zulässig[325].

Eine Staffelmietvereinbarung ist auch im preisgebundenen Wohnungsbau möglich. Dabei ist jedoch darauf zu achten, daß die höchste Staffel die bei Vertragsschluß maßgebliche Kostenmiete nicht übersteigt.[326]

---

325 OLG Hamm NJW-RR 1989, 1288.
326 So das OLG Hamm im negativen Rechtsentscheid vom 29. 1. 1993 30 REMiet 2/92 = DWW 1993, 78.

193 12. Mieterhöhungsvereinbarung mit Belehrung nach dem HWiG

Mietabänderungsvereinbarung
zwischen
Emil Locator, Vermieterstr. 1 in 44388 Dortmund

– Vermieter –

und

den Eheleuten Heinz und Anne Conductor, Habitatioweg 12, 44339 Dortmund

– Mieter –

Die Parteien vereinbaren hinsichtlich des Mietvertrages vom ... für die von den Mietern vom Vermieter im Hause Habitatioweg 12 in 44339 Dortmund angemietete Wohnung folgendes:

> Die Parteien sind sich darüber einig, daß der gemäß § 3 des Mietvertrages zu zahlende Mietzins ab 1. 8. 1993 auf 675,– DM beträgt. Die übrigen Vereinbarungen des Mietvertrages bleiben davon unberührt, insbesondere werden neben dem Betrag von 675,– DM weiter die Nebenkostenvorauszahlungen für die im Mietvertrag aufgeführten Betriebskosten gezahlt.
>
> Die Parteien sind sich darüber einig, daß diese Miete bis 30. 6. 1995 nicht angehoben werden wird, ausgenommen Mieterhöhungen wegen Modernisierung gemäß § 3 MHRG.

Die Vereinbarung wurde in der Wohnung der Mieter getroffen.

Dortmund den 1. 6. 1993

Unterschrift aller Mieter und Vermieter

....

194 Belehrung:

> Die Mieter können ihre Zustimmung zu dieser Vereinbarung widerrufen. Der Widerruf muß schriftlich innerhalb einer Frist von 1 Woche erfolgen. Die Frist beginnt mit Aushändigung dieser Belehrung[326a]. Zur Wahrung der Frist genügt die rechtzeitige Absendung. Der Widerruf ist an Emil Locator, Vermieterstr. 1 in 44388 Dortmund zu richten.

Dortmund, den 1. 6. 1993

Unterschrift aller Mieter

....

326a Die Belehrung über den Widerruf der auf den Vertragsschluß gerichteten Willenserklärung muß auch eine Belehrung über den Beginn der Widerrufsfrist enthalten, BGH NJW 1993, 1013 = DB 1993, 629 = BB 1993, 526 = ZAP EN-Nr. 339/93.

II. Tabellen

1. Zustimmungsfristen und Wirkungszeitpunkte eines Mieterhöhungsverlangens gemäß § 2 MHRG: 195

Frist innerhalb derer der Brief mit dem Mieterhöhungsverlangen dem oder den Mietern zugegangen ist		bis zu diesem Termin kann der Mieter überlegen, ob er die Zustimmung erteilt	bis zu dieser Frist muß der Vermieter bei fehlender Zustimmung Klage eingereicht haben	ab diesem Termin hat der Mieter nach erteilter Zustimmung die erhöhte Miete zu zahlen
von	bis			
1	2	3	4	5
1. Januar	31. Januar	31. März	31. Mai	1. April
1. Februar	28. Februar	30. April	30. Juni	1. Mai
1. März	31. März	31. Mai	31. Juli	1. Juni
1. April	30. April	30. Juni	31. August	1. Juli
1. Mai	31. Mai	31. Juli	30. September	1. August
1. Juni	30. Juni	31. August	31. Oktober	1. September
1. Juli	31. Juli	30. September	30. November	1. Oktober
1. August	31. August	31. Oktober	31. Dezember	1. November
1. September	30. September	30. November	31. Januar	1. Dezember
1. Oktober	31. Oktober	31. Dezember	28. Februar	1. Januar
1. November	30. November	31. Januar	31. März	1. Februar
1. Dezember	31. Dezember	28. Februar	30. April	1. März

196 Erläuterungen zur Fristentabelle

Spalte 1/2: Zugang bedeutet, daß das Schreiben so in den Machtbereich des oder Mieter gelangt ist, daß nach dem gewöhnlichen Lauf der Dinge mit einer Kenntnisnahme zu rechnen ist. In der Regel also dann, wenn der Mieter die Post aus seinem Briefkasten normalerweise entnimmt[327], bei persönlicher Übergabe im Augenblick der Übergabe. Ist das Schreiben an mehrere Mieter gerichtet, dann gilt der Zeitpunkt zu dem der letzte Adressat = Mieter Möglichkeit zur Kenntnisnahme hatte, es sei denn, es lag wirksame Bevollmächtigung vor.

Spalte 3: Ist der letzte Tag ein Samstag, Sonntag oder Feiertag, so endet die Zustimmungsfrist erst am nächsten Werktag. Fällt der erste Tag der Frist auf einen Samstag, dann zählt dieser Tag voll mit. Der Samstag ist ein Werktag[328].
Der Mieter kann auch noch während der Klagefrist (Spalte 4) zustimmen, er trägt dann nur das Risiko, daß der Vermieter bereits Mieterhöhungsklage erhoben hat, wodurch dann in der Regel vom Mieter zu tragende Kosten entstanden sind.

Spalte 4: Eine vor Ablauf der Überlegungsfrist (Spalte 3) erhobene Zustimmungsklage ist unzulässig.

Es handelt sich um eine Ausschlußfrist, d. h. nach ihrem Ablauf wird fingiert, daß der Vermieter die Mieterhöhung nicht weiterverfolgt. Der Mieter kann deshalb auch nicht mehr zustimmen. Die Frist wird gewahrt, wenn der Vermieter innerhalb der Frist die auf Zustimmung zur Mieterhöhung gerichtete Klage bei Gericht einreicht und alles tut, damit die Klage alsbald zugestellt wird. Er muß insbesondere unverzüglich den Gerichtskostenvorschuß einzahlen.

---

327 Bei einem Einwurf nach 17.00 Uhr ist das Schreiben erst am nächsten Tag zugegangen; siehe hierzu unten Rdn. 462.
328 AG Gelsenkirchen-Buer, Urt. v. 21. 5. 1986 – 9 C 431/86; LG Wuppertal WuM 1993, 450.

2. Kosten einer Klage auf Zustimmung zu einer Mieterhöhung 197

monatliche Miet-erhöhung	Streitwert	Gerichts-gebühr	Anwalts-gebühr	Prozeß-risiko ohne Beweis-aufnahme	Prozeßrisiko mit Beweis-aufnahme (ohne SV-Geb.)
1	2	3	4	5	6
bis 20,– DM	240,– DM	15,– DM	40,– DM	274,60 DM	380,40 DM
bis 30,– DM	360,– DM	24,– DM	55,– DM	380,95 DM	526,43 DM
bis 40,– DM	480,– DM	24,– DM	55,– DM	380,95 DM	526,43 DM
bis 50,– DM	600,– DM	24,– DM	55,– DM	380,95 DM	526,43 DM
bis 60,– DM	720,– DM	33,– DM	70,– DM	487,30 DM	672,45 DM
bis 70,– DM	840,– DM	33,– DM	70,– DM	487,30 DM	672,45 DM
bis 80,– DM	960,– DM	42,– DM	85,– DM	593,65 DM	818,48 DM
bis 90,– DM	1080,– DM	42,– DM	85,– DM	593,65 DM	818,48 DM
bis 100,– DM	1200,– DM	42,– DM	85,– DM	593,65 DM	818,48 DM
bis 110,– DM	1320,– DM	51,– DM	100,– DM	700,00 DM	953,00 DM
bis 120,– DM	1440,– DM	51,– DM	100,– DM	700,00 DM	953,00 DM
bis 130,– DM	1560,– DM	60,– DM	115,– DM	806,35 DM	1083,50 DM
bis 140,– DM	1680,– DM	60,– DM	115,– DM	806,35 DM	1083,50 DM
bis 150,– DM	1800,– DM	60,– DM	115,– DM	806,35 DM	1083,50 DM
bis 160,– DM	1920,– DM	69,– DM	130,– DM	912,70 DM	1214,00 DM
bis 170,– DM	2040,– DM	69,– DM	130,– DM	912,70 DM	1214,00 DM
bis 180,– DM	2160,– DM	78,– DM	145,– DM	1011,00 DM	1344,50 DM
bis 190,– DM	2280,– DM	78,– DM	145,– DM	1011,00 DM	1344,50 DM
bis 200,– DM	2400,– DM	78,– DM	145,– DM	1011,00 DM	1344,50 DM
bis 210,– DM	2520,– DM	87,– DM	160,– DM	1107,00 DM	1475,00 DM
bis 220,– DM	2640,– DM	87,– DM	160,– DM	1107,00 DM	1475,00 DM
bis 230,– DM	2760,– DM	96,– DM	175,– DM	1203,00 DM	1605,50 DM
bis 240,– DM	2880,– DM	96,– DM	175,– DM	1203,00 DM	1605,50 DM
bis 250,– DM	3000,– DM	96,– DM	175,– DM	1819,70 DM	1605,50 DM

198 Erläuterungen zur Kostentabelle

Spalte 1: Die für die gesamte Wohnung sich ergebende Mieterhöhung nach Zustimmung des Mieters.

Spalte 2: Der Wert nach dem sich die Anwalts- und Gerichtskosten berechnen. Es handelt sich um den Jahresbetrag gem. Spalte 1.

Spalte 3: Dieser Betrag zzgl. Zustellungskosten, die z. Z. 9,– DM pro Beklagtem = Mieter betragen, muß bei Klageerhebung als Vorschuß vom Kläger = Vermieter eingezahlt werden.

Spalte 4: Dies ist eine $10/10$ Anwaltsgebühr.

Spalte 5: Diese Kosten muß die unterlegene Partei zahlen, wenn der Klage in vollem Umfang stattgegeben oder die Klage vollständig abgewiesen wird ohne daß eine Beweisaufnahme stattgefunden hat. Der Betrag kann sich durch Kopie- oder Fahrtkosten erhöhen. Außerdem erhöhen sich die Anwaltsgebühren, wenn ein Anwalt mehrere Auftraggeber vertritt, z. B. bei Eheleuten.

Spalte 6: Diese Kosten muß die unterlegene Partei zahlen, wenn der Klage in vollem Umfang stattgegeben oder die Klage vollständig abgewiesen wird wenn zuvor eine Beweisaufnahme stattgefunden hat. Der Betrag kann sich durch Kopie- oder Fahrtkosten erhöhen. Außerdem erhöhen sich die Anwaltsgebühren, wenn ein Anwalt mehrere Auftraggeber vertritt, z. B. bei Eheleuten.

Hinzuzurechnen sind noch die Kosten, die durch die Beweisaufnahme selbst, also z. B. das Sachverständigengutachten oder die richterliche Inaugenscheinnahme verursacht wurden. Ein Gutachten kann u. U. ca. 1500,– DM und mehr kosten. Beim Ortstermin entstehen in der Regel nur Fahrtkosten.

III. Entscheidungslexikon

1. Rechtsentscheide in Mietsachen zu Fragen der Mieterhöhung

Im Mietrecht existiert, anders als in allen anderen Rechtsgebieten, seit einigen Jahren ein Verfahren, das für bestimmte Streitpunkte zu über den Einzelfall hinaus bindenden Entscheidungen führt, nämlich das *Rechtsentscheidverfahren*[329]. Vereinfacht ausgedrückt: Immer dann, wenn eine Berufungskammer des LG in einem Rechtsstreit einer Rechtsfrage grundsätzliche Bedeutung beimißt oder von einem bereits ergangenen Rechtsentscheid eines OLG abweichen will, muß es eine genau formulierte Frage dem übergeordneten OLG vorlegen. Dies beantwortet die Frage dann bindend oder holt unter weiteren Voraussetzungen eine Antwort des BGH ein. Diese Antworten sind zunächst einmal für alle Berufungsverfahren bindend. Die *Amtsgerichte* sind bei ihren Entscheidungen in Wohnraummietsachen *unmittelbar nicht* an die Rechtsentscheide gebunden[330]. Jedoch kann die unterlegene Partei gegen eine Entscheidung des Amtsgerichts unabhängig vom jeweiligen Streitwert immer dann Berufung einlegen, wenn das Amtsgericht in seinem Urteil von einem Rechtsentscheid – oder einer anderen obergerichtlichen Entscheidung – abgewichen ist und das Urteil auf dieser Abweichung beruht[331].

199

Schließlich besteht unter bestimmten Voraussetzungen für die unterlegene Partei des Berufungsverfahrens sogar die Möglichkeit, erfolgreich eine Verfassungsbeschwerde einzulegen, wenn eine Berufungskammer gerade keinen Rechtsentscheid eingeholt hat. Das BVerfG[332] hat mehrfach entschieden, daß ein Gericht, das seiner Vorlagepflicht nicht nachkommt, willkürlich und damit verfassungswidrig handelt. Den Parteien wird damit der gesetzliche Richter gemäß Art. 101 Abs. 1 GG entzogen. Also immer dann, wenn das LG bei der Entscheidung einer Rechtsfrage, die sich aus einem Mietverhältnis über Wohnraum ergibt oder die den Bestand eines solchen Mietverhältnisses betrifft, von einer Entscheidung des BGH oder eines OLG abweichen will, muß es gemäß § 541 Abs. 1 Satz 1 ZPO die Rechtsfrage vorlegen. Verfassungswidrig wird die unterbliebene Vorlage dann, wenn sich die Vorlagepflicht dem LG aufdrängen mußte[333]. Das ist insbesondere dann der Fall, wenn die Parteien in ihren Schriftsätzen auf die abweichenden Rechtsentscheide ausdrücklich hingewiesen haben[334]. Hat das LG nur unsorgfältig

200

---

329 Geregelt in den §§ 541 ff. ZPO.
330 Für eine Vorlage im Rechtsentscheidverfahren unmittelbar durch die Amtsgerichte spricht sich Stellwaag ZRP 91, 204 aus; abl. Anm. hierzu Börstinghaus ZRP 92, 191.
331 Wegen der Notwendigkeit, diese Voraussetzungen innerhalb der kurzen Berufungsfrist zu ermitteln, haben die „neuen Medien" im Mietrecht u. a. eine so große Bedeutung; hierzu z. B.: Börstinghaus WuM 1992, 167 sowie ZAP F. 23, S. 127.
332 BVerfGE 13, 132 (143); 42, 237 (241); 67, 90 (95); 76, 93 (96); 79, 292 (301).
333 BVerfG DWW 1993, 38 = NJW 1993, 381; mit Anm. Börstinghaus ZAP F. 4 R, S. 83.
334 BVerfGE 76, 93; BVerfG DWW 1993, 38 = NJW 1993, 381; mit Anm. Börstinghaus ZAP F. 4 R, S. 83.

gearbeitet und mußte sich aus dem Verfahrensablauf und dem Vortrag der Parteien die Vorlagepflicht nicht augenfällig ergeben, dann liegt schlicht eine einfache Rechtsverletzung vor, die die Entscheidung nicht verfassungswidrig werden läßt[335].

201 Für den Anwalt bedeutet dies auch unter dem Gesichtspunkt des *„sichersten Weges"* eine *haftungsrechtliche Verpflichtung* zur Feststellung, inwieweit zu der zu entscheidenden Rechtsfrage Rechtsentscheide existieren und zum entsprechenden vollständigen Sachvortrag diesbezüglich. Die gegen eine solche letztinstanzliche Enscheidung des LGs eingelegte Verfassungsbeschwerde ist aber nur zulässig, wenn der Beschwerdeführer in seiner Antragsschrift den Verstoß gegen eine Verfassungsvorschrift (hier vor allem Art. 101 Abs. 1 Satz 2 GG und ggf. auch Art. 3 GG) gemäß § 23 Abs. 1 Satz 2 BVerfGG substantiiert vorträgt. Hierzu zählt bei der Rüge der fehlerhaft unterbliebenen Vorlage im Rechtsentscheidverfahren[336]:

- eine Schilderung des Inhalts des Rechtsentscheids von dem die Berufungsentscheidung abgewichen ist;

- Ausführungen dazu, inwiefern dieser Rechtsentscheid für den konkreten Fall einschlägig ist;

- Darlegungen dazu, daß sich vor diesem Hintergrund die Vorlage zu einem Rechtsentscheid so aufgedrängt habe, daß ihre Unterlassung willkürlich sei.

202 Die Kenntnis der Rechtsentscheide ist deshalb für Mieterhöhungsverfahren in allen Instanzen von großer Bedeutung. Deshalb nachfolgend eine Sammlung von Rechtsentscheiden, die zu Fragen im Zusammenhang mit Mieterhöhungen ergangen sind. Die entscheidungserheblichen Probleme sind nach Stichworten alphabetisch geordnet:

203 **Betriebskostenerhöhung/Ausschluß**

Ist im Mietvertrag als Mietzins vorbehaltlos ein Bruttobetrag vereinbart, durch den die nicht bezifferten Nebenkosten pauschal mit abgegolten sein sollen, so ist hierin im Zweifel eine Vereinbarung zu sehen, durch die das Recht des Vermieters, wegen gestiegener Nebenkosten eine Mietzinserhöhung nach § 4 MHRG vorzunehmen, ausgeschlossen ist (§ 1 S. 3 MHRG).
OLG Zweibrücken v. 21.4.1981 – 3 W 29/81 (OLGZ 1981, 347 = NJW 1981, 1622 = WuM 1981, 153 = ZMR 1982, 116 = DWW 1982, 121)

---

335 So ausdrücklich BVerfG DWW 1993, 38; ZAP F. 4 R, S. 83 mit Anmerkung und Hinweisen für die anwaltliche Praxis von Börstinghaus.
336 Grundlegend hierzu BVerfGE 79, 292 (301) = NJW 1989, 970 = WuM 1989, 114 = DB 1989, 570 = DWW 1989, 46 = MDR 1989, 516; insofern von Sternel ZAP F. 4 R, S. 1 nicht näher besprochen.

Betriebskostenerhöhung/Grundsteuer 204

Bei einem Mietverhältnis über nicht preisgebundenen Wohnraum kann der Vermieter nach dem Wegfall der Grundsteuervergünstigung für das Wohngrundstück die von ihm geschuldete höhere Grundsteuer als Erhöhung der Betriebskosten anteilig auf die Mieter umlegen, wenn er nach dem Inhalt des Mietvertrages neben dem Mietpreis den Ersatz von Betriebskosten gesondert fordern kann und der Wegfall der Grundsteuervergünstigung zur Erhöhung der gesamten Betriebskosten geführt hat.

OLG Karlsruhe v. 4. 11. 1980 – 10 W 47/80 (R) (NJW 1981, 1051 = WuM 1981, 56 = ZMR 1981, 59)

Disagio/Kapitalkostenerhöhung 205

Wird anläßlich einer Zinsänderung statt eines variablen ein fester Zinssatz i. V. mit einem Disagio vereinbart, so kann das Disagio in entsprechender Anwendung des § 5 MHRG anteilig auf den Mieter umgelegt werden.

OLG Stuttgart v. 26. 4. 1984 – 8 REMiet 1/83 (NJW 1984, 1903 = WuM 1984, 191 = ZMR 1984, 314 = MDR 1984, 759)

Erschließungskosten/Modernisierung 206

Wird der Grundstückseigentümer als Vermieter nach Erstellung eines ihm gehörenden Wohnhauses und nach mietvertraglicher Aufnahme von Mietern aufgrund öffentlich-rechtlicher Vorschriften zur Entrichtung von Beiträgen zum gemeindlichen Erschließungsaufwand für den nachträglich erfolgten Straßenausbau herangezogen, dann kann er diese Kosten nicht als Kosten „anderer baulicher Änderungen aufgrund von Umständen, die er nicht zu vertreten hat" i. S. des § 3 Abs. 1 S. 1 letzte Alternative MHRG auf die Mieter umlegen.

OLG Hamm v. 30. 5. 1983 – 4 REMiet 2/83 (NJW 1983, 2331 = WuM 1983, 287 = ZMR 1983, 416 = MDR 1983, 843)

Finanzierungskosten/Modernisierung 207

Kapitalbeschaffungskosten, die bei der Finanzierung von Wertverbesserungsmaßnahmen angefallen sind, sind nicht nach § 3 Abs. 1 MHRG umlagefähig.

OLG Hamburg v. 14. 5. 1981 – 4 U 203/80 (NJW 1981, 2820 = WuM 1981, 152 = ZMR 1981, 245 = DWW 1982, 123)

Gemeinnützigkeit/Mietspiegel 208

Auch die gemeinnützigen Wohnungsunternehmen dürfen sich für die Darlegung der ortsüblichen Vergleichsmiete auf Mietpreisspiegel beziehen, in die die Mieten der gemeinnützigen Unternehmen nicht eingegangen sind.

OLG Frankfurt v. 3. 3. 1982 – 20 REMiet 1/82 (NJW 1982, 1822 = WuM 1982, 128 = ZMR 1982, 342 = MDR 1982, 672)

209 Gewerbliche Nutzung/Zuschlag

Enthält ein Mietvertrag über Wohnraum eine Vereinbarung, wonach bei Nutzung zu anderen als Wohnzwecken ein vom Vermieter festzusetzender Zuschlag zu zahlen sei, so ist bei einer andersartigen Nutzung die Vereinbarung nicht aufgrund des § 10 Abs. 1 MHRG unwirksam, und eine Erhöhung des Zuschlags muß nicht auf dem Wege des § 2 MHRG erwirkt werden.

BayObLG v. 25. 3. 1986 – RE-Miet 4/85 (NJW-RR 1986, 892 = ZMR 1986, 193 = MDR 1986, 676 = DWW 1986, 149 = WuM 1986, 205)

210 Instandsetzungskosten/ersparte

Die Mieterhöhung nach § 3 MHRG ist auf der Grundlage der aus Anlaß der Modernisierung insgesamt für die Wohnung aufgewendeten Kosten zu berechnen, wobei gegebenenfalls tatsächlich ersparte Instandsetzungskosten abzuziehen sind (Anschluß an den Rechtsentscheid des OLG Celle v. 16. 3. 1981 – 2 UH 1/80, vgl. Rdn. 213).

OLG Hamburg v. 6. 10. 1982 – 4 U 133/82 (WuM 1983, 13 = MDR 1983, 133 = DWW 1982, 362)

211 Instandsetzungskosten/zukünftige

Die Kosten künftig ersparter Instandsetzungsmaßnahmen sind bei der Berechnung des Mietzinserhöhungsanspruchs nicht abzuziehen (Anschluß an den Rechtsentscheid des OLG Celle v. 16. 3. 1981, sowie an den Rechtsentscheid des OLG Hamm v. 27. 4. 1981, vgl. Rdn. 212, 213).

OLG Hamburg v. 6. 10. 1982 – 4 U 133/82 (WuM 1983, 13 = MDR 1983, 133 = DWW 1982, 362)

212 Instandsetzungskosten/zukünftige

Von den Gesamtmodernisierungskosten, die der Vermieter der Berechnung der Mieterhöhung nach § 3 Abs. 1 MHRG zugrundelegen darf, sind nicht vorab diejenigen (fiktiven) Kosten abzuziehen, die der Vermieter ohne die Modernisierung in Zukunft für die ihm obliegenden Instandhaltung/Instandsetzung des alten Zustandes voraussichtlich hätte aufwenden und im Verhältnis zum Mieter allein tragen müssen.

OLG Hamm v. 27. 4. 1981 – 4 REMiet 2/81 (NJW 1981, 1622 = WuM 1981, 129 = ZMR 1981, 216 = MDR 1981, 671 = DWW 1981, 126)

213 Instandsetzungskosten/Isolierfenster

Ersetzt der Vermieter herkömmliche Fenster und Türen durch isolierverglaste Bauteile, so sind bei der Mieterhöhung nach § 3 MHRG die Kosten beim Austausch fällig gewesener Instandsetzungen von den Gesamtkosten abzuziehen. Zukünftige Ersparnisse und anderweitige Vorteile des Vermieters werden nicht angerechnet. (Bestätigt durch OLG Hamburg – 4 U 133/82, vgl. Rdn. 211 und OLG Hamm – 4 REMiet 2/81, vgl. Rdn. 212).

OLG Celle v. 16. 3. 1981 – 2 UH 1/80 (NJW 1981, 1625 = WuM 1981, 151 = ZMR 1981, 246 = MDR 1981, 761 = DWW 1981, 151)

Kapitalkostenerhöhung/Darlehnsablösung/Bausparvertrag 214

Wird ein vom Vermieter aufgenommenes, dinglich gesichertes Darlehen, das der Finanzierung des Erwerbs eines Gebäudes gedient hat, durch ein anderes Darlehen abgelöst, so scheitert die Umlegung einer damit eingetretenen Erhöhung der Kapitalkosten auf den Mieter des Gebäudes nach § 5 MHRG weder daran, daß das erste Darlehen, noch daran, daß das zweite Darlehen nach Zuteilung eines Bausparvertrags des Vermieters mit der Bausparsumme abgelöst werden sollte bzw. soll und eine entsprechende Begrenzung der Laufzeit des jeweiligen Darlehens von vornherein vereinbart worden ist.

OLG Karlsruhe v. 9. 8. 1982 – 9 REMiet 1/82 (WuM 1982, 273 = DWW 1982, 307)

Kapitalkostenerhöhung/dingliche Sicherung 215

Erhöhte Kapitalkosten eines durch ein Grundpfandrecht gesicherten Darlehens können nicht nach § 5 MHRG umgelegt werden, soweit sie auf einen Darlehensanteil entfallen, der den Nennbetrag des Grundpfandrechts übersteigt.

BayObLG v. 8. 10. 1992 – RE-Miet 1/92 (WuM 1992, 584 = DWW 1993, 38 = ZMR 1993, 13 = NJW-RR 1993, 83 = ZAP F. 4 R, S. 75)

Kapitalkostenerhöhung/Grundstückserwerb 216

Ist der gegenwärtige Vermieter einer Wohnung erst im Laufe eines nach dem 31. 12. 1972 begründeten Mietverhältnisses mit dem Erwerb/der Ersteigerung des Mietgrundstücks in den Mietvertrag eingetreten und will er nach § 5 Abs. 1 MHRG erhöhte Kapitalkosten, die ihm durch Erhöhung des Zinssatzes für dinglich gesicherte Darlehen (i. S. von § 5 Abs. 1 Nr. 3 MHRG) seit dem Erwerb des Mietgrundstücks erwachsen sind, anteilig auf die Mieter umlegen, so ist die für die Berechnung maßgebliche Erhöhung aus einem Vergleich des Zinssatzes bei Beginn des Mietverhältnisses mit dem im Zeitpunkt des Erhöhungsverlangens geltenden Zinssatz zu ermitteln.

OLG Hamm v. 27. 12. 1981 – 4 REMiet 5/81 (NJW 1982, 891 = WuM 1982, 47 = ZMR 1982, 118 = MDR 1982, 410 = DWW 1982, 58)

Kapitalkostenerhöhung/Grundstückserwerb 217

Sind an die Stelle eines bei Beginn des Mietverhältnisses vorhandenen dinglich gesicherten Darlehens allein aus Anlaß einer Grundstücksveräußerung/-zwangsversteigerung, etwa durch Umschuldung, andere Darlehen getreten, so ist darauf abzustellen, welcher Zinssatz für das ursprüngliche Darlehen nunmehr gelten

würde. Auf den – höheren – Zinssatz der später von ihm aufgenommenen Darlehen kann sich der Erwerber/Ersteher zu seinen Gunsten nicht berufen, vollends dann nicht, wenn das ursprüngliche Darlehen vor einer Neubelastung des Mietgrundstücks bereits getilgt war (§ 5 Abs. 3 S. 2 MHRG).
OLG Hamm v. 27. 12. 1981 – 4 REMiet 5/81 (NJW 1982, 891 = WuM 1982, 47 = ZMR 1982, 118 = MDR 1982, 410 = DWW 1982, 58)

218 **Kapitalkostenerhöhung/Mietpreisüberhöhung**
Eine Mieterhöhung nach § 5 MHRG (durch Umlage gestiegener Kapitalkosten auf die Mieter) wird nicht begrenzt durch die Vorschrift des § 5 WiStG, nach der es ordnungswidrig ist, für die Vermietung von Wohnraum unangemessen hohe, nämlich solche Entgelte zu fordern, die Entgelte, die für die Vermietung von Räumen vergleichbarer Art in derselben oder in einer vergleichbaren Gemeinde üblicherweise gezahlt werden, nicht unwesentlich übersteigen (Überschreitung der sogenannten Wesentlichkeitsgrenze).
OLG Hamm v. 23. 11. 1982 – 4 REMiet 10/82 (OLGZ 1983, 107 = NJW 1983, 1915 = WuM 1983, 18 = ZMR 1983, 314 = DWW 1983, 17 = MDR 1983, 230)

219 **Kapitalkostenerhöhung/Stichtag**
Ein Vermieter ist zur Vornahme einer Mieterhöhung nach § 5 MHRG berechtigt, wenn sich die Kapitalkosten, die er unmittelbar nach einer Zinserhöhung aufzuwenden hat, gegenüber denjenigen erhöht haben, welche er zu dem in § 5 Abs. 1 Nr. 1 MHRG bezeichneten Stichtag aufzuwenden hatte; dieser kann (§ 5 Abs. 1 Nr. 1 lit. b MHRG) auf denjenigen der Begründung des Mietverhältnisses fallen.
OLG Hamburg v. 10. 5. 1984 – 4 U 205/83 (NJW 1984, 2895 = WuM 1984, 190 = ZMR 1984, 315 = DWW 1984, 168 = MDR 1984, 759)

220 **Kapitalkostenerhöhung/Zinsverbilligung**
Der Vermieter kann solche Kapitalmehrkosten, die durch den Wegfall einer vertraglichen Zinsverbilligung entstehen, welche schon bei Abschluß des Darlehensvertrags nach Zeit und Umfang fest vereinbart worden war, nicht nach § 5 Abs. 1 MHRG auf den Mieter umlegen; eine Mieterhöhung darf deshalb nur unter den Voraussetzungen des § 2 MHRG erfolgen.
OLG Karlsruhe v. 23. 12. 1981 – 3 REMiet 8/81 (NJW 1982, 893 = WuM 1982, 68 = ZMR 1983, 103 = DWW 1982, 54)

221 **Mieterhöhung/Begründung**
Die Angabe des Zeitpunktes, von dem an der Vermieter die erhöhte Miete verlangt, gehört nicht zu den Wirksamkeitsvoraussetzungen eines Mieterhöhungsverlangens nach § 2 Abs. 2 MHRG.
OLG Koblenz v. 11. 3. 1983 – 4 W-RE 69/83 (NJW 1983, 1861 = WuM 1983, 132 = ZMR 1983, 246 = DWW 1983, 126)

Mieterhöhung/Bruttomiete 222

1. Soll auf der Grundlage eines Mietspiegels eine Inklusivmiete bis zur ortsüblichen Vergleichsmiete erhöht werden und weist der Mietspiegel nur die ortsübliche Nettomiete aus, so kann das Entgelt i. S. des § 2 MHRG in der Weise festgestellt werden, daß zu der ortüblichen Nettomiete ein Zuschlag in Höhe der tatsächlichen auf die Wohnung entfallenden Betriebskosten, soweit sie den Rahmen des üblichen nicht überschreiten, hinzugerechnet wird.

2. Eine solche Erhöhung kann nach § 2 Abs. 2 MHRG wirksam in der Weise verlangt werden, daß auf einen Nettomietspiegel Bezug genommen wird und zur Begründung des Zuschlags der auf die Wohnung entfallende konkrete Betriebskostenanteil dargetan wird.

OLG Stuttgart v. 13. 7. 1983 – 8 REMiet 2/83 (NJW 1983, 2329 = WuM 1983, 285 = ZMR 1983, 389 = MDR 1983, 938 = DWW 1983, 227 = WuM 1983, 313)

Mieterhöhung/Bruttomiete 223

Die Wirksamkeit des Mieterhöhungsverlangens nach § 2 MHRG hängt nicht davon ab, daß im Falle einer Inklusiv-, Pauschal- oder Gesamtmiete oder einer Teilpauschalmiete der Vermieter den als Grund- oder Nettomiete von allen Nebenkosten bereinigten Mietanteil rechnerisch ermittelt und sein auf § 2 MHRG gestütztes Erhöhungsverlangen auf den so errechneten Netto-Mietanteil ausrichtet und begrenzt; der Vermieter muß sich wegen des rechnerisch auszuklammernden auf Neben-/Betriebskosten entfallenden Anteils der vereinbarten Pauschal- oder Teilpauschalmiete demgemäß nicht auf das Erhöhungsverfahren des § 4 MHRG verweisen lassen. Der Senat sieht keinen Anlaß, insoweit von den Rechtsentscheiden des OLG Zweibrücken v. 21. 4. 1981 – 3 W 29/81 (vgl. Rdn. 203) – und des OLG Stuttgart v. 13. 7. 1983 – 8 REMiet 2/83 (vgl. Rdn. 222) – abzuweichen.

OLG Hamm v. 4. 4. 1984 – 4 REMiet 2/84 (WuM 1984, 121 = ZMR 1984, 282 = MDR 1984, 670 = NJW 1985, 2034)

Mieterhöhung/Bruttomiete 224

Sieht ein Wohnungsmietvertrag als Mietentgelt nur einen bestimmten Betrag (zuzüglich Heizungs-/Warmwasserkosten) vor, ist dieser Betrag im Regelfall als (Teil-)Inklusivmiete zu verstehen, mit der auch an sich umlagefähige Betriebskosten abgegolten sein sollen. An diesem Betrag als (Teil-)Inklusivmiete ist bei der Mietzinserhöhung nach § 2 MHRG anzuknüpfen.

OLG Hamm v. 3. 12. 1992 – 30 REMiet 4/92 (DWW 1993, 39 = WuM 1993, 29)

Mieterhöhung/Gemeinnützigkeit 225

Das Mieterhöhungsverlangen eines gemeinnützigen Wohnungsbauunternehmens nach § 2 MHRG kann wirksam auch mit Vergleichswohnungen des allgemeinen Wohnungsmarktes begründet werden.

OLG Karlsruhe v. 23. 12. 1981 – 3 REMiet 9/81 (NJW 1982, 890 = WuM 1982, 67)

226 Mieterhöhung/Gemeinnützigkeit

Die Darlegung, daß eine verlangte Mietzinserhöhung für Wohnungen gemeinnütziger Wohnungsunternehmen die angemessene Miete nach § 7 WGG nicht überschreitet, ist kraft Gesetzes keine Wirksamkeitsvoraussetzung des Mieterhöhungsverlangens (Anschluß an OLG Hamm v. 14. 7. 1981; vgl. nachstehende Rdn.).

OLG Frankfurt v. 3. 3. 1982 – 20 REMiet 1/82 (NJW 1982, 1822 = WuM 1982, 128 = ZMR 1982, 342 = MDR 1982, 672)

227 Mieterhöhung/Gemeinnützigkeit

Zur Wirksamkeit eines schriftlichen Mieterhöhungsverlangens nach § 2 Abs. 2 MHRG gehört bei gemeinnützigen Wohnungsunternehmen nicht auch die Darlegung, daß die verlangte Miete sich im Rahmen der „angemessenen" Miete des § 7 Abs. 2 WGG hält.

OLG Hamm v. 14. 7. 1981 – 4 REMiet 4/81 (NJW 1981, 2262 = WuM 1981, 226 = ZMR 1981, 345 = DWW 1982, 121)

228 Mieterhöhung/Jahresfrist

War das einer Klage vorausgegangene Mieterhöhungsverlangen nur teilweise wirksam und ist der Mieter auf Grund dessen im ersten Rechtszug verurteilt worden, der Erhöhung des Mietzinses auf einen geringeren als den vom Vermieter verlangten Betrag zuzustimmen, so steht der Nachholung eines Mieterhöhungsverlangens im Berufungsverfahren eine Jahreswartefrist (§ 2 Abs. 1 S. 1 Nr. 1 MHRG) nicht entgegen.

BayObLG v. 30. 6. 1989 – RE-Miet 4/88 (WuM 1989, 484 = ZMR 1989, 412 = MDR 1989, 997 = NJW-RR 1989, 1172)

229 Mieterhöhung/Jahresfrist

Ein vor Ablauf der Jahresfrist nach § 2 Abs. 1 S. 1 Nr. 1 MHRG gestelltes Mieterhöhungsverlangen ist nicht unwirksam. Die Fristen nach § 2 Abs. 3, 4 MHRG werden jedoch nicht früher in Lauf gesetzt als bei einer unmittelbar nach Ablauf der Jahresfrist abgegebenen Erklärung (vgl. aber a. A. BGH Rdn. 233).

OLG Oldenburg v. 4. 12. 1981 – 5 UH 4/81 (WuM 1982, 105 = ZMR 1983, 242)

230 Mieterhöhung/Jahresfrist

Das Mieterhöhungsverlangen nach § 2 Abs. 1 MHRG ist jedenfalls nicht schon dann unwirksam, wenn es bereits vor Ablauf der Jahresfrist abgesandt worden ist.

OLG Oldenburg v. 23. 12. 1980 – 5 UH 3/80 (WuM 1981, 83)

231 Mieterhöhung/Jahresfrist

Ein vor Ablauf der Jahresfrist nach § 2 Abs. 1 S. 1 Nr. 1 MHRG gestelltes Mieterhöhungsverlangen, in dem eine Erhöhung ab einem Zeitpunkt nach Ablauf der Jahresfrist begehrt wird, ist nicht unwirksam (vgl. aber a. A. BGH Rdn. 233).

Die Fristen nach § 2 Abs. 3, 4 MHRG, § 9 Abs. 1 MHRG werden jedoch nicht früher in Lauf gesetzt als bei einer unmittelbar nach Ablauf der Jahresfrist abgegebenen Erklärung.
OLG Hamm v. 30. 12. 1986 – 30 REMiet 2/86 (WuM 1987, 114 = ZMR 1987, 150 = MDR 1987, 499 = DWW 1987, 160 = NJW-RR 1987, 400)

Mieterhöhung/Jahresfrist 232

Ein vor Ablauf der Jahresfrist nach § 2 Abs. 1 S. 1 Nr. 1 MHRG gestelltes Mieterhöhungsverlangen, in dem eine Erhöhung ab einem Zeitpunkt nach Ablauf der Jahresfrist begehrt wird, ist nicht unwirksam (Anschluß an die Rechtsentscheide des OLG Oldenburg v. 4. 12. 1981 [vgl. Rdn. 229 und vorstehende Rdn.; vgl. aber auch a. A. BGH Rdn. 233]).
OLG Frankfurt v. 25. 3. 1988 – 20 REMiet 1/88 (WuM 1988, 144 = MDR 1988, 587 = DWW 1988, 104 = NJW-RR 1988, 722)

Mieterhöhung/Jahresfrist 233

Ein gemäß § 2 Abs. 2 S. 1 MHRG gestelltes Mietzinserhöhungsverlangen ist unwirksam, wenn es dem Mieter vor Ablauf der nach § 2 Abs. 1 S. 1 Nr. 1 MHRG geltenden Sperrfrist zugeht.
BGH v. 16. 6. 1993 – VIII ARZ 2/93 (NJW 1993, 2109 = WuM 1993, 388 = DWW 1993, 230 = ZMR 1993, 453)

Mieterhöhung/Kappungsgrenze 234

Bei einem vor dem 1. 1. 1983 nach § 2 MHRG gestellten Mieterhöhungsverlangen greift die sogenannte Kappungsgrenze des § 2 Abs. 1 S. 1 Nr. 3 MHRG n. F. auch dann nicht ein, wenn die erhöhte Miete erstmals nach diesem Stichtag zu zahlen ist.
OLG Frankfurt v. 8. 12. 1983 – 20 REMiet 1/83 (NJW 1984, 741 = WuM 1984, 26 = ZMR 1984, 48 = MDR 1984, 235 = DWW 1984, 19)

Mieterhöhung/Kappungsgrenze 235

Bei Ermittlung der Kappungsgrenze des § 2 Abs. 1 S. 1 Nr. 3 MHRG n. F. sind auch Erhöhungen des Mietzinses vor dem 1. 1. 1983 zu berücksichtigen.
OLG Frankfurt v. 19. 3. 1984 – 20 REMiet 1/84 (NJW 1984, 1971 = WuM 1984, 124 = ZMR 1984, 251 = MDR 1984, 582 = DWW 1984, 137)

Mieterhöhung/Kappungsgrenze 236

1. Verlangt der Vermieter die Erhöhung des Mietzinses zu einem Zeitpunkt, der innerhalb des für die Kappungsgrenze i. S. von § 2 Abs. 1 S. 1 Nr. 3 MHRG maßgebenden Zeitraums von drei Jahren liegt, so ist das Mieterhöhungsverlangen nicht deswegen unwirksam, weil die Kappungsgrenze nicht eingehalten ist.
2. Ein solches Mieterhöhungsverlangen vermag die Zustimmungsfrist des § 2 Abs. 3 S. 1 MHRG bereits vor Ablauf des Zeitraums von drei Jahren in Gang zu setzen, so daß die Mieterhöhung unmittelbar danach wirksam werden kann.
BayObLG v. 10. 3. 1988 – RE-Miet 2/88 (NJW-RR 1988, 721 = MDR 1988, 586 = DWW 1988, 162 = WuM 1988, 117 = ZMR 1989, 336)

237 Mieterhöhung/Kappungsgrenze

Die „Kappungsgrenze" des § 2 Abs. 1 S. 1 Nr. 3 MHRG i. d. F. des Gesetzes zur Erhöhung des Angebots an Mietwohnungen vom 20. 12. 1982 ist auch auf ein dem Mieter nach dem 1. 1. 1983 zugegangenes Mieterhöhungsverlangen anzuwenden, durch welches eine Mieterhöhung erstmals nach Wegfall einer Preisbindung verlangt wird.

BayObLG v. 23. 1. 1984 – RE-Miet 14/83 (NJW 1984, 742 = WuM 1984, 48 = ZMR 1984, 138 = MDR 1984, 406 = DWW 1984, 47 = DWW 1984, 49 = NJW 1984, 1220 = DWW 1986, 95)

238 Mieterhöhung/Mietspiegel

Ein Mieterhöhungsverlangen, in welchem die Wohnung des Mieters unterhalb des Oberwertes des in Betracht kommenden Rasterfeldes des Mietspiegels eingeordnet wird, und das daneben einen prozentualen Aufschlag wegen der seit der Erhebung der Daten zum Mietspiegel verstrichenen Zeit enthält, welcher dazu führt, daß das Erhöhungsverlangen den Oberwert des zugrunde gelegten Rasterfeldes übersteigt, ist nur bis zu dem Betrag formell wirksam, von welchem ab der Vermieter den prozentualen Aufschlag vorgenommen hat.

OLG Hamburg v. 16. 2. 1983 – 4 U 7/83 (NJW 1983, 1805 = WuM 1983, 80 = ZMR 1983, 245)

239 Mieterhöhung/Kappungsgrenze/Modernisierung

Bezieht der Vermieter den Kostenaufwand für die Modernisierung einer preisfreien Mietwohnung dergestalt in ein Mieterhöhungsverfahren nach § 2 MHRG ein, daß er Anhebung der Miete auf die Vergleichsmiete nach dem Standard der durch die Modernisierung verbesserten Wohnung verlangt, so sind die an sich materiell-rechtlich nach § 3 MHRG umlagefähigen Modernisierungskosten bei der Berechnung der Kappungsgrenze des § 2 Abs. 1 Nr. 3 MHRG auszuklammern (vgl. auch Rdn. 248).

OLG Hamm v. 30. 12. 1992 – 30 REMiet 2/91 (DWW 1993, 40 = NJW-RR 1993, 399 = MDR 1993, 444 = ZMR 1993, 169 = WuM 1993, 106)

240 Mieterhöhung/Mietspiegel

1. Ein Mieterhöhungsverlangen darf auf den Mietspiegel einer Nachbargemeinde gestützt werden, wenn die Behauptung, dies sei eine vergleichbare Gemeinde, nicht offensichtlich unbegründet ist.

2. Ein Mieterhöhungsverlangen darf i. d. R. auch auf einen mehrere Jahre alten Mietspiegel gestützt werden.

3. Es ist unzulässig, zu den Werten eines Mietspiegels wegen seines Alters einen pauschalen Zuschlag zu machen.

OLG Stuttgart v. 2. 2. 1982 – 8 REMiet 4/81 (OLGZ 1982, 255 = NJW 1982, 945 = WuM 1982, 108 = ZMR 1982, 215 = MDR 1982, 583 = DWW 1982, 120)

Mieterhöhung/Mietspiegel 241

1. Ein Mieterhöhungsverlangen nach § 2 MHRG, welches darauf gestützt wird, daß zu dem obersten Wert des in Betracht kommenden Rasterfeldes des Mietspiegels ein Zuschlag zu machen ist, weil seit Erhebung der Daten zum Mietspiegel geraume Zeit verstrichen ist, kann einen entsprechend erhöhten Anspruch gegen den Mieter nicht rechtfertigen.

2. Dies gilt auch für den Fall, daß a) das Mietobjekt in einem Ballungszentrum liegt, in welchem gesteigerte Nachfrage nach Wohnraum besteht, b) zwischen dem Abschluß der Datenerhebung zum Mietspiegel und der Abgabe der Anforderungserklärung nach § 2 MHRG ein Zeitraum von über zwei Jahren liegt, c) der Zuschlag sich an der Mietentwicklung nach dem Bundesmietenindex orientiert und d) dieser Zuschlag nicht den überwiegenden Teil des Erhöhungsverlangens ausmacht.

3. Ein Mieterhöhungsverlangen, welches i. S. der bevorstehenden Nrn. 1) bzw. 2) begründet wird, ist bis zur Höhe des Oberwertes des in Betracht kommenden Rasterfeldes des Mietspiegels teilweise formell wirksam, wenn es diesen mit hinreichender Deutlichkeit erkennen läßt und zugleich aufzeigt, von welchem Betrage ab der Zuschlag gemäß Nr. 1) beginnt.

OLG Hamburg v. 12.11.1982 – 4 U 174/82 (NJW 1983, 1803 = WuM 1983, 11 = ZMR 1983, 135 = MDR 1983, 230)

Mieterhöhung/Mietspiegel 242

Verlangt ein Vermieter unter Bezugnahme auf einen Mietspiegel die Erhöhung des Mietzinses, so kann, wenn einerseits der Vermieter dem Mieter gegenüber verpflichtet ist, die Schönheitsreparaturen auf seine Kosten vorzunehmen, andererseits dem Mietspiegel Mietverträge zugrunde liegen, nach denen der Mieter die Kosten der Schönheitsreparaturen zu tragen hat, das Entgelt i. S. des § 2 MHRG in der Weise festgestellt werden, daß zu der nach dem Mietspiegel ausgewiesenen Vergleichsmiete ein Zuschlag hinzugerechnet wird.

OLG Koblenz v. 8.11.1984 – 4 W-RE 571/84 (WuM 1985, 15 = ZMR 1985, 58 = NJW 1985, 333)

Mieterhöhung/Mietstrukturänderung 243

Ein Mieterhöhungsverlangen nach § 2 MHRG, mit dem die Zustimmung zu einer bestimmten Netto-Kaltmiete und zugleich die Einwilligung zur Vorauszahlung von Betriebskosten verlangt wird, ist, wenn nach dem Mietvertrag eine Teil-Inklusiv-Miete vereinbart worden ist, neben der an Betriebskosten lediglich ein bestimmter Betrag für Wasser- und Sielgebühren zu zahlen ist, jedenfalls dann unwirksam, wenn es den Mietern keinen hinreichend sicheren Aufschluß darüber gibt, in welchem Umfang das Erhöhungsverlangen sich auf die vorbezeichneten Vertragsänderung richtet und in welcher Höhe es sich auf § 2 MHRG stützt.

OLG Hamburg v. 20.12.1982 – 4 U 25/82 (NJW 1983, 580 = WuM 1983, 49 = MDR 1983, 405 = DWW 1983, 47)

244 Mieterhöhung/Mitmieter

Die gemäß § 2 Abs. 3 S. 1 MHRG auf Erteilung der Zustimmung zur Mieterhöhung gerichtete Klage ist gegen alle an dem Mietvertrag beteiligten Mieter zu richten. Die nur gegen einen oder einen Teil von mehreren Mietern desselben Mietverhältnisses erhobene Klage des Vermieters ist grundsätzlich unzulässig. Dies gilt auch in den Fällen, in denen die Mietvertragsparteien vereinbart haben, daß die Willenserklärungen eines Mieters gleichermaßen für den oder die anderen Mieter verbindlich sind und die Mieter zur Vornahme und Entgegennahme solcher Erklärungen als gegenseitig bevollmächtigt gelten.

KG v. 5.12.1985 – 8 REMiet 5205/85 (WuM 1986, 106 = ZMR 1986, 117 = DWW 1986, 70 = NJW-RR 1986, 439)

245 Mieterhöhung/Mitmieter

Ein Zustimmungsverlangen nach § 2 Abs. 2 MHRG, das der Vermieter einer an Eheleute vermieteten Wohnung nur an einen Mieter richtet, ist beiden Ehegatten gegenüber wirksam, wenn die Vertragspartner formularmäßig u. a. vereinbart haben: „Für die Rechtswirksamkeit einer Erklärung des Vermieters genügt es, wenn sie gegenüber einem der Mieter abgegeben wird".

KG v. 25.10.1984 – 8 REMiet 4148/84 (WuM 1985, 12 = NJW-RR 1986, 173 = ZMR 1985, 21)

246 Mieterhöhung/Mitmieter

Ein Mieterhöhungsverlangen i. S. des § 2 Abs. 2 MHRG ist rechtswirksam gegenüber allen Mitmietern geltend gemacht, wenn das schriftliche Erhöhungsverlangen für alle Mitmieter bestimmt ist, aber nur gegenüber einem der Mieter abgegeben wird, der zur Empfangnahme von Willenserklärungen des Vermieters bevollmächtigt ist. Eine derartige Empfangsvollmacht ist in der Vertragsklausel: „Für die Wirksamkeit einer Erklärung des Vermieters genügt es, wenn sie gegenüber einem der Mieter abgegeben wird" enthalten.

OLG Schleswig v. 22.3.1983 – 6 REMiet 4/82 (NJW 1983, 1862 = WuM 1983, 130 = ZMR 1983, 249 = MDR 1983, 670)

247 Mieterhöhung/Mitmieter

Haben mehrere Mieter eine Wohnung gemeinsam gemietet, so kann das Mieterhöhungsverfahren nach § 2 MHRG nicht aufgespalten und gegen einen der Mieter allein durchgeführt werden. Das nur an einen der Mieter gerichtete Erhöhungsverlangen ist unwirksam.

OLG Koblenz v. 13.10.1983 – 4 W-RE 171/83 (NJW 1984, 244 = WuM 1984, 18 = ZMR 1984, 30 = DWW 1984, 19)

Mieterhöhung/Modernisierungszuschlag 248

Hat der Vermieter in einer Mietwohnung Modernisierungsmaßnahmen nach § 3 MHRG durchgeführt und fordert er anschließend die Zustimmung des Mieters zu einer Mieterhöhung nach § 2 MHRG auf der Basis für vergleichbaren, nicht modernisierten Wohnraum, so ist er nicht gehindert, gleichzeitig und zusätzlich die Modernisierungskosten nach Maßgabe des § 3 MHRG auf die Mieter umzulegen (vgl. auch Rdn. 239).

OLG Hamm v. 30. 10. 1982 – 4 REMiet 6/82 (NJW 1983, 289 = WuM 1983, 17 = ZMR 1983, 102)

Mieterhöhung/Preisbindung 249

Entfällt bei einer bislang preisgebundenen Wohnung infolge Rückzahlung öffentlicher Darlehn die Preisbindung, so sind bei der Berechnung der Ausgangsmiete für ein Mieterhöhungsverlangen nach § 2 MHRG und die dort vorgesehene „Kappungsgrenze" des § 2 Abs. 1 Nr. 3 MHRG die während der Preisbindung wegen Kapitalkostensteigerungen vorgenommenen Mietzinserhöhungen nicht abzuziehen; § 5 Abs. 3 S. 2 MHRG ist insoweit nicht entsprechend anwendbar.

OLG Hamm v. 27. 6. 1990 – 30 REMiet 1/90 (WuM 1990, 333 = ZMR 1990, 375 = MDR 1990, 1016 = NJW-RR 1990, 1233 = DWW 1990, 233 = BBauBl 1991, 610)

Mieterhöhung/Sachverständigengutachten 250

Das Mieterhöhungsverlangen des Vermieters genügt nicht den Anforderungen des § 2 Abs. 2 S. 2 MHRG, wenn darin auf das Gutachten eines Sachverständigen Bezug genommen wird, der nur „für das Bauhandwerk" und nicht für das Gebiet der Mietpreisbewertung öffentlich bestellt ist.

OLG Oldenburg v. 22. 12. 1980 – 5 UH 1/80 (WuM 1981, 55 = ZMR 1981, 184)

Mieterhöhung/Sachverständigengutachten 251

Für die Wirksamkeit des Mieterhöhungsverlangens nach § 2 Abs. 2 S. 2 MHRG ist es nicht erforderlich, daß der Sachverständige, der sich bei seiner Mietpreisschätzung auf ihm bekannte Vergleichswohnungen bezieht, einzelne vergleichbare Wohnungen konkret benennt.

OLG Oldenburg v. 19. 12. 1980 – 5 UH 13/80 (WuM 1981, 150 = DWW 1981, 72)

Mieterhöhung/Sachverständigengutachten 252

Ein dem Mieterhöhungsverlangen beigefügtes Sachverständigengutachten, das hinsichtlich der Höhe der ortsüblichen Miete keine Vergleichsobjekte angibt, sondern lediglich ausführt, dem Sachverständigen seien aufgrund seiner beruflichen Tätigkeit vergleichbare Wohnungen in ausreichender Zahl aus dem maßgeblichen örtlichen Bereich bekannt, ist in noch ausreichendem Maße mit Gründen versehen, wenn anschließend die ermittelte Preisspanne für Wohnungen entsprechender Größe und vergleichbaren Wohnwerts mitgeteilt und sodann dargelegt wird, wie die zu beurteilende Wohnung innerhalb des genannten Preisbereichs einzuordnen ist.

OLG Karlsruhe v. 20. 7. 1982 – 3 REMiet 2/82 (NJW 1983, 1863 = WuM 1982, 269 = ZMR 1983, 243 = DWW 1982, 305)

253 Mieterhöhung/Sachverständigengutachten

Ein Gutachten i. S. des § 2 Abs. 2 S. 2 MHRG, in dem zur Ermittlung der ortsüblichen Miete keine konkreten Vergleichsobjekte angeführt sind, ist jedenfalls dann nicht hinreichend begründet, wenn daraus nicht wenigstens zu erkennen ist, daß dem Sachverständigen Vergleichswohnungen auf dem örtlichen Wohnungsmarkt in ausreichender Zahl und deren Mietpreisgestaltung bekannt sind und daß er die zu beurteilende Wohnung in vergleichender Abwägung in das Mietpreisgefüge der Vergleichswohnungen eingeordnet hat, der Sachverständige vielmehr nur erklärt, er bemesse die ortsübliche und vergleichbare Miete aufgrund seiner Berufserfahrung und Kenntnis des örtlichen und regionalen Wohnungsmarktes, die auf der Beobachtung anderer Mietobjekte und der marktmäßigen Preisgestaltung und den Angeboten durch die Presse beruhe.

OLG Karlsruhe v. 29. 12. 1982 – 9 REMiet 2/82 (WuM 1983, 133)

254 Mieterhöhung/Sachverständigengutachten

Ein Mieterhöhungsverlangen nach § 2 Abs. 2 S. 2 MHRG ist auch dann zulässig, wenn ihm das Gutachten eines Sachverständigen beigefügt ist, der für Grundstücks- und Gebäudeschätzungen öffentlich bestellt oder vereidigt ist.

BGH v. 21. 4. 1982 – VIII ARZ 2/82 (BGHZ 83, 366 = NJW 1982, 1701 = WuM 1982, 177 = ZMR 1982, 340 = DWW 1982, 212 = MDR 1982, 748 = DB 1982, 2236)

255 Mieterhöhung/Sachverständigengutachten

Für das Gutachten i. S. von § 2 Abs. 2 S. 2 MHRG ist eine Besichtigung der betroffenen Wohnung durch den Sachverständigen jedenfalls dann nicht erforderlich, wenn dessen Feststellungen über die ortsübliche Vergleichsmiete auf der Besichtigung einer genügenden Zahl anderer Wohnungen von nahezu gleicher Art, Ausstattung und Beschaffenheit innerhalb derselben Mietwohnanlage beruhen.

OLG Celle v. 27. 4. 1982 – 2 UH 2/81 (WuM 1982, 180 = ZMR 1982, 341 = MDR 1982, 672)

256 Mieterhöhung/Sachverständigengutachten

Es genügt weder, daß in dem Mieterhöhungsverlangen auf das Ergebnis des Gutachtens verwiesen und dem Mieter die Einsichtnahme angeboten wird, noch, daß der Mieter nach Erhalt des Mieterhöhungsverlangens bei einem Beauftragten des

Vermieters von dem Inhalt des Gutachtens Kenntnis nimmt, auch wenn dies innerhalb der Frist des § 2 Abs. 3 MHRG geschieht.
OLG Braunschweig v. 19. 4. 1982 – 1 UH 1/81 (WuM 1982, 272 = DWW 1982, 243)

Mieterhöhung/Sachverständigengutachten 257
Ein Mieterhöhungsverlangen des Vermieters ist nicht schon deshalb unwirksam, weil das beigefügte Sachverständigengutachten keine tatsächlichen Angaben über die für vergleichbar erklärten Vergleichsobjekte enthält.
OLG Frankfurt v. 5. 10. 1981 – 20 REMiet 2/81 (NJW 1981, 2820 = WuM 1981, 273 = ZMR 1982, 22 = MDR 1982, 147 = DWW 1981, 294)

Mieterhöhung/Sachverständigengutachten 258
Das Sachverständigengutachten, auf das zur Begründung eines Mieterhöhungsverlangens verwiesen wird, muß nicht von einem Sachverständigen erstellt sein, der von derjenigen Industrie- und Handelskammer öffentlich bestellt oder vereidigt ist, in deren Bezirk die Wohnung liegt, für die die Miete erhöht werden soll.
BayObLG v. 23. 7. 1987 – RE-Miet 2/87 (NJW-RR 1987, 1302 = ZMR 1987, 426 = MDR 1987, 1027 = WuM 1987, 312)

Mieterhöhung/Sachverständigengutachten 259
Ein Mieterhöhungsverlangen gemäß § 2 MHRG kann wirksam auch auf das Gutachten eines Sachverständigen gestützt werden, welcher dem Vermieter durch die Handelskammer Hamburg benannt worden ist, ohne von ihr öffentlich bestellt und/oder vereidigt zu sein.
OLG Hamburg v. 30. 12. 1983 – 4 U 8/83 (NJW 1984, 930 = WuM 1984, 45 = ZMR 1984, 91 = MDR 1984, 317 = DWW 1984, 20)

Mieterhöhung/Sachverständigengutachten 260
Der Sachverständige muß nicht über unmittelbare eigene Kenntnisse eines repräsentativen Querschnitts der Mieten in der Gemeinde verfügen, in der die Wohnung liegt.
BayObLG v. 23. 7. 1987 – REMiet 2/87 (NJW-RR 1987, 1302 = ZMR 1987, 426 = MDR 1987, 1027 = WuM 1987, 312)

Mieterhöhung/Sachverständigengutachten 261
Dem Mieterhöhungsverlangen nach § 2 Abs. 2 MHRG, das sich auf ein Gutachten eines öffentlich bestellten und vereidigten Sachverständigen stützt, ist das Gutachten im vollen Wortlaut beizufügen.
OLG Braunschweig v. 19. 4. 1982 – 1 UH 1/81 (WuM 1982, 272 = DWW 1982, 243)

262 Mieterhöhung/Staffelmiete

Die in einem vor dem 28. 11. 1971 geschlossenen Mietvertrag über Wohnraum getroffene Vereinbarung, daß der Vermieter jeweils alle drei Jahre ab Beginn der Mietzeit den Mietzins einseitig um bis zu fünf Prozent des zuletzt geltenden Mietzinses erhöhen könne, kann von dem Mieter einem den Erfordernissen des § 2 MHRG genügenden Erhöhungsverlangen des Vermieters auf den ortsüblichen Mietzins nicht entgegengehalten werden.

OLG Schleswig v. 24. 3. 1981 – 6 REMiet 1/80 (OLGZ 1981, 375 = NJW 1981, 1964 = WuM 1981, 149 = ZMR 1981, 319 = MDR 1981, 760 = DWW 1982, 120)

263 Mieterhöhung/Teilmarkt

Zur Festsetzung eines in einer Gemeinde „üblichen Entgelts" i. S. des § 2 Abs. 1 S. 1 Nr. 2 MHRG ist bezüglich des für Stationierungskräfte angemieteten Wohnraums kein Sondermietmarkt anzuerkennen.

OLG Hamm v. 28. 12. 1982 – 4 REMiet 5/82 (OLGZ 1983, 242 = NJW 1983, 947 = WuM 1983, 78 = ZMR 1983, 207 = MDR 1983, 492)

264 Mieterhöhung/Überlegungsfrist

Hat der Vermieter vor Ablauf der Überlegungsfrist des § 2 Abs. 3 S. 1 MHRG gegen den Mieter Klage auf Zustimmung zur Mieterhöhung erhoben, nachdem der Miete die Zustimmung endgültig und bestimmt abgelehnt hat, so ist die Klage nicht deswegen unzulässig, weil die Überlegungsfrist im Zeitpunkt der Klageerhebung noch nicht abgelaufen war.

KG v. 12. 1. 1981 – 8 WRE Miet 4154/80 (WuM 1981, 54 = ZMR 1981, 158)

265 Mieterhöhung/Überlegungsfrist

Die vor Ablauf der Überlegungsfrist des § 2 Abs. 3 S. 1 MHRG erhobene Zustimmungsklage wird zulässig, wenn die Frist zur Zeit des (letzten) Verhandlungstermins abgelaufen war.

KG v. 12. 1. 1981 – 8 WRE Miet 4154/80 (WuM 1981, 54 = ZMR 1981, 158)

266 Mieterhöhung/übliche Entgelte

Zur Ermittlung des üblichen Entgelts (der ortsüblichen Vergleichsmiete) sind auch solche Mieten heranzuziehen, die während eines bestimmten Zeitraums (z. B. während der letzten drei Jahre) nicht neu festgesetzt (erhöht) worden sind (sogenannte Bestands- oder Altmieten).

BayObLG v. 19. 3. 1981 – Allg. Reg. 7/81 (OLGZ 1981, 220 = NJW 1981, 1219 = WuM 1981, 100 = ZMR 1982, 213 = MDR 1981, 674 = DWW 1982, 120)

267 Mieterhöhung/übliche Entgelte

Unter dem Begriff „übliche Entgelte" gemäß § 2 Abs. 1 Nr. 1 MHRG ist ein repräsentativer Querschnitt der Mieten zu verstehen, die in der Gemeinde oder in

vergleichbaren Gemeinden für nicht preisgebundenen Wohnraum vergleichbarer Art, Größe, Ausstattung, Beschaffenheit und Lage bei bestehenden Mietverhältnissen unter gewöhnlichen Umständen tatsächlich und üblicherweise gezahlt werden (ortsübliche Vergleichsmiete).
BayObLG v. 19.3.1981 – Allg. Reg. 7/81 (OLGZ 1981, 220 = NJW 1981, 1219 = WuM 1981, 100 = ZMR 1982, 213 = MDR 1981, 674 = DWW 1982, 120)

Mieterhöhung/Vergleichswohnung 268
Zur Wirksamkeit eines nach § 2 Abs. 2 S. 3 MHRG begründeten Mieterhöhungsverlangens ist, sofern eine Vergleichswohnung nur nach Straße, Hausnummer und Etage bezeichnet ist und sich auf der angegebenen Etage mehrere Wohnungen befinden, erforderlich, daß auch der Name des Wohnungsbenutzers mitgeteilt wird. Die Angabe des Namens und der Anschrift des Vermieters der Vergleichswohnung genügt nicht.
OLG Schleswig v. 1.6.1981 – 6 REMiet 1/81 (OLGZ 1981, 456 = NJW 1981, 2261 = WuM 1981, 181 = ZMR 1981, 374 = MDR 1981, 936 = DWW 1982, 120)

Mieterhöhung/Vergleichswohnung 269
In einem Mieterhöhungsverlangen nach § 2 Abs. 2 S. 3 MHRG muß der Vermieter dem Mieter in aller Regel auch die Namen und die Anschriften entweder der Vermieter oder der Mieter der von ihm benannten Vergleichswohnungen mitteilen, wenn das Verlangen wirksam sein soll.
BayObLG v. 20.8.1981 – Allg. Reg. 30/81 (OLGZ 1982, 100 = NJW 1981, 2818 = WuM 1981, 255 = ZMR 1982, 20 = MDR 1982, 57 = DWW 1982, 120)

Mieterhöhung/Vergleichswohnungen 270
Für die Wirksamkeit eines Mieterhöhungsverlangens nach § 2 Abs. 2 MHRG reicht es nicht aus, wenn der Vermieter unter Angabe des Namens der Mieter und der Quadratmetermieten neben drei Wohnungen eines eigenen Miethauses mehrere Vergleichsobjekte eines anderen Vermieters benennt, ohne in dem Mieterhöhungsschreiben darzulegen, warum ihm die Benennung von Wohnungen zweier weiterer Vermieter nicht möglich ist.
OLG Koblenz v. 8.2.1982 – 4 W-RE 10/82 (WuM 1982, 127 = ZMR 1982, 243 = DWW 1982, 151)

Mieterhöhung/Vergleichswohnungen 271
Der Vermieter kann den Anspruch auf Zustimmung zur Erhöhung des Mietzinses gemäß § 2 Abs. 2 S. 4 MHRG durch die Benennung von drei Wohnungen aus dem eigenen Bestand begründen. Diese Wohnungen dürfen sich auch in demselben Haus wie die Wohnung des Mieters befinden.
OLG Karlsruhe v. 7.5.1984 – 3 REMiet 1/84 (NJW 1984, 2167 = WuM 1984, 188 = ZMR 1984, 311 = ZMR 1987, 25)

272 Mieterhöhung/Vergleichswohnungen

Ein Mieterhöhungsverlangen nach § 2 Abs. 2 S. 3 MHRG ist unwirksam, wenn hinsichtlich der als vergleichbar benannten Wohnungen weder die Namen der Mieter noch die Namen und Anschriften der Vermieter angegeben sind.
OLG Oldenburg v. 25. 2. 1982 – 5 UH 1/82 (NJW 1982, 1291 = WuM 1982, 126 = ZMR 1983, 180 = DWW 1982, 185)

273 Mieterhöhung/Vergleichswohnungen

Wird ein Mieterhöhungsverlangen mit dem Hinweis auf entsprechende Entgelte für einzelne vergleichbare Wohnungen begründet, so ist die Benennung von Vergleichswohnungen nicht auf eine bestimmte Höchstzahl beschränkt.
BayObLG v. 25. 9. 1991 – REMiet 3/91 (NJW-RR 1992, 455 = WuM 1992, 52 = MDR 1992, 258 = ZMR 1992, 144 = ZAP Fach 4 R, S. 45)

274 Mieterhöhung/Vergleichswohnungen

Begründet der Vermieter ein Mietzinserhöhungsverlangen nach § 2 Abs. 2 S. 3 MHRG mit dem Hinweis auf den Mietzins für vergleichbare Wohnungen anderer Vermieter, so braucht er in dem Erhöhungsschreiben die Namen der Vermieter oder der Mieter der benannten Wohnungen nicht mitzuteilen, wenn die Vergleichswohnungen von ihm so beschrieben werden, daß sie vom Mieter identifiziert werden können.
BGH v. 20. 9. 1982 – VIII ARZ 5/82 (WuM 1982, 324 = DWW 1982, 301)

275 Mieterhöhung/Vergleichswohnungen

Begründet der Vermieter ein Mietzinserhöhungsverlangen nach § 2 Abs. 2 S. 3 MHRG mit dem Hinweis auf den Mietzins für vergleichbare Wohnungen anderer Vermieter, so braucht er in dem Erhöhungsschreiben die Namen der Vermieter oder der Mieter der benannten Wohnungen nicht mitzuteilen, wenn die Vergleichswohnungen von ihm so beschrieben werden, daß sie vom Mieter identifiziert werden können.
BGH v. 20. 9. 1982 – VIII ARZ 1/82 (BGHZ 84, 392 = NJW 1982, 2867 = ZMR 1983, 69 = MDR 1983, 126 = DB 1982, 2509 = JuS 1983, 148)

276 Mieterhöhung/Vergleichswohnungen

Ein Mieterhöhungsverlangen gemäß § 2 MHRG, in dem der Vermieter zur Begründung auf Vergleichswohnungen hinweist, ist nicht bereits deshalb rechtsunwirksam, weil „Vergleichsmieter" die Besichtigung der Wohnung nicht gestatten und/oder nicht bereit sind, ausreichende Auskünfte über die Wohnung zu erteilen.
OLG Schleswig v. 31. 10. 1983 – 6 REMiet 1/83 (OLGZ 1984, 95 = NJW 1984, 245 = WuM 1984, 23 = ZMR 1984, 28 = MDR 1984, 234)

Mieterhöhung/Vergleichswohnungen 277

Begründet der Vermieter sein Mieterhöhungsverlangen nach § 2 Abs. 2 MHRG (alter und neuer Fassung) mit dem Hinweis auf entsprechende Entgelte für drei andere Wohnungen, so ist dieses Mieterhöhungsverlangen nicht deshalb als ganzes unwirksam, weil der Mietzins für eine dieser Wohnungen unter dem verlangten Mietzins liegt, es sei denn, der Mietzins für diese Wohnung liege außer jedem Verhältnis zu dem verlangten Mietzins. Das Mieterhöhungsverlangen ist jedoch der Höhe nach insoweit unwirksam, als der Mietzins für diese Wohnung überschritten ist.

OLG Karlsruhe v. 15.12.1983 – 9 REMiet 2/83 (WuM 1984, 21 = DWW 1984, 71)

Mieterhöhung/Vergleichswohnungen 278

Für die gemäß § 2 Abs. 2 S. 1 MHRG erforderliche schriftliche Begründung des Erhöhungsverlangens reicht es im Falle des Hinweises auf die Miete von Vergleichswohnungen (Abs. 2 Satz 4) aus, wenn der Vermieter in dem Schreiben, in dem er gegenüber dem Mieter seinen Anspruch auf Erhöhung des Mietzinses geltend macht, auf eine diesem Schreiben beigefügte Aufstellung von Vergleichswohnungen Bezug nimmt, die nicht unterschrieben ist, mit dem Schreiben des Erhöhungsverlangens keine auf Dauer angelegte Verbindung hat und keine Bezugnahme auf das Erhöhungsverlangen enthält.

KG v. 22.2.1984 – 8 WREMiet 194/84 (WuM 1984, 101 = ZMR 1984, 168 = DWW 1984, 102 = MDR 1985, 893)

Mieterhöhung/Vergleichswohnungen 279

Die Angabe der Größe der Vergleichswohnungen in einem Erhöhungsverlangen nach § 2 Abs. 2 S. 1, 3 MHRG ist nur dann wesentliche Voraussetzung für die Zulässigkeit der Mieterhöhungsklage nach § 2 Abs. 3 S. 1 MHRG, wenn sich allein aus der Größenangabe in Verbindung mit dem Gesamtpreis der Quadratmeterpreis für die vom Vermieter bezeichneten Vergleichswohnungen errechnen läßt; Flächenabweichungen der Vergleichswohnungen mit der Wohnung des Mieters nach oben oder unten beeinträchtigen die verfahrensrechtliche Wirksamkeit der Mieterhöhungserklärung nicht.

BayObLG v. 1.4.1982 – Allg. Reg. 68/81 (WuM 1982, 154 = ZMR 1982, 372 = MDR 1982, 672)

Mieterhöhung/Vergleichswohnungen 280

Begründet der Vermieter ein Mietzinserhöhungsverlangen nach § 2 Abs. 2 S. 3 MHRG mit dem Hinweis auf den Mietzins für vergleichbare Wohnungen anderer Vermieter, so braucht er in dem Erhöhungsschreiben die Namen der Vermieter oder der Mieter der benannten Wohnungen nicht mitzuteilen, wenn die Vergleichswohnungen von ihm so beschrieben werden, daß sie vom Mieter identifiziert werden können.

BGH v. 20. 9. 1982 – VIII ARZ 13/82 (BGHZ 1984, 392)

281 Mieterhöhung/Vergleichswohnungen

Die Wirksamkeit eines Mieterhöhungsverlangens gemäß § 2 Abs. 2 MHRG, das der Vermieter gemäß § 2 Abs. 2 S. 4 MHRG mit Hinweisen auf entsprechende Entgelte für einzelne vergleichbare Wohnungen begründet, ist nicht davon abhängig, daß die angegebenen Vergleichswohnungen und die vom Erhöhungsverlangen betroffene Wohnung eine vergleichbare Größe haben (Anschluß an BayObLG, Beschluß v. 1. 4. 1982; vgl. Rdn. 279).

OLG Schleswig v. 3. 10. 1986 – 6 REMiet 1/86 (WuM 1987, 140)

282 Mieterhöhung/Vergleichswohnungen

Zur Wirksamkeit eines nach § 2 Abs. 2 S. 3 MHRG begründeten Mieterhöhungsverlangens ist es i. d. R. erforderlich, daß vergleichbare Wohnungen von drei verschiedenen Vermietern benannt werden.

OLG Karlsruhe v. 10. 11. 1981 – 3 REMiet 7/81 (OLGZ 1982, 335 = NJW 1982, 242 = WuM 1982, 16 = DWW 1981, 323)

283 Mieterhöhung/Vergleichswohnungen

Für ein Mieterhöhungsverlangen sind qualitätsmäßig vergleichbare Wohnungen des allgemeinen Wohnungsmarktes heranzuziehen.

OLG Hamm v. 28. 12. 1982 – 4 REMiet 5/82 (OLGZ 1983, 242 = NJW 1983, 947 = WuM 1983, 78 = ZMR 1983, 207 = MDR 1983, 492)

284 Mieterhöhung/Vergleichswohnungen

Ein Mieter kann sich auf die Unwirksamkeit des Mieterhöhungsverlangens wegen Fehlens von Namen und Anschriften der Vermieter oder Mieter der Vergleichswohnungen grundsätzlich auch dann berufen, wenn er sich im Zustimmungsprozeß in der ersten Instanz und in der Berufungsinstanz vor Erlaß des Rechtsentscheids des BayObLG v. 20. 8. 1981 (vgl. Rdn. 269) nicht auf die Unwirksamkeit aus gerade diesen Rechtsgründen berufen hatte.

BayObLG v. 9. 2. 1982 – Allg. Reg. 105/85 (WuM 1982, 105 = MDR 1982, 494 = DWW 1982, 124)

285 Mieterhöhung/Vergleichswohnungen

Zur Begründung eines Mieterhöhungsverlangens nach § 2 Abs. 2 S. 4 MHRG kann der Vermieter sich auch auf Vergleichswohnungen beziehen, die sich in dem vom Mieter bewohnten Haus befinden und ebenfalls vom Vermieter vermietet worden sind.

OLG Frankfurt v. 20.3.1984 – 20 REMiet 2/84 (WuM 1984, 123 = ZMR 1984, 250 = MDR 1984, 582 = DWW 1984, 138)

Mieterhöhung/Vergleichswohnungen 286

In einem Mieterhöhungsverlangen nach § 2 Abs. 2 S. 1, 3 MHRG muß der Vermieter dem Mieter in aller Regel auch die Namen und die Anschriften entweder der Vermieter oder der Mieter der von ihm benannten Vergleichswohnungen mitteilen; die Angabe von Straße, Hausnummer, Etage sowie Lage innerhalb der Etage genügt grundsätzlich nicht zur Wirksamkeit des Mieterhöhungsverlangens (Bestätigung des Rechtsentscheids des Senats v. 20.8.1981, vgl. Rdn. 269).

BayObLG v. 9.2.1982 – Allg. Reg. 105/85 (WUM 1982, 105 = MDR 1982, 494 = DWW 1982, 124 = NJW 1982, 1292)

Ortsübliche Miete/Ausländerzuschlag 287

Bei der Vermietung von Wohnraum an Ausländer ist ein Zuschlag zur ortsüblichen Vergleichsmiete, der mit der Eigenschaft der Mieter als Ausländer begründet ist, unzulässig.

OLG Stuttgart v. 26.2.1982 – 8 REMiet 5/81 (OLGZ 1983, 114 = NJW 1982, 1160 = WuM 1982, 129 = ZMR 1982, 176 = MDR 1982, 495)

Mieterhöhung/Vertretung 288

Das von einem Bevollmächtigten des (Wohnraum-)Vermieters (schriftlich) vorgebrachte Mieterhöhungsverlangen nach § 2 MHRG ist gemäß § 174 S. 1 BGB unwirksam, wenn der Bevollmächtigte eine Vollmachtsurkunde nicht vorlegt und der Mieter aus diesem Grunde das Erhöhungsbegehren unverzüglich zurückweist (vgl. zur Vertretungsmacht Rdn. 44 ff.).

OLG Hamm v. 28.5.1982 – 4 REMiet 11/81 (NJW 1982, 2076 = WuM 1982, 204 = ZMR 1982, 374 = MDR 1982, 851 = DWW 1982, 213)

Mieterhöhung/Zeitpunkt 289

Es besteht kein Anlaß, von dem Rechtsentscheid des OLG Hamm v. 9.10.1980 (vgl. Rdn. 309) abzuweichen. Ein Zustimmungsverlangen des Vermieters nach § 2 Abs. 1 S. 1 MHRG ist nicht schon deswegen unwirksam, weil es dem Mieter noch während der Dauer der Preisbindung der Mietwohnung zugeht, wenn der Vermieter damit die Erhöhung des Mietzinses für die Zeit ab Beendigung der Preisbindung erreichen will.

KG v. 29.1.1982 – 8 WREMiet 4902/81 (NJW 1982, 2077 = WuM 1982, 102 = ZMR 1982, 241 = DWW 1982, 149)

Mieterhöhungsverlangen/Mietspiegel 290

Der Berliner Mietspiegel für Altbauwohnungen 1990 v. 6.12.1989 (Amtsblatt für Berlin 1990 Nr. 1 v. 3.1.1990) entspricht den Anforderungen des § 2 Abs. 2 S. 2

MHRG; auf ihn kann daher zur Begründung eines Mieterhöhungsverlangens Bezug genommen werden.

KG v. 6.6.1991 – 8 REMiet 323/91 (ZMR 1991, 341 = DWW 1991, 235 = WuM 1991, 425 = NJW-RR 1992, 80)

291 Mietspiegel/Zustimmungserfordernis

Der Vermieter von preisfreiem Wohnraum kann ein Mieterhöhungsbegehren nach § 2 MHRG wirksam durch die Bezugnahme auf einen von Interessenvertretern der Vermieter und Mieter gemeinsam erstellten Mietspiegel begründen, selbst wenn der mitgliederstärkste Interessenvertreter der Mieter diesem Mietspiegel nicht zugestimmt hat.

OLG Hamm v. 11.10.1990 – 30 REMiet 4/90 (NJW-RR 1991, 209 = WuM 90, 538 = ZMR 1991, 22 = MDR 1991, 59 = DB 1990, 2369 = ZAP Fach 4 R, 11)

292 Mietstruktur/Bruttomiete

Als Wohnraum-Mietzins, der – nur – unter den Voraussetzungen des § 2 MHRG erhöht verlangt werden kann, ist lediglich ein Mietzins zu verstehen, der als Grund- oder Nettomiete unter Ausklammerung aller – getrennt ausgewiesener – Nebenkosten, insbesondere der in § 4 MHRG behandelten Betriebskosten i. S. von § 27 der II. BV errechnet ist. Ebenso fällt darunter ein Mietzins, der als sogenannte Inklusiv-, Pauschal- oder Gesamtmiete unter Einschluß aller denkbaren – folgerichtig nicht gesondert ausgewiesenen – Neben-/Betriebskosten vereinbart ist oder der nur einen Teil solcher Nebenkosten ausgeklammert läßt (Teilpauschalmiete).

OLG Hamm v. 4.4.1984 – 4 REMiet 2/84 (WuM 1984, 121 = ZMR 1984, 282 = MDR 1984, 670 = NJW 1985, 2034)

293 Mietstruktur/Bruttomiete

Haben die Parteien als Mietentgelt ohne nähere Bestimmung einen einheitlichen Betrag (Inklusivmiete) vereinbart, so werden dadurch im Regelfall auch die an sich umlagefähigen Betriebskosten mit abgegolten, die im Außenverhältnis vom Vermieter getragen werden.

OLG Stuttgart v. 13.7.1983 – 8 REMiet 2/83 (NJW 1983, 2329 = WuM 1983, 285 = ZMR 1983, 389 = MDR 1983, 938 = DWW 1983, 227 = WuM 1983, 313)

294 Mietpreisüberhöhung/laufende Aufwendungen

Bei einer Überschreitung der ortsüblichen Vergleichsmiete um mehr als 50% auf Grund laufender Aufwendungen des Vermieters gemäß § 5 Abs. 1 S. 3 WiStG bleibt die Mietzinsvereinbarung bis zu einer Höhe von 150% der ortsüblichen Vergleichsmiete wirksam.

OLG Hamburg v. 5.8.1992 – 4 U 22/92 (NJW-RR 1992, 1366 = WuM 1992, 527 = ZAP F. 4 R S. 79)

Mietpreisüberhöhung/Vergangenheit 295

Wird ein Verstoß gegen § 5 Abs. 1 WiStG (mit den daraus zu ziehenden Folgerungen) für einen längeren – zurückliegenden – Zeitraum geltend gemacht, so sind Änderungen der Vergleichsmiete ebenso jeweils zu berücksichtigen, wie nachhaltige Änderungen der für einen Mietzuschlag in Betracht kommenden Umstände, ohne daß bezüglich der Änderung solcher Umstände abstrakte Regeln durch Rechtsentscheid aufgestellt zu werden vermöchten.

OLG Hamm v. 3.3.1983 – 4 REMiet 9/82 (OLGZ 1983, 223 = NJW 1983, 1622 = WuM 1983, 108 = ZMR 1983, 238)

Mietpreisüberhöhung/Wesentlichkeitsgrenze 296

Der Ausgangswert für die Berechnung der Wesentlichkeitsgrenze i. S. von § 5 Abs. 1 S. 2 WiStG ist die konkret für die in Frage stehende Wohnung ermittelte örtliche Vergleichsmiete. Eine Überschreitung der ortsüblichen Vergleichsmiete um mehr als 20 % ist nicht unwesentlich. (Anschluß an OLG Stuttgart, Rechtsentscheid vom 7.7.1981 – 8 REMiet 1/81).

OLG Hamburg v. 15.11.1982 – 4 U 181/81 (NJW 1983, 1004 = WuM 1983, 20 = ZMR 1983, 100 = MDR 1983, 230)

Mietpreisüberhöhung/Berechnungsgrundlage 297

Für die Entscheidung über das Vorliegen einer Mietpreisüberschreitung, bezogen auf einen Zeitraum vor dem 1.1.1983 ist – soweit es sich um die Rechtslage nach bürgerlichem Recht handelt – auf § 5 WiStG sowie § 2 MHRG in deren vor dem Inkrafttreten des Gesetzes zur Erhöhung des Angebots an Mietwohnungen v. 20.12.1982 (BGBl. I, S. 1912) maßgeblich gewesenen Fassung abzustellen.

OLG Hamburg v. 3.8.1983 – 4 U 124/83 (NJW 1983, 2455 = WuM 1983, 255 = ZMR 1984, 65 = DWW 1983, 173)

Modernisierung/Mietpreisüberhöhung 298

Mieterhöhungen nach § 3 MHRG sind nur in dem durch § 5 WiStG gezogenen Rahmen zulässig.

OLG Karlsruhe v. 19.8.1983 – 3 REMiet 3/83 (OLGZ 1983, 488 = NJW 1984, 62 = WuM 1983, 314 = ZMR 1984, 201 = DWW 1983, 276)

Modernisierung/Wirtschaftlichkeit 299

Bei einer auf Durchführung von baulichen Maßnahmen zur Einsparung von Heizenergie gestützten Mieterhöhung nach § 3 Abs. 1 MHRG muß auch aus der Sicht des Mieters das Gebot der Wirtschaftlichkeit berücksichtigt und das Verhältnis zwischen einzusparenden Heizkosten und Mietzinserhöhung geprüft werden. Bei einem Verstoß gegen das Gebot der Wirtschaftlichkeit entfällt der Mieterhöhungsanspruch aber nicht vollständig; es bleiben vielmehr diejenigen Kosten umlage-

fähig, die auch bei Berücksichtigung der Wirtschaftlichkeitsgrundsätze entstanden wären. Die Höhe des Anspruchs richtet sich nicht nach dem Betrag der einzusparenden Heizkosten. Es besteht, abgesehen von der Wesentlichkeitsgrenze des § 5 WiStG, auch keine absolute, prozentual festlegbare Obergrenze.
OLG Karlsruhe v. 20. 9. 1984 – 9 REMiet 6/83 (WuM 1985, 17 = ZMR 1984, 412 = Justiz 1985, 27)

300 Modernisierung/Zustimmung des Mieters

Bei fehlender Zustimmung des Mieters setzt die Mieterhöhung voraus, daß der Mieter zur Zeit der Ausführung der Modernisierungsmaßnahme gemäß § 541b BGB zu ihrer Duldung verpflichtet war.

Eine Duldung der Maßnahme durch den Mieter oder eine vorangehende gerichtliche Feststellung seiner Duldungspflicht ist für die Mieterhöhung darüber hinaus nicht erforderlich.

KG v. 1. 9. 1988 – 8 REMiet 4048/88 (NJW-RR 1988, 1420 = WuM 1988, 389 = ZMR 1988, 422 = DWW 1988, 371 = ZMR 1988, 460 = DWW 1988, 376 = DWW 1988, 302 = DWW 1989, 390)

301 Modernisierung/Zustimmung des Mieters

Das Recht des Vermieters, gemäß § 3 MHRG eine erhöhte Miete für von ihm durchgeführten Maßnahmen an Wohnraum (§ 1 MHRG) i. S. des § 3 Abs. 1 MHRG zu verlangen, hängt nicht davon ab, daß der Mieter diesen Maßnahmen zuvor zugestimmt hat. (Bestätigt durch OLG Hamm, 4 REMiet 2/81; vgl. Rdn. 212).
OLG Hamburg v. 22. 4. 1981 – 4 U 200/80 (WuM 1981, 127 = ZMR 1981, 213 = DWW 1992, 123)

302 Modernisierung/Zustimmung des Mieters

Voraussetzung für eine Mieterhöhung nach § 3 MHRG ist nicht, daß der Mieter der Modernisierung zugestimmt hat.
OLG Hamm v. 27. 4. 1981 – 4 REMiet 2/81 (NJW 1981, 1622 = WuM 1981, 129 = ZMR 1981, 216 = MDR 1981, 671 = DWW 1981, 126)

303 Modernisierung/Zustimmung des Mieters

Hat der Mieter die Durchführung einer Modernisierungsmaßnahme durch Gestattung des Zutritts zu den Mieträumen geduldet, so ist eine Mieterhöhung nach § 3 MHRG nicht davon abhängig, daß der Vermieter zuvor eine dem § 541b Abs. 2 S. 1 BGB genügende Anzeige gemacht hat. (Bestätigt durch OLG Frankfurt v. 5. 9. 1991 – 20 REMiet 3/91, vgl. Rdn. 304).
OLG Stuttgart v. 26. 4. 1991 – 8 REMiet 2/90 (NJW-RR 1991, 1108 = ZMR 1991, 259 = WuM 1991, 332 = ZAP F. 4 R, 29)

Modernisierung/Zustimmung des Mieters 304

Hat der Mieter die Durchführung einer Modernisierungsmaßnahme durch Gestattung des Zutritts zu seiner Wohnung geduldet, so setzt eine Mieterhöhung nach § 3 MHRG nicht voraus, daß der Vermieter vor dem Beginn der Maßnahme dem Mieter form- und fristgerecht i. S. von § 541b Abs. 2 S. 1 BGB Mitteilung gemacht hatte (Anschluß an den Rechtsentscheid des OLG Stuttgart v. 26. 4. 1991 – 8 REMiet 2/90, vgl. Rdn. 303).

OLG Frankfurt v. 5. 9. 1991 – 29 REMiet 3/91 (NJW-RR 1992, 145 = MDR 1991, 1060 = DWW 1991, 336 = WuM 1991, 527 = ZMR 1991, 432)

Ortsübliche Miete/Behebbare Mängel 305

Behebbare Mängel der Mietsache sind bei Bestimmung der Miethöhe nicht zu berücksichtigen.

OLG Stuttgart v. 7. 7. 1981 – 8 REMiet 1/81 (NJW 1981, 2365 = WuM 1981, 225 = ZMR 1981, 318 = MDR 1981, 936 = JR 1982, 96 = NJW 1982, 2803 = ZMR 1983, 33)

Ortsübliche Miete/Mietermodernisierung 306

Einrichtungen des Mieters, die den Wohnwert der Mietsache erhöht haben, sind bei der Ermittlung des üblichen Entgelts (der ortsüblichen Vergleichsmiete) gemäß § 2 Abs. 1 S. 1 Nr. 2 MHRG nicht zu berücksichtigen, es sei denn, daß Vermieter und Mieter etwas anderes vereinbart haben oder der Vermieter die vom Mieter verauslagten Kosten erstattet hat.

BayObLG v. 24. 6. 1981 – Allg. Reg. 41/81 (OLGZ 1981, 491 = NJW 1981, 2259 = WuM 1981, 208 = ZHR 1982, 343 = DWW 1982, 121 = ZMR 1982, 353)

Ortsübliche Miete/Teilmarkt 307

Der Umstand, daß der vermietete Wohnraum von einer Wohngemeinschaft benutzt wird – gleichviel ob sie von Studenten oder von wem auch immer gebildet wird –, ist bei dem Vergleich der Wohnungswerte nicht zu berücksichtigen; der Vergleich darf nicht nur auf vergleichbare von Wohngemeinschaften belegte Wohnungen begrenzt werden, mit anderen Worten keinen Teilmarkt für Wohnungen von Wohngemeinschaften bilden.

OLG Hamm v. 3. 3. 1983 – 4 REMiet 9/82 (OLGZ 1983, 223 = NJW 1983, 1622 = WuM 1983, 108 = ZMR 1983, 238)

Ortsübliche Miete/Vergleichswohnung 308

Ist für die Frage, ob für die Vermietung von Wohnraum ein unangemessen hohes, gegen § 5 Abs. 1 WiStG verstoßendes Entgelt gefordert wird, die ortsübliche Vergleichsmiete (die nicht wesentlich überschritten werden darf) zu ermitteln, so ist der vermietete Wohnraum nur mit solchen Wohnungen zu vergleichen, die nach

objektiven Merkmalen wie Art, Größe, Ausstattung, Beschaffenheit, Lage und ähnlichen objektiven Merkmalen vergleichbar sind.
OLG Hamm v. 3.3.1983 – 4 REMiet 9/82 (OLGZ 1983, 223 = NJW 1983, 1622 = WuM 1983, 108 = ZMR 1983, 238)

309 **Preisbindung/Mieterhöhungsverlangen**
Der Vermieter einer Wohnung, die preisgebunden i. S. von § 10 Abs. 2 Nr. 1 MHRG ist, ist berechtigt, schon vor Ablauf der Preisbindung vom Mieter nach § 2 MHRG zu verlangen, daß dieser einer Mieterhöhung, die nach Ablauf der Preisbindung wirksam werden soll, zustimmt.
OLG Hamm v. 9.10.1980 – 4 REMiet 2/80 (NJW 1981, 234 = WuM 1980, 262 = ZMR 1981, 56 = DWW 1980, 278)

310 **Sachverständiger/Makler**
Wer als Grundstücksmakler in dem zu beurteilenden Wohngebiet oder in einer angrenzenden Gemeinde maßgeblich tätig ist, ist deshalb nicht ungeeignet, ein Gutachten i. S. von § 2 Abs. 2 S. 2 MHRG zu erstatten, wenn er für die Schätzung von Wohnungsmieten als Sachverständiger öffentlich bestellt oder vereidigt ist.
OLG Oldenburg v. 2.1.1981 – 5 UH 4/80 (OLGZ 1981, 200 = WuM 1981, 150 = DWW 1982, 120)

311 **Sachverständiger/Wohnungsbesichtigung**
Der Sachverständige i. S. von § 2 Abs. 2 S. 2 MHRG muß die betroffene Wohnung nicht in jedem Fall besichtigt haben; bei Wohnanlagen genügt regelmäßig die Besichtigung einer Wohnung gleichen Typs.
OLG Oldenburg v. 2.1.1981 – 5 UH 4/80 (OLGZ 1981, 200 = WuM 1981, 150 = DWW 1982, 120)

312 **Sachverständiger/Wohnungsbesichtigung**
Es genügt, wenn der Sachverständige die Ausstattung der besichtigten Wohnung beschreibt.
OLG Oldenburg v. 2.1.1981 – 5 UH 4/80 (OLGZ 1981, 200 = WuM 1981, 150 = DWW 1982, 120)

313 **Vertragsmiete/Kostenmiete**
Hat der Vermieter/Eigentümer einer Wohnung für die Errichtung des Hauses seinerzeit öffentliche Wohnungsfürsorgemittel in Anspruch genommen und sich dabei gegenüber der öffentlichen Hand u. a. verpflichtet, während der Laufzeit des Darlehns die Wohnung nur an einen näher bestimmten Kreis von Bediensteten der öffentlichen Hand zu vermieten sowie keine die sogenannte Kostenmiete

überschreitende Miete zu erheben, so kann der Mieter (Bediensteter der öffentlichen Hand) dem Vermieter gegenüber einem jetzt auf § 2 MHRG gestützten Erhöhungsverlangen die vereinbarte Bindung an die Kostenmiete auch dann entgegenhalten, wenn das seinerzeit mitvereinbarte befristete Wohnungsbesetzungsrecht der öffentlichen Hand (Recht zur Benennung der Mieter) inzwischen erloschen ist, der Vermieter aber das Darlehn der öffentlichen Hand noch nicht vollständig zurückbezahlt hat.

OLG Hamm v. 14.3.1986 – 4 REMiet 2/85 (WuM 1986, 169 = ZMR 1986, 287 = MDR 1986, 760 = DWW 1986, 208 = NJW-RR 1986, 808)

Wesentlichkeitsgrenze/Ausländerzuschlag 314

Ob eine nicht unwesentliche Überschreitung der ortsüblichen Vergleichsmiete i. S. des § 5 Abs. 1 S. 2 WiStG vorliegt, beurteilt sich bei ausländischen Mietern nach den gleichen Kriterien wie bei deutschen Mietern.

OLG Stuttgart v. 26.2.1982 – 8 REMiet 5/81 (OLGZ 1983, 114 = NJW 1982, 1160 = WuM 1982, 129 = ZMR 1982, 176 = MDR 1982, 495)

Wesentlichkeitsgrenze/ortsübliche Miete 315

Die ortsübliche Vergleichsmiete ist konkret für die fragliche Wohnung festzustellen.

OLG Stuttgart v. 7.7.1981 – 8 REMiet 1/81 (NJW 1981, 2365 = WuM 1981, 225 = ZMR 1981, 318 = MDR 1981, 936 = JR 1982, 96 = NJW 1982, 2803 = ZMR 1983, 33)

Wohnflächenberechnung/Balkon 316

Bei einem Mieterhöhungsverlangen i. S. des § 2 Abs. 1, 2 MHRG ist die Wohnfläche weder nach dem Normblatt DIN 283 noch nach der II. BV oder einer anderen Rechtsvorschrift zu berechnen; vielmehr ist sie jeweils nach den besonderen Umständen des Einzelfalls zu ermitteln. Balkonflächen können dabei höchstens mit der Hälfte ihrer tatsächlichen Fläche angesetzt werden.

BayObLG v. 20.7.1983 – REMiet 6/82 (WuM 1983, 254 = ZMR 1984, 66 = MDR 1983, 1027 = DWW 1984, 18)

Wohngemeinschaft/Zuschlag 317

Der Umstand, daß der vermietete Wohnraum von einer Wohngemeinschaft benutzt wird, rechtfertigt es auch nicht, bei dem Mietenvergleich zur Prüfung der Voraussetzungen des § 5 Abs. 1 WiStG einen allgemein festgelegten pauschalen Zuschlag zu den ermittelten Vergleichsmieten anzusetzen. Das schließt nicht aus, daß im Einzelfall für die Vermietung an eine Wohngemeinschaft je nach den Umständen des Falles, z. B. wegen übermäßiger Abnutzung der Wohnung oder wegen häufigen kurzfristigen Wechsels der Mitglieder der mietenden Wohnge-

meinschaft, ein Zuschlag zur ortsüblichen Vergleichsmiete angemessen sein kann, ohne gegen § 5 Abs. 1 WiStG zu verstoßen. Welche Umstände im einzelnen einen solchen Zuschlag rechtfertigen können und mit welchem Prozentsatz der ortsüblichen Vergleichsmiete sie zu veranschlagen sind, ist Frage des Einzelfalles und der Normierung durch einen Rechtsentscheid nicht zugänglich.
OLG Hamm v. 3. 3. 1983 – 4 REMiet 9/82 (OLGZ 1983, 223 = NJW 1983, 1622 = WuM 1983, 108 = ZMR 1983, 238)

318 Zeitmietvertrag/Mieterhöhung

1. Der Vermieter einer Wohnung, bezüglich der eine Erhöhung des Mietzinses auf bestimmte Zeit durch Vereinbarung ausgeschlossen ist, und bezüglich welcher sich das Mietverhältnis der Vertragsparteien um einen im Vertrage bezeichneten Zeitraum fortsetzt, wenn es nicht von einem Vertragsteil gekündigt wird, ist berechtigt, schon vor Ablauf der vertraglich bestimmten Zeit mit festem Mietzins nach § 2 MHRG zu verlangen, daß der Mieter einer Mieterhöhung, die nach Ablauf der vertraglich bestimmten Zeit wirksam werden soll, zustimmt.

2. In diesem Fall werden die in § 2 Abs. 3, 4 MHRG bestimmten Fristen schon vor Ablauf der vertraglich bestimmten Zeit mit festem Mietzins in Lauf gesetzt, und zwar bei rechtzeitiger Geltendmachung des Erhöhungsverlangens in der Weise, daß ein eventuell geschuldeter erhöhter Mietzins für die Zeit alsbald nach Ablauf der vereinbarten Zeit zu leisten ist.

OLG Hamm v. 9. 9. 1982 – 4 REMiet 8/82 (NJW 1983, 829 = WuM 1982, 294 = ZMR 1983, 71 = MDR 1983, 320 = DWW 1982, 335)

319 Zeitmietvertrag/Verlängerungsklausel

Das Recht des Vermieters, eine Erhöhung des Mietzinses nach Maßgabe der §§ 2 bis 7 MHRG zu verlangen ist nicht nach § 1 S. 3 MHRG ausgeschlossen, wenn sich das Mietverhältnis nach Ablauf der zunächst vereinbarten Mietzeit automatisch auf bestimmte Zeit verlängert.

OLG Zweibrücken v. 17. 8. 1981 – 3 W-RE-66/81 (OLGZ 1982, 213 = WuM 1981, 273 = ZMR 1982, 115 = DWW 1981, 238)

320 Zeitpunkt für Vergleichsmietenberechnung

Verlangt der Vermieter die Zustimmung zu einer Mietzinserhöhung nach § 2 MHRG, so ist der Zugang des Mieterhöhungsverlangens der maßgebliche Zeitpunkt für die Feststellung der ortsüblichen Vergleichsmiete i. S. d. § 2 Abs. 1 S. 1 Nr. 2 MHRG.

BayObLG v. 27. 10. 1992 – REMiet 3/92 (WuM 1992, 677 = ZMR 1993, 11 = DWW 1993, 17 = ZAP F. 4R, S. 73 = BayObLGZ 1992, 314 = NJW-RR 1993, 202)

Entscheidungslexikon 165

2. Instanzgerichtliche Leitsätze

Wohnraummietsachen sind trotz des Rechtsentscheidverfahrens eine Domäne der Amts- und Landgerichte. Es kommt deshalb eben auch darauf an, die Rechtsprechung dieser Gerichte zu einer bestimmten Frage herauszufinden oder einfach Argumentationsmaterial zu erhalten. Deshalb ist nachfolgend lexikonartig alphabetisch geordnet eine Zusammenstellung von Leitsätzen[337] zu den verschiedenen Mieterhöhungsverfahren abgedruckt. Diese Zusammenstellung kann und will keinen Anspruch auf Vollständigkeit erheben. Sie beinhaltet aber veröffentlichte Entscheidungen aus den vergangenen Jahren und ist deshalb ein guter Querschnitt über die vor Gericht häufig vorkommenden Problemkreise. 321

a) Leitsätze zu § 2 MHRG

Änderung der Mietstruktur 322

Wird mit dem Zustimmungsverlangen zur Mieterhöhung eine Änderung der Mietzinsstruktur begehrt, so ist das Mieterhöhungsverlangen unwirksam.

LG Köln v. 11. 1. 1991 – 12 S 334/90 (WuM 1992, 255)

Ausgangsmiete nach Teilkündigung 323

Das Zustimmungsverlangen zur Mieterhöhung bedarf zur Begründung der Angabe der zutreffenden Ausgangsmiete, wenn die ursprünglich vereinbarte Miete nach der Teilkündigung von Nebenräumen herabgesetzt worden war.

AG Wolfenbüttel v. 29. 1. 1992 – 1220-6 16 C 586/91 (WuM 1992, 196)

Ausstattung/Bad 324

Ist eine Wohnung lediglich mit einem „Frankfurter Bad" ausgestattet, so handelt es sich um eine Wohnung ohne Bad im Sinne des Wiesbadener Mietspiegels.

AG Wiesbaden v. 5. 6. 1992 – 98 C 248/92 (WuM 1993, 68)

Bagatellmieterhöhung 325

Eine Bagatellmieterhöhung im bisherigen Bereich der Vergleichsmieten vermag nicht begründet zu werden.

AG Braunschweig v. 19. 10. 1989 – 112 C 2239/89 (WuM 1991, 118)

Balkon 326

Ein wohnwertminderndes Merkmal i. S. des Berliner Mietspiegels liegt nicht nur vor, wenn der Balkon unbenutzbar ist, sondern auch dann, wenn die Wohnung überhaupt keinen Balkon aufweist.

AG Berlin-Schöneberg v. 2. 8. 1990 – 2 C 223/90 (MM 1990, 261)

---

[337] Die hier abgedruckten Leitsätze wurden mit freundlicher Genehmigung der Verlage folgenden elektronischen Datenbanken entnommen: LSK-CD-ROM des Beck-Verlages; WuMDat des Deutschen Mieterbundes und jurisdatadisc Mietrecht der juris-GmbH.

327 Begründung

Ein Mieterhöhungsverlangen i. S. des § 2 Abs. 2 MHRG ist nicht unwirksam, wenn der Vermieter versehentlich im Mietspiegel ein falsches Rasterfeld angekreuzt hat und der Mieter den Fehler ohne weiteres erkennen kann.

Ein unter Bezugnahme auf den Mietspiegel begründetes Mieterhöhungsverlangen ist unwirksam, wenn der Vermieter die Zustimmung zu einem außerhalb der Obergrenze des für die Wohnung in Betracht kommenden Mietspiegelfeldes verlangt und der Mieter bereits einen außerhalb der Obergrenze liegenden Mietzins zahlt.

LG Berlin v. 18. 9. 1989 – 61 S 129/89 (ZMR 1990, 20)

328 Beschwer

Die Beschwer des zur Zustimmung zum Mieterhöhungsverlangen verurteilten Mieters bemißt sich nach dem dreifachen Jahresbetrag des geforderten erhöhten Mietzinses.

LG Hamburg v. 19. 9. 1991 – 307 S 44/91 (WuM 1993, 134)

329 Beschwer

Die Beschwer des zur Zustimmung zur Mieterhöhung verurteilten Mieters bemißt sich nach dem Jahresbetrag der monatlichen Mieterhöhung.

LG Köln v. 11. 6. 1991, 1 S 117/91 (WuM 1991, 563)

330 Beschwer

Die Beschwer im Zustimmungsprozeß zur Mieterhöhung bemißt sich nach dem Jahresbetrag der zusätzlichen Mietforderung.

LG Regensburg v. 19. 11. 1991, S 347/91 (WuM 1992, 145)

331 Bruttomiete/Nettomiete

Der Vermieter kann mit seinem Erhöhungsverlangen i. S. des § 2 Abs. 2 MHRG vom Mieter nur die Zustimmung zur Erhöhung des vereinbarten Mietzinses, nicht aber auch die Umgestaltung der Mietzinsvereinbarung dergestalt verlangen, daß statt der vereinbarten Bruttokaltmiete künftig eine Nettokaltmiete geschuldet wird.

LG Berlin v. 26. 10. 1987 – 61 S 141/87 (ZMR 1988, 61)

332 Einfamilienhaus

Im Zustimmungsverlangen zur Mieterhöhung ist der ortsübliche Quadratmeterpreis der Wohnfläche auch dann anzugeben, wenn ein Einfamilienhaus vermietet ist.

LG Darmstadt v. 15. 8. 1990 – 21 S 70/90 (WuM 1991, 49)

Eingruppierung im Mietspiegel 333
Bei der Bezugnahme eines Zustimmungsverlangens zur Mieterhöhung auf einen Mietspiegel muß der Vermieter die Bezugspunkte für die Einstufung der Wohnung im Mietspiegel nennen, die der Mieter benötigt, um die Berechnung nachvollziehen zu können. Dabei sind solche Angaben entbehrlich, die der Mieter bereits selbst kennt. Es ist nicht erforderlich, daß der Vermieter seine Berechnung nach dem Mietspiegel im Detail vorlegt.
LG München I v. 11. 11. 1992 – 14 S 8288/92 (WuM 1993, 67)

Eingruppierung im Mietspiegel 334
Bei der Ermittlung der ortsüblichen Vergleichsmiete ist zunächst vom Mittelwert des einschlägigen Mietspiegel-Rasterfeld auszugehen. Eine Abweichung nach oben bzw. unten ist nur gerechtfertigt, wenn seitens des Vermieters wohnwerterhöhende bzw. seitens des Mieters wohnwertmindernde Merkmale vorgetragen werden. Erst wenn das Vorhandensein solcher Merkmale zwischen den Parteien streitig ist, kommt eine Beweisaufnahme etwa durch Augenscheinseinnahme oder durch Einholung eines Sachverständigengutachtens in Betracht.
LG Berlin v. 16. 9. 1991 – 66 S 58/91 (Grundeigentum 1991, 1149)

Eingruppierung in Leerfeld 335
Das unter Bezugnahme auf einen Mietspiegel begründete Zustimmungsverlangen zur Mieterhöhung ist unwirksam, wenn das Rasterfeld, dem die Wohnung zuzuordnen ist, ein Leerfeld ist.
LG Berlin v. 1. 2. 1990 – 61 S 353/89 (WuM 1990, 158)

Eingruppierung im Mieterhöhungsverlangen 336
Bei einem mit Bezugnahme auf den Mietspiegel begründeten Mieterhöhungsverlangen ist die Begründung der Einordnung innerhalb einer bestimmten Spanne nicht erforderlich.
LG Berlin v. 11. 2. 1992 – 65 S 51/91 (Grundeigentum 1992, 383)

Eingruppierung/Rasterfeld 337
Die Bezugnahme auf ein unzutreffendes Mietspiegelfeld macht die Mieterhöhungserklärung nicht unwirksam.
LG Berlin v. 12. 10. 1990 – 29 S 100/89 (MM 1991, 127)

Eingruppierung/Rasterfeld 338
Die Angabe eines falschen Mietspiegelfeldes macht das Mieterhöhungsverlangen unwirksam.
AG Berlin-Schöneberg v. 16. 7. 1990 – 8 C 221/90 (MM 1990, 351 = Grundeigentum 1991, 193)

339 Eingruppierung/Wohnlage

Ein Mieterhöhungsverlangen ist nicht schon deshalb unwirksam, weil der Vermieter die Wohnlage unrichtig bezeichnet hat (§ 2 Abs. 2 S. 2 MHRG), es sei denn, der Vermieter macht bewußt falsche Angaben zum Mietspiegelfeld.

LG Berlin v. 10. 10. 1990 – 67 S 61/90 (Grundeigentum 1990, 1257)

340 Eingruppierung im Mieterhöhungsverlangen

Im Zustimmungsverlangen zur Mieterhöhung sind die zur Eingruppierung der Wohnung wesentlichen Kategorien des in Bezug genommenen Mietspiegels nicht ausdrücklich aufzuführen, wenn eine Kopie des Mietspiegels dem Mieterhöhungsschreiben beigefügt ist, in der Kopie der verlangte Höchstbetrag gekennzeichnet ist und der Mietspiegel allgemein zugänglich ist, so daß eine Überprüfung des Zustimmungsbegehrens erfolgen kann.

LG Mönchengladbach v. 26. 7. 1991 – 2 S 481/90 (WuM 1992, 196)

341 Falscher Vermieter

Das Mieterhöhungsverlangen des sich irrtümlich für den Vermieter haltenden früheren Grundstückseigentümers ist unwirksam.

AG Hamburg v. 6. 8. 1986 – 37a C 1030/86 (WuM 1991, 47)

342 Garage

Haben die Parteien im Mietvertrag für eine Wohnung mit Garage keinen gesonderten Mietzins für die Garage festgelegt, so ist bei der Ermittlung der ortsüblichen Miete ein Zuschlag von 5 % angemessen.

LG Berlin v. 17. 10. 1990, 67 S 88/90 (Grundeigentum 1991, 729)

343 Gemeinnützigkeit

Der Grundstückserwerber ist an die mietvertragliche Vereinbarung gebunden, nach der Mieterhöhungen nur im Rahmen der gesetzlichen Vorschriften über die Gemeinnützigkeit im Wohnungswesen zulässig sein sollen.

LG Frankfurt/Main v. 10. 4. 1990 – 2/11 S 414/89 (WuM 1990, 440)

344 Gleichzeitige Klage

Eine Klage auf Zustimmung zu einer Mieterhöhung ist als unzulässig abzuweisen, wenn in dem Schreiben, in dem die Mieterhöhung gefordert wurde, zugleich auf die Klage hingewiesen wurde und diese mit gleicher Post bei Gericht eingereicht wurde.

LG Dortmund v. 8. 7. 1987 – 21 S 335/86 (NJW-RR 1988, 12)

345 Gutachten

Ein Mieterhöhungsverlangen kann auch mit dem Gutachten eines Sachverständigen, das nicht die Wohnung des Mieters betrifft, begründet werden. Das Miet-

erhöhungsgutachten zu einer ähnlichen Wohnung wird nicht zur Begründung des Erhöhungsverlangens untauglich, wenn die begutachtete Wohnung in dem einen oder anderen Punkt von der Wohnung, deren Miete erhöht werden soll, abweicht, sofern es sich lediglich um einen von mehreren Bewertungsaspekten handelt.
LG Nürnberg-Fürth v. 20. 7. 1990 – 7 S 9789/89 (ZMR 90, 420 = NJW-RR 1991, 13)

Gutachten 346

Die generelle Sachkunde eines öffentlich bestellten und vereidigten Sachverständigen für Mietpreisfragen darf durch Befragung nicht überprüft werden. Nur sein Gutachten kann darauf überprüft werden, ob es in sich widersprüchlich, ermessensfehlerhaft oder auf falschen Tatsachen aufgebaut ist.
LG Frankfurt v. 17. 7. 1990 – 2/11 S 11/90 (ZMR 1990, 382)

Jahresfrist 347

Das dem Mieter vor Ablauf der Jahressperrfrist zugegangene Zustimmungsverlangen zur Mieterhöhung ist unwirksam.
AG Hamburg v. 8. 11. 1990, 38 C 1370/90 (WuM 1991, 48)

Jahresfrist 348

Auch nach Ablauf der Mietpreisbindung ist die einjährige Wartefrist des § 2 Abs. 1 Nr. 1 MHG zu beachten mit der Folge, daß nach letztmaliger Erhöhung der Kostenmiete der Lauf der Jahresfrist beginnt.
LG Arnsberg v. 10. 12. 1990 – 5 S 237/90 und 5 S 228/90 (WuM 1991, 207)

Jahresfrist 349

Die teilweise, außergerichtliche Zustimmung zu einem – auch unwirksamen – Mieterhöhungsverlangen löst die Jahressperrfrist für ein weiteres selbständiges Zustimmungsverlangen zur Mieterhöhung aus.
LG Mainz v. 29. 10. 1991 – 3 S 103/91 (WuM 1992, 136)

Jahresfrist 350

Die Jahressperrfrist nach teilweiser Zustimmung zur Mieterhöhung wird nicht in Lauf gesetzt, wenn der Mieter auf ein unwirksames Mieterhöhungsverlangen zweimal durch bloße Zahlung eines Teilbetrages der angestrebten Mieterhöhung reagiert hat.
LG Frankfurt/Main v. 17. 11. 1989 – 2/17 S 73/89 (WuM 1990, 224)

Jahresfrist bei Mietpreisbindungsende 351

Bei einem Mieterhöhungsverlangen ist die Jahresfrist des § 2 Abs. 1 S. 1 MHRG auch beim Übergang von der Kostenmiete zur Marktmiete einzuhalten.
AG Arnsberg v. 26. 9. 1990 – 3 C 247/90 (DWW 1991, 117)

352 Jahresfrist

War das einer Klage vorausgegangene Zustimmungsverlangen zur Miterhöhung nur teilweise wirksam und ist der Mieter auf Grund dessen im ersten Rechtszug verurteilt worden, der Mieterhöhung auf den geringeren, von ihm akzeptierten Betrag Folge zu leisten, so wird die Jahressperrfrist durch diese Mieterhöhung ausgelöst, wenn der Vermieter die Berufung gegen das erstinstanzliche Urteil zurückgenommen hat.

AG Siegburg v. 29. 4. 1991 – 9 C 625/90 (WuM 1991, 501)

353 Kappungsgrenze

Für eine nach Beendigung des Mietverhältnisses von dem Mieter wegen verspäteter Räumung geschuldeten Nutzungsentschädigung gilt die Kappungsgrenze des § 2 Abs. 1 Nr. 3 MHRG nicht.

LG Stuttgart v. 21. 1. 1987 – 13 S 383/86 (NJW-RR 1987, 401)

354 Kappungsgrenze

Auch bei Wegfall der Mietpreisbindung ist die Kappungsgrenze des § 2 Abs. 1 S. 1 Nr. 3 MHRG zu beachten. Der Schutzzweck dieser Vorschrift verbietet eine einschränkende Auslegung dahin, daß Zeiträume der Preisbindung nicht in die Dreijahresfrist einbezogen werden.

LG Kiel v. 13. 11. 1991 – 5 S 299/90 (DWW 1992, 86)

355 Kappungsgrenze/Untermietzuschlag

Der Untermietzuschlag ist als Teil der Grundmiete in die Berechnung der Kappungsgrenze einzubeziehen.

AG Hamburg v. 7. 11. 1991 – 49 C 661/91 (WuM 1992, 257)

356 Kappungsgrenze

Bei einem weniger als drei Jahre bestehenden Mietverhältnis ist statt der 3-Jahres-Frist die kürzere Dauer des bisherigen Mietverhältnisses zu berücksichtigen, so daß als Ausgangsmiete die Anfangsmiete zugrundezulegen ist.

LG Karlsruhe v. 9. 2. 1990 – 9 S 336/89 (ZMR 1990, 222)

357 Kappungsgrenze

Eine analoge Anwendung der Kappungsgrenze bei Mietverhältnissen, die noch keine drei Jahre bestehen, mit der Folge, daß statt der Begrenzung der Mieterhöhung auf 30 % entsprechend der Dauer des Mietverhältnisses ein niedrigerer Prozentsatz gilt, ist nicht gerechtfertigt.

LG Karlsruhe v. 9. 2. 1990 – 9 S 336/89 (ZMR 1990, 222)

Entscheidungslexikon 171

Kappungsgrenze 358
Die Kappungsgrenze ist nach dem 3-Jahres-Zeitraum rückwirkend vom Stichtag der gewünschten Mieterhöhung zu rechnen.
LG Hannover v. 8. 12. 1989 – 8 S 236/89 (WuM 1990, 517)

Kappungsgrenze 359
Die Geltung der in § 2 Abs. 1 Nr. 3 MHG enthaltenen 30%igen Kappungsgrenze auch für Sozialwohnungen, die aus der Preisbindung entlassen wurden, verstößt nicht gegen Art. 14 und Art. 3 GG (vergleiche BVerfG 1 BvL 23/84, Grundeigentum 1986, 339).
AG Berlin-Charlottenburg v. 27. 6. 1991 – 5 C 104/91 (MM 1991, 267)

Kappungsgrenze 360
Sind Betriebskosten teilweise in der Miete enthalten, ohne daß darüber abgerechnet wird, berechnet sich die Kappungsgrenze ausgehend von diesem Mietzins.
AG Hagen v. 22. 1. 1990 – (18) 6 C 71/89 (WuM 1990, 555)

Klagefrist/Nachholung 361
Bei Versäumung der Klagefrist des § 2 Abs. 3 S. 1 MHRG ist eine Neuvornahme des Mieterhöhungsverlangens erforderlich. Seine Nachholung im Prozeß ist nicht möglich.
LG Frankenthal v. 17. 10. 1984 – 2 S 189, 196/84 (NJW 1985, 273)

Klagefrist 362
Eine Mieterhöhungsklage, die zwar nicht schlüssig ist, aber den Anspruch ausreichend individualisiert, ist wirksam erhoben und wahrt die dafür vorgeschriebene Frist.
LG Braunschweig v. 8. 5. 1984 – 6 S 399/83 (MDR 1984, 1026)

Kostenmiete 363
Erhöhungen der Kostenmiete, deren Rechtsgrund nicht unter die §§ 3 bis 5 MHRG fällt, lösen die einjährige Wartefrist aus. Ein Mieterhöhungsverlangen nach § 2 Abs. 1 MHRG ist unwirksam, wenn es vom Vermieter bereits mehrere Monate (hier 10 Monate) vor Ablauf der einjährigen Wartefrist abgesandt worden ist.
LG Berlin v. 30. 1. 1989 – 61 S 170/88 (ZMR 1989, 262)

Mangelhafte Ausstattung 364
Bei der Ermittlung des ortsüblichen Mietzinses für Wohnraum ist wegen der mangelhaften Ausstattung des Bades (keine Warmwasserversorgung) eine Herabsetzung des angemessenen Mietzinses nicht möglich, da der Mangel über § 538 Abs. 2 BGB auszugleichen ist.

Hat ein Mieter im Verlauf der Mietzeit auf eigene Kosten eine Mängelbeseitigungsmaßnahme durchgeführt, ohne daß die Voraussetzungen des § 538 Abs. 2 BGB vorgelegen haben, so ist die Wohnung im Mieterhöhungsverfahren nach § 2 MHRG als mangelfreie Wohnung zu behandeln.
LG Mannheim v. 31. 10. 1990 – 4 S 88/90 (NJW-RR 1991, 1108 = ZMR 1991, 107)

365 Mietereinbauten
Vom Mieter nach der Gebrauchsüberlassung vorgenommene Einbauten und Verbesserungen in der Wohnung bleiben bei den Ausstattungsmerkmalen des Mietspiegels unberücksichtigt.
LG Berlin v. 12. 10. 1990 – 29 S 100/89 (MM 1991, 127)

366 Mieterhöhung/konkreter Mietzins
Fordert der Vermieter einen über dem Mittelwert des entsprechenden Mietspiegelfeldes gelegenen Mietzins, so hat er insoweit wohnwerterhöhende Merkmale darzulegen und zu beweisen.
AG Berlin-Schöneberg v. 16. 7. 1990 – 8 C 221/90 (MM 1990, 351 = Grundeigentum 1991, 193)

367 Mieterhöhung nach Ende einer Hausmeistertätigkeit
Das Nutzungsentgelt einer ehemaligen Hausmeisterwohnung richtet sich nach Kündigung des Dienstvertrages nach dem auf die Wohnungsüberlassung entfallenden früheren Vergütungsanteil.
LG Hamburg v. 27. 6. 91 – 334 S 166/90 (WuM 1991, 550)

368 Mieterhöhung nach Ende einer Hausmeistertätigkeit
Ist in einem Wohnungsmietvertrag vereinbart, daß der Mieter Hauswartsarbeiten auszuführen hat und daß er dafür die Wohnung zu einem ermäßigten Mietpreis erhält, so richtet sich die Erhöhung des Mietzinses auch dann nach § 2 MHRG, wenn die Vereinbarung über die Hauswartsarbeiten aufgehoben wird und der Mietzins lediglich dem üblichen – nicht ermäßigten – Mietzins angepaßt werden soll. Eine widersprechende Vereinbarung ist unwirksam.
LG Mannheim v. 23. 8. 1989 – 4 S 62/89 (WuM 1990, 220)

369 Mieterhöhung durch Erwerber
Eine wirksame Mieterhöhung nach § 2 MHRG, die vom Erwerber des Mietgrundstücks ausgesprochen wird, setzt voraus, daß dieser sich dem Mieter gegenüber als Vermieter ausgewiesen hat.
AG Berlin-Charlottenburg v. 29. 4. 1991 – 7b C 72/91 (MM 1991, 367)

Mieterhöhung Inklusivmiete 370

Die Zustimmung zur Erhöhung der Inclusivmiete kann unter Benennung der Nettomieten von Vergleichswohnungen gefordert werden, soweit keine höhere als die ortsübliche Nettomiete unter Beachtung der sog. Kappungsgrenze gefordert wird.

LG Hannover v. 15. 1. 1992 – 11 S 191/91 (WuM 1992, 136)

Mieterhöhung/Rechenfehler 371

Rechnerische Fehler bei der Berechnung der Vergleichsmiete nach dem Mietspiegel, die nicht ohne weiteres aus dem Mieterhöhungsverlangen selbst ersichtlich sind, führen grundsätzlich nicht zu einer Unwirksamkeit des Mieterhöhungsverlangens.

LG München I v. 11. 11. 1992 – 14 S 8288/92 (WuM 1993, 67)

Mieterhöhung 372

Eine Mieterhöhung „ins Blaue hinein", die erkennbar das MHRG nicht mehr zur Grundlage hat (hier: 250 %ige Mietzinssteigerung), kann nicht auf eine gerade noch zulässige 30 %ige Steigerung der Netto-Kaltmiete reduziert werden, vielmehr ist die Mieterhöhung insgesamt unwirksam.

AG Berlin-Charlottenburg v. 27. 6. 1991 – 5 C 104/91 (MM 1991, 267)

Mieterhöhung/Zustimmung durch Zahlung 373

Die einmalige vorbehaltlose Zahlung des Mieters auf ein Mieterhöhungsverlangen stellt bereits eine Zustimmung zu diesem Erhöhungsverlangen dar. Eine nur teilweise Zahlung ist als zulässige Teilzustimmung anzusehen.

AG Frankfurt v. 30. 6. 87 – 33 C 1616/87 (ZMR 1989, 180)

Mieterhöhung/Mietereinbauten 374

Trifft den Vermieter keine Instandhaltungspflicht hinsichtlich werterhöhender Einrichtungen des Vormieters, die der Mieter abgelöst hat, so bleiben diese Einrichtungen bei der Mieterhöhung außer Betracht.

LG Hamburg v. 11. 1. 1990 – 57 S 37/89 (WuM 1990, 441)

Mieterhöhung/Mietermehrheit 375

Da die Zustimmung zu einem Mieterhöhungsverlangen nur von allen Mietern gemeinsam gegeben werden kann, sind die Mieter notwendige Streitgenossen bei einer Mieterhöhungsklage. Hat einer der Streitgenossen bereits vor Klageerhebung seine Zustimmung erteilt, ist die Notwendigkeit der einheitlichen Rechtsverfolgung entbehrlich.

LG Kiel v. 29. 6. 1989 – 1 S 87/88 (ZMR 1989, 429)

376 Mieterhöhung nach § 2 und § 3 MHRG

Der Vermieter ist berechtigt, eine Mieterhöhung nach § 2 MHRG mit einer solchen nach § 3 MHRG zu kombinieren, wobei es aber nicht zu einer kumulativen Mieterhöhung kommen darf, bei der die Modernisierung doppelt, nämlich sowohl bei § 2 MHRG als auch bei § 3 MHRG berücksichtigt wird. Daher darf bei einem Nebeneinander einer Mieterhöhung nach § 2 MHRG und einer gleichzeitigen oder nachfolgenden Mieterhöhung nach § 3 MHRG im ersteren Fall nur die ortsübliche Vergleichsmiete für nicht modernisierte Wohnungen herangezogen werden.

AG Berlin v. 19. 2. 1991 – 16 C 468/90 (Grundeigentum 1991, 577)

377 Mieterhöhung/befristete Mietverträge

Die in formularmäßigen Wohnraummietverträgen enthaltene Klausel, wonach auch bei einem befristeten Mietverhältnis Mieterhöhungen nach dem Gesetz zur Regelung der Miethöhe zulässig sein sollen, ist als sogenannte Überraschungsklausel i. S. von § 3 AGBG unzulässig.

AG Offenbach v. 14. 7. 1987 – 37 C 2903/87 (ZMR 1987, 472)

378 Mieterhöhungsklage

Der Mieter ist im Zustimmungsprozeß zur Mieterhöhung nicht verpflichtet, das ihm zugegangene Zustimmungsverlangen zur Mieterhöhung vorzulegen. Der schriftsätzlich aus dem Gedächtnis wiedergegebene Wortlaut des Inhalts des Zustimmungsverlangens zur Mieterhöhung ersetzt nicht die Vorlage einer Zweitschrift des Mieterhöhungsverlangens zur Prüfung der Ordnungsgemäßheit des Zustimmungsverlangens.

AG München v. 14. 10. 1991 – 252 C 7039/91 (WuM 1992, 136)

379 Mieterhöhungsklage

Das Zustimmungsverlangen zur Mieterhöhung unterliegt auch dann der vollständigen gerichtlichen Nachprüfung, wenn der Vermieter die Miethöhe mit einem gültigen Mietspiegel begründet hat.

LG Hamburg v. 6. 6. 1991 – 307 S 419/90 (WuM 1991, 502)

380 Mieterhöhungsverlangen/Verständlichkeit

Ein Mieterhöhungsverlangen muß aus sich heraus verständlich sein und dem Mieter wenigstens eine grobe Nachprüfung ermöglichen, ob die geforderte Mieterhöhung berechtigt ist. Dies ist nicht der Fall, wenn der Vermieter in dem Zustimmungsverlangen ohne nähere Erläuterung von der zwischen den Parteien vereinbarten Mietzinsstruktur abweicht.

AG Berlin-Schöneberg v. 9. 1. 1991 – 7 C 451/90 (Grundeigentum 1991, 689)

Entscheidungslexikon 175

Mieterhöhungsverlangen 381
Die Angabe der Kürzungsbeträge aus der Gewährung von öffentlichen Förderungsmitteln im Sinne des § 2 Abs. 1 S. 2 MHRG ist Voraussetzung für ein wirksames Mieterhöhungsverlangen.
LG Berlin v. 8. 5. 1990 – 65 S 299/89 (MM 1990, 229)

Mieterhöhungsverlangen 382
Ein Mieterhöhungsverlangen nach § 2 MHRG, welches durch Vergleichswohnungen begründet werden soll, ist unwirksam, wenn ihm die Aufstellung der Vergleichswohnungen nicht beigefügt ist. Die Unwirksamkeit wird durch ein Nachreichen der Aufstellung nicht geheilt.
AG Berlin-Schöneberg v. 15. 7. 1991 – 7 C 249/91 (MM 1991, 333)

Mietminderung nach Mieterhöhung 383
Das Recht des Mieters auf Mietminderung, das er zuvor wegen Kenntnis des Mangels der Mietsache verloren hatte, lebt wieder auf, wenn durch ein Mieterhöhungsverlangen des Vermieters eine wesentliche Störung des Äquivalenzverhältnisses zwischen der Leistung des Vermieters und derjenigen des Mieters eintritt.
LG Berlin v. 17. 9. 1991 – 63 S 475/90 (MM 1991, 331)

Mietspiegel als Beweismittel 384
Das Gericht kann die ortsübliche Vergleichsmiete anhand des Mietspiegels der Stadt Gladbeck v. 1. 7. 1989 auch dann ermitteln, wenn das Zustimmungsverlangen zur Mieterhöhung Vergleichsobjekte bezeichnet.
LG Essen v. 9. 11. 1990 – 1 S 271/90 (WuM 1991, 120)

Mietspiegel 385
Der im Zeitpunkt des Zugangs des Zustimmungsverlangens zur Mieterhöhung maßgebliche ortsübliche Mietzins kann aufgrund eines unmittelbar nach diesem Zeitpunkt in Kraft getretenen Mietspiegels bestimmt werden.
LG Hamburg v. 5. 4. 1991 – 311 S 248/89 (WuM 1991, 355)

Mietspiegel, alter 386
Zur Ermittlung des ortsüblichen Vergleichsmietzinses (§ 2 Abs. 1 Nr. 2 MHRG) kann für ein Mietzinserhöhungsverlangen aus dem Jahre 1989 der Berliner Altbaumietspiegel 1990 herangezogen werden.
AG Berlin Charlottenburg v. 16. 5. 1990 – 15 C 365/89 (Grundeigentum 1990, 1259)

387 Mietspiegel

Ein Mietspiegel darf nur dann als Beweismittel im gerichtlichen Verfahren Verwendung finden, wenn er aufgrund einer Repräsentativbefragung nach empirisch-statistischen Methoden erstellt worden ist.

AG Frankfurt v. 20. 10. 1988 – 33 C 4916/87 – 29 (NJW-RR 1989, 12)

388 Mietspiegel/Eingruppierung

Eine „Wohnung mit Sammelheizung" liegt auch dann vor, wenn die ganze Wohnung durch Nachtstromspeicheröfen erwärmt wird. Dabei ist es nicht erforderlich, daß alle Räume der Wohnung mit Heizkörpern versehen sind. Vielmehr reicht es aus, wenn auch die nicht mit einem Heizkörper versehenen Räume durch die übrigen Heizkörper ausreichend erwärmt werden.

LG Berlin v. 2. 11. 1989 – 61 S 172/89 (WuM 1990, 157)

389 Mietspiegel/Eingruppierung

Trinkwasserleitungen aus Blei sind noch so weitgehend üblich, daß ein relevantes Abweichen vom Durchschnitt der Wohnungen insoweit nicht festzustellen ist, daß vom Durchschnittswert des Rasterfeldes C 4 des Hamburger Mietenspiegels 1989 abzuweichen wäre.

AG Hamburg-Wandsbek v. 14. 9. 1990 – 715 C 110/90 (WuM 1991, 119)

390 Mietspiegel/Eingruppierung

Begründet der Vermieter das Zustimmungsverlangen zur Mieterhöhung mit dem Mietspiegel, so ist er an die vorgegebenen Altersklassen gebunden.

LG Dortmund v. 3. 4. 1991 – 21 S 217/90 (WuM 1992, 28)

391 Mietspiegel als Beweismittel

Der Mietspiegel Dortmund v. 1. 6. 1990 kann vom Gericht als Beweismittel zur ortsüblichen Vergleichsmiete herangezogen werden, ohne daß ein Sachverständigengutachten einzuholen wäre. Das Gericht ist nicht an die vom Vermieter im Mieterhöhungsverlangen gewählten Begründungsmittel gebunden.

LG Dortmund v. 24. 7. 1991 – 21 S 73/91 (WuM 1991, 559)

392 Mitspiegel/Abweichung

Wer sich darauf beruft, daß die ortsübliche Vergleichsmiete vom Mietspiegelwert abweicht, muß die das Abweichen rechtfertigenden Tatsachen substantiiert darlegen, sonst braucht seinem Beweisantritt (Einholung eines Sachverständigengutachtens) nicht nachgegangen zu werden.

LG Berlin v. 12. 12. 1991 – 67 S 300/91 (Grundeigentum 1992, 215)

Mietspiegel 393
Im Rahmen eines Mieterhöhungsverlangens können die seit der Veröffentlichung eines gültigen Mitspiegels eingetretenen Mietsteigerungen nicht durch eine pauschale prozentuale Erhöhung der Mietspiegelsätze berücksichtigt werden. Zumindest für die Dauer von zwei Jahren seit der Veröffentlichung gibt der Mietspiegel die Vergleichsmiete an.
LG Stuttgart v. 14. 11. 1990 – 13 S 282/90 (NJW-RR 1991, 1038)

Mietspiegel als Beweismittel 394
Zur Einholung eines Sachverständigengutachtens im Zustimmungsprozeß zur Mieterhöhung bedarf es gegenüber dem Mietspiegel Aachen v. 28. 3. 1990 konkreter Anhaltspunkte für das Begehren des Vermieters, um einen unzulässigen Ausforschungsbeweis zu verneinen.
AG Aachen v. 24. 8. 1990 – 15 C 260/90 (WuM 1991, 120)

Mietspiegel 395
Ein Mietspiegel ist auch dann verwertbar, wenn für seine Fortschreibung keine statistische Erhebung vorgenommen wurde, sondern anhand des Datenmaterials des örtlichen Haus- und Grundbesitzervereins fortgeschrieben wurde.
LG Frankfurt v. 7. 2. 1989 – 2/11 S 301/88 (NJW-RR 1989, 661)

Mietspiegel 396
Eine Wohnung kann nur in die tatsächlich zutreffende Baujahresgruppe eingestuft werden. Eine für damalige Verhältnisse besonders gute Ausstattung ist lediglich bei der Festlegung des Quadratmeterpreises innerhalb der Preisspanne des Mietspiegels zu berücksichtigen.
LG Stuttgart v. 14. 11. 1990 – 13 S 282/90 (NJW-RR 1991, 1038)

Mietspiegel, neuer 397
Ein Mietspiegel, der ausdrücklich für den Zeitraum gelten soll, der nach Stellung des Erhöhungsverlangens liegt, ist im Mieterhöhungsprozeß kein zulässiges Beweismittel. Es ist daher nicht zulässig, den Mietspiegel für 1990 heranzuziehen, wenn es um eine Mieterhöhung für das Rechnungsjahr 1987 geht.
AG Berlin-Schöneberg v. 19. 4. 1990 – 11 C 222/89 (Grundeigentum 1990, 663)

Mietspiegel 398
Die Mietspiegelübersicht des Finanzamts ist einem Mietspiegel nicht vergleichbar.
LG Aurich v. 12. 1. 1990 – 1 S 474/89 (WuM 1990, 222)

Mietspiegel als Beweismittel 399
Der nach der sog. Regressionsmethode erstellte Mietspiegel Frankfurt/Main 1990 kann vom Gericht zur Feststellung der ortsüblichen Vergleichsmiete herangezogen

werden. Die Auswahl der zur Mietspiegelerstellung erforderlichen Daten muß dem Marktgeschehen von Mietveränderungen und Neuabschlüssen folgen. Die Veralterung des Mietspiegels rechtfertigt keine Zuschläge auf die Tabellenwerte.
LG Frankfurt/Main v. 18. 6. 1991 – 2/11 S 305/90 (WuM 1991, 595)

400 **Mietspiegel**
Für die Begründung eines Verlangens auf Mietzinserhöhung genügt die Bezugnahme auf den Mietzinsspiegel einer vergleichbaren Gemeinde, wobei die Bewertungskriterien der Tabelle, die der Erhöhung zugrunde liegen, für den Mieter auffindbar bezeichnet werden müssen.
LG Nürnberg-Fürth v. 6. 11. 1987 – 7 S 2797/87 (NJW-RR 1988, 400).

401 **Mietspiegel**
Die Ausarbeitung eines Mietspiegels nach der sogenannten Regressionsmethode ist nicht zu beanstanden. Gegen sie spricht nicht, daß sie zu absoluten Mietwerten statt zu Spannen führt. Der Mietspiegel ist nicht durch Zuschläge dem Zeitpunkt des jeweiligen Erhöhungsverlangens anzupassen.
LG Frankfurt v. 18. 6. 1991 – 2/11 S 305/90 (NJW-RR 1991, 1417)

402 **Mietspiegel als Beweismittel**
Nur in besonderen Fällen kann im Anwendungsbereich des Hamburger Mietspiegels 1989 die Einholung eines gerichtlichen Sachverständigengutachtens geboten sein.
LG Hamburg v. 30. 5. 1991, 307 S 132/91 (WuM 1991, 699)

403 **Mietspiegel als Beweismittel**
Der Berliner Altbaumietpreisspiegel 1990 ist als Beweismittel für die Höhe der ortsüblichen Vergleichsmiete heranzuziehen.
LG Berlin v. 9. 11. 1990 – 67 S 174/90 (WuM 1991, 119)

404 **Mietspiegel/Zuschlag**
Auf die Werte des aktuellen Mietspiegels sind keine Zeitzuschläge zu erheben.
LG Frankenthal/Pfalz v. 3. 5. 1991 – 2 S 351/90 (WuM 1991, 597)

405 **Mietspiegel/Zuschlag**
Dem Gericht und dem Mietpreissachverständigen ist verwehrt, auf die aktuellen Mietspiegelwerte einen sog. Zeitzuschlag zuzulassen.
AG Münster v. 24. 11. 1992 – 50 C 616/91 (WuM 1993, 66)

Mietspiegel Eingruppierung 406

Eine Wohnung mit Sammelheizung im Sinne des Berliner Mietspiegels für ehemals preisgebundene Altbauwohnungen liegt auch dann vor, wenn diese mit einer Koksetagenheizung ausgestattet ist.

LG Berlin v. 19. 4. 1990 – 61 S 477/89 (WuM 1990, 310)

Mietspiegel als Beweismittel 407

Das Gericht ist bei der Wahl seines Beweismittels nicht an die vom Vermieter in seinem Zustimmungsverlangen zur Mieterhöhung als Beweismittel angeführten Vergleichswohnungen gebunden. Ein zwei Jahre alter Mietspiegel kann bis zum Zeitpunkt seiner Neuerstellung einen besseren Beweiswert als ein Sachverständigengutachten haben.

LG Hamburg v. 5. 5. 1989 – 11 S 424/88 (WuM 1990, 31)

Mietspiegel als Beweismittel 408

Der Beweis über die ortsübliche Vergleichsmiete ist grundsätzlich anhand des Mietspiegels (hier: Frankfurt/Main) zu führen.

LG Frankfurt/Main v. 17. 7. 1990 – 2/11 S 11/90 (WuM 1990, 519 = NJW-RR 1991, 14 = ZMR 1990, 382)

Mietspiegel als Beweismittel 409

Der Hamburger Mietenspiegel 1989 ist zur Vergleichsmietenermittlung grundsätzlich verwertbar.

LG Hamburg v. 14. 6. 1990 – 334 S 20/90 (WuM 1990, 441)

Mietspiegel als Beweismittel 410

Bei einer Mieterhöhung gemäß § 2 MHRG ist das Gericht bei der Entscheidung über die Begründetheit des Erhöhungsverlangens nicht auf die vom Vermieter genannten Vergleichswohnungen beschränkt, deren Benennung allein die Zulässigkeit des Mieterhöhungsbegehrens betrifft, sondern kann den Mietspiegel und Sachverständige heranziehen.

LG Bochum v. 18. 12. 1990 – 9 S 352/90 (WuM 1991, 700 = NJW-RR 1991, 1039 = ZAP F. 4 R, S. 23)

Mietspiegel 411

Das Zustimmungsverlangen zur Mieterhöhung kann nicht mit dem Mitspiegel des Haus- und Grundbesitzervereins Aachen 1990 begründet werden.

AG Aachen v. 25. 1. 1991 – 15 C 505/90 (WuM 1991, 277)

Mietspiegel als Beweismittel 412

Der Mietspiegel München vom Februar 1989 kann im Freibeweis zur Ermittlung der ortsüblichen Vergleichsmiete herangezogen werden.

Nach Erstellung des Mietspiegels eingetretene Erhöhungen des Mietenniveaus können auf dem Zeitpunkt des Zustimmungsverlangens zur Mieterhöhung berechnet werden.

AG München v. 26. 10. 1990 – 234 C 28539/90 (WuM 1991, 277)

413 Mietspiegel als Beweismittel

Das Gericht ist nicht an die Beweismittel, mit denen der Vermieter das Zustimmungsverlangen zur Mieterhöhung begründet hat, gebunden. Der unter Beteiligung der wohnungswirtschaftlichen Verbände zustandegekommene und fortgeschriebene Mietspiegel der Stadt Landshut ist dem Sachverständigenbeweis überlegen.

LG Landshut v. 28. 3. 1990 – 1 S 807/89 (WuM 1990, 23)

414 Mietspiegel als Beweismittel

Die Vergleichbarkeit der vom Vermieter im Zustimmungsverlangen zur Mieterhöhung benannten Objekte mit der Mietwohnung beweist nicht die Ortsüblichkeit der angestrebten Miethöhe.

Der Düsseldorfer Mietspiegel kann vom Gericht im Wege des Freibeweises der Vergleichsmieten verwertet werden.

LG Düsseldorf v. 9. 3. 1990 – 21 S 217/89 (WuM 1990, 393)

415 Mietspiegel

Ein schriftliches Mieterhöhungsverlangen, das unter Bezugnahme auf einen Mietspiegel begründet wird, ist unwirksam, wenn das Rasterfeld, dem die Wohnung zuzuordnen ist, ein Leerfeld ist.

LG Berlin v. 1. 2. 1990 – 61 S 353/89 (MDR 1990, 551 = ZMR 90, 182)

416 Mietspiegel/Beifügung

Hat der Vermieter sein schriftliches Mieterhöhungsverlangen unter Bezugnahme auf den Berliner Mietspiegel begründet, ist es nicht erforderlich, daß diesem Erhöhungsverlangen der Mietspiegel beigefügt wird.

LG Berlin v. 2. 7. 1990 – 61 S 7/90 (WuM 1990, 519)

417 Mietspiegel

Die zum Zeitpunkt der Abgabe des Zustimmungsverlangens zur Mieterhöhung maßgebliche ortsübliche Vergleichsmiete kann nicht aus einem danach erstellten Mietspiegel hergeleitet werden.

LG Hamburg v. 23. 1. 1990 – 16 S 160/89 (WuM 1990, 310)

Mietspiegel als Beweismittel 418
In Gemeinden, in denen ein Mietspiegel aufgestellt ist, hat sich ein Sachverständiger im Rahmen seines Gutachtens zur Miethöhe auch mit der Einordnung der Wohnung nach dem Mietspiegel auseinanderzusetzen.
AG Dortmund v. 9. 12. 1991 – 114 C 14266/90 (WuM 1992, 138)

Mietstruktur 419
Der Vergleich zwischen zwei Mietstrukturen, die verschieden sind (Bruttokaltmiete/Nettokaltmiete), stellt einen Begründungsmangel bei einem Mieterhöhungsverlangen nach § 2 MHRG dar.
AG Berlin-Charlottenburg v. 31. 5. 1991 – 15 C 637/90 (MM 1991, 268)

Minderung des Mietzinses 420
Nach einer Mieterhöhung lebt das durch vorausgegangene vorbehaltlose Mietzahlung ausgeschlossene Mietminderungsrecht wieder auf.
LG Köln v. 7. 9. 1989 – 1 S 117/89 (WuM 1990, 17)

Nachholung unwirksamen Mieterhöhungsverlangens 421
Ein unwirksames Zustimmungsverlangen zur Mieterhöhung kann durch Nachschieben einer Begründung nicht geheilt werden; erforderlich ist ein neues selbständiges Mieterhöhungsverlangen.
LG Düsseldorf v. 14. 2. 1992 – 21 S 63/91 (WuM 1992, 255)

Nachholung unwirksamen Mieterhöhungsverlangens 422
Das unwirksame Zustimmungsverlangen zur Mieterhöhung kann nicht dadurch nachgeholt werden, daß im Zustimmungsprozeß zur Mieterhöhung die im Erhöhungsschreiben fehlenden Angaben zu Protokoll gegeben werden.
AG Bad Urach v. 30. 8. 1991 – 2 C 283/91 (WuM 1992, 255)

Nachholung wirksamen Mieterhöhungsverlangens 423
Die Nachholung eines wirksamen Zustimmungsverlangens zur Mieterhöhung ist vor dem Zustimmungsprozeß möglich.
LG Düsseldorf v. 18. 6. 1991, 24 S 799/90 (WuM 1992, 197)

Nachschieben 424
Stellt der Vermieter ein teilweise formell unwirksames Mieterhöhungsverlangen, so ist er nicht gehindert, ein weiteres, über den formell wirksamen Teil des ersten Mieterhöhungsverlangens hinausgehendes Erhöhungsverlangen vor Ablauf der Sperrfrist des § 2 I Ziff. 1 MHRG im Prozeß nachzuschieben.
LG Ravensburg v. 14. 9. 1989 – 4 S 123/89 (ZMR 1990, 19)

425 Nebenkosten

Der Vermieter einer seit 1975 vermieteten und bis zum 31.12.1985 der Mietpreisbindung unterliegenden Wohnung kann von dem Mieter nicht verlangen, daß dieser in Zukunft zu dem vereinbarten Mietzins (Kostenmiete) noch Nebenkosten zahlt.

AG Dortmund v. 28.3.1989 – 125 C 751/87 (NJW-RR 1989, 1042)

426 Prozeßstandschaft

Das Mieterhöhungsverlangen ist als personenbezogenes, mietvertragliches Gestaltungsrecht, das nur zwischen den Mietvertragsparteien ausgeübt werden kann, nicht abtretbar. Ein solches Recht kann auch nicht im Wege der gewillkürten Prozeßstandschaft in eigenem Namen geltend gemacht werden.

LG Augsburg v. 13.3.1990 – 4 S 4898/89 (WuM 1990, 226)

427 Sachverständigengutachten

Ein Universitäts-Professor ist nur bei besonderer Sachkunde rechtlich in der Lage, ein Sachverständigengutachten zur Begründung eines Zustimmungsverlangens zur Mieterhöhung zu erstellen.

AG Aachen v. 22.3.1991 – 15 C 623/90 (WuM 1991, 559)

428 Sachverständigengutachten im Prozeß

Eine Abweichung von den Mietspiegelwerten in dem Sachverständigengutachten, das im Zustimmungsprozeß zur Mieterhöhung eingeholt wird, rechtfertigt sich nur bei methodisch nicht zu beanstandender und auf tatsächlichem Marktgeschehen beruhender Miethöheermittlung.

LG Köln v. 19.9.1991 – 1 S 108/90 (WuM 1992, 256)

429 Sachverständigengutachten, vorprozessuales

Bei der Begründung eines Mieterhöhungsverlangens genügt es grundsätzlich, wenn der Sachverständige in einer für den Mieter verständlichen und nachvollziehbaren Weise dartut, warum die nunmehr begehrte Miete seiner Auffassung nach der ortsüblichen Miete entspricht.

AG Sinzig v. 6.2.1990 – 4 C 569/89 (DWW 1990, 120)

430 Sachverständigengutachten, vorprozessual

Das Privatgutachten einer Partei ist kein Sachverständigenbeweis i. S. von §§ 420 ff. ZPO; es kann aber vom Gericht im Rahmen der freien Beweiswürdigung herangezogen werden.

LG Berlin v. 26.8.1991 – 66 S 79/91 (MM 1991, 331–333 = Grundeigentum 1991, 1147)

Sachverständigengutachten 431
Das Zustimmungsverlangen zur Mieterhöhung kann nicht wirksam auf die Begründung mit einem 1¾ Jahre alten Sachverständigengutachten gestellt werden.
AG Bonn v. 18. 8. 1992 – 6 C 212/92 (WuM 1993, 66)

Sachverständigengutachten 432
Das im Zustimmungsprozeß zur Mieterhöhung eingeholte Sachverständigengutachten darf auch Vergleichsobjekte aus dem Bestand des Vermieters einbeziehen.
LG Konstanz v. 14. 12. 1990 – 1 S 154/90 (WuM 1991, 279)

Sachverständigengutachten 433
Ein Sachverständigengutachten ist nicht schlüssig, wenn es von einer durchschnittlichen Wohnung ausgeht, bei der „Feinanalyse" jedoch eine Miethöhe für angemessen erachtet, die erheblich über dem Höchstwert des entsprechenden Mietspiegelfeldes liegt.
LG Berlin v. 30. 1. 1992 – 62 S 302/91 (MM 1992, 171)

Sachverständigengutachten 434
Das dem Zustimmungsverlangen zur Mieterhöhung beigefügte Sachverständigengutachten muß in allen wesentlichen Teilen auf den persönlichen Feststellungen des Sachverständigen fußen und darf nicht auf Feststellungen einer von ihm beauftragten Hilfsperson beruhen.
AG Hannover v. 30. 1. 1991 – 560 C 14459/90 (WuM 1991, 354)

Sachverständigengutachten/Datenschutz 435
Das im Zustimmungsprozeß zur Mieterhöhung zu Beweiszwecken eingeholte Sachverständigengutachten bedarf nicht der Offenlegung der vom Gutachter herangezogenen Vergleichsobjekte, soweit der Gutachter bei Offenlegung in eine datenschutzrechtliche Konfliktlage geraten würde.
LG Bonn v. 25. 6. 1992 – 6 S 482/91 (WuM 1993, 133)

Sachverständiger 436
Ein Sachverständigengutachten ist grundsätzlich nur dahin vom Gericht zu überprüfen, ob der Gutachter dem Auftrag und den Denkgesetzen entsprechend vorgegangen ist und ob er im Falle eines Mietwertgutachtens bei der Ermittlung des ortsüblichen Vergleichsmietzinses von den Bewertungsmerkmalen ausgegangen ist, die nach dem MHRG maßgebend zu beachten sind.
LG Berlin v. 10. 2. 1986 – 61 S 311/85 (ZMR 1986, 170)

437 Sachverständiger

Die Abweichung im Sachverständigengutachten von den jeweiligen Mittelwerten des Mietspiegels bedarf einer besonderen Begründung.
LG Wiesbaden v. 4.11.1991 – 1 S 239/91 (WuM 1992, 256)

438 Sachverständiger

Aus dem Gutachten eines Sachverständigen, das zur Begründung eines Mieterhöhungsverlangens beigefügt wird, muß sich ergeben, daß der Sachverständige über Kenntnisse von solch einem repräsentativen Querschnitt verfügt, daß sich der Mietzins für vergleichbare Wohnungen ermitteln läßt.
LG München I v. 6.11.1985, 14 S 12391/85 (ZMR 1986, 169)

439 Untermietzuschläge

Ein Untermietzuschlag ist Teil der Miete und kann nur im Rahmen einer Mieterhöhung nach Maßgabe der entsprechenden Vorschriften des MHRG erhöht werden.
LG Berlin v. 7.6.1991 – 63 S 118/91 (MM 1991, 363)

440 Unterschrift/Mieterhöhungsverlangen

Die mit Hilfe automatischer Einrichtungen gefertigte Mieterhöhungserklärung bedarf der eigenhändigen Unterschrift, wenn lediglich die Firma des Vermieters, nicht aber die handlungsberechtigte Person als Unterzeichner der Erklärung angegeben ist.
LG Hamburg v. 31.7.1992 – 311 S 84/92 (WuM 1993, 65)

441 Vergleichswohnung

Das Zustimmungsverlangen zur Mieterhöhung ist insoweit unwirksam, als bei sechs benannten Vergleichsobjekten eine höhere als die niedrigste angegebene Miete zur Zustimmung gefordert wird.
AG Kiel v. 21.6.1990 – 17 C 213/90 (WuM 1991, 118)

442 Vergleichswohnung

Die gesetzliche Voraussetzung einer ordnungsgemäßen Begründung des Mieterhöhungsverlangens hat der Vermieter nicht dadurch erfüllt, daß er drei Vergleichswohnungen aus eigenem Bestand und sämtliche aus demselben Hause, in dem sich auch die Wohnung des Mieters befindet, benannt hat.
AG Rendsburg v. 13.5.1986 – 11 C 97/86 (ZMR 1987, 25)

443 Vergleichswohnung

Ein Mieterhöhungsverlangen nach § 2 MHRG ist unwirksam, wenn es mit Vergleichswohnungen begründet wird, die eine Brutto-Kaltmiete aufweisen, während

der Wohnung des Mieters eine Netto-Kaltmiete zugrunde liegt und im Mieterhöhungsverlangen eine entsprechende Berücksichtigung des Betriebskostenanteils zum Zwecke der Vergleichbarkeit unterbleibt.
AG Berlin-Tempelhof (MM 1991, 303)

Vergleichswohnung 444

Das Zustimmungsverlangen zur Mieterhöhung ist insoweit unwirksam, als bei drei benannten Vergleichsmieten eine höhere als die niedrigste angegebene Miete zur Zustimmung gefordert wird.
AG Siegburg v. 26. 3. 1990 – 9 C 18/90 (WuM 1991, 117)

Vergleichswohnung 445

Die vom Vermieter zur Begründung des Zustimmungsverlangens zur Mieterhöhung benannten Vergleichswohnungen müssen grundsätzlich aus der politischen Gemeinde der betroffenen Wohnung stammen.
AG Augsburg v. 14. 2. 1990 – 7 C 6313/89 (WuM 1990, 221)

Vergleichswohnung 446

Wohnungen sind miteinander vergleichbar, wenn sie unterschiedlichen Altersklassen zugehören, in unterschiedlich genutzten Gebäuden liegen oder erheblichen Größenunterschied haben.
AG Neuss v. 8. 5. 1991 – 30 C 62/91 (WuM 1991, 699)

Vergleichswohnung 447

Vergleichswohnungen sind nicht vergleichbar, wenn sie 32 qm bzw. 92 qm haben, die Wohnung des Mieters aber eine Wohnfläche von 67 qm aufweist.
AG Berlin-Schönefeld v. 4. 4. 1990 – 14 C 53/90 (MM 1991, 197)

Vergleichswohnung 448

Der Vermieter muß beweisen, daß die im Zustimmungsverlangen zur Mieterhöhung bezüglich der Vergleichsobjekte angegebenen Daten richtig sind.
AG Karlsruhe v. 26. 10. 1989 – 8 C 480/89 (WuM 1990, 222)

Vergleichswohnung 449

Durch die Benennung erheblich kleinerer Vergleichswohnungen wird die Vergleichsmiete für die vermietete Wohnung nicht hinreichend bezeichnet.
AG Gummersbach v. 16. 10. 1990 – 1 C 419/90 (WuM 1991, 49)

Vergleichswohnung 450

Ein Einzimmerappartement ist mit einer Zweizimmerwohnung nicht vergleichbar.
AG Berlin-Charlottenburg v. 16. 8. 1990 – 11 C 306/90 (MM 1990, 348)

451 Vergleichswohnung/Dachgeschoß

Dachgeschoßwohnungen mit Schrägen, deren Ausbau in jüngerer Zeit erfolgt ist, sind mit Etagenwohnungen grundsätzlich vergleichbar, so daß ein Zustimmungsverlangen zur Mieterhöhung nicht unwirksam ist, in dem entsprechende Vergleichsobjekte benannt werden.

LG Hannover v. 27. 11. 1991 – 11 S 142/91 (WuM 1992, 255)

452 Vergleichswohnung

Auch nach der Neufassung des § 3 Abs. 2 MHRG durch das Gesetz vom 20. 12. 1982 (BGBl. I, 1912) kann ein Mieterhöhungsverlangen nicht wirksam durch die Angabe von ausschließlich eigenen Wohnungen des Vermieters aus dem gleichen Hause, in dem der Mieter wohnt, begründet werden.

AG Sinzig v. 14. 1. 1986 – 4 C 312/85 (NJW-RR 1986, 1022)

453 Vergleichswohnung

Hat der Vermieter zur Begründung seines Mieterhöhungsverlangens auf ein beigefügtes Sachverständigengutachten mit dem Bemerken verwiesen, die üblichen Entgelte seien dem Gutachten zu entnehmen, hat er sich lediglich das ermittelte Ergebnis zu eigen gemacht, nicht aber auf die entsprechenden Entgelte der im Gutachten aufgeführten Vergleichswohnungen hingewiesen.

LG Berlin v. 20. 1. 1986 – 61 S 271/85 (ZMR 1986, 243)

454 Vergleichswohnung

Das Zustimmungsverlangen zur Mieterhöhung ist nicht deshalb unwirksam, weil als Vergleichsobjekte zu der mit zentralbefeuerter Koksetagenheizung ausgestatteten Mietwohnung solche mit moderner Zentralheizung benannt werden und der Unterschied durch Abschlag kenntlich gemacht wird.

LG Karlsruhe v. 14. 7. 1989 – 9 S 109/89 (WuM 1990, 31)

455 Vergleichswohnung

Eine vom Vermieter selbst innegehaltene Wohnung kann nicht zur Begründung eines Mieterhöhungsverlangens herangezogen werden. Eine Wohnung, die doppelt so groß ist wie die Wohnung des Mieters, ebenfalls nicht.

LG Berlin v. 13. 6. 1991 – 62 S 31/91 (MM 1991, 330 = Grundeigentum 1991, 101)

456 Vergleichswohnung

Eine Vergleichswohnung kann dann nicht zur Begründung eines Mieterhöhungsverlangens herangezogen werden, wenn die Wohnlage der benannten Wohnung kraß von derjenigen des Mieters abweicht, also z. B. Wohnungen in einer Villengegend mit einer Wohnung im Industrievorort verglichen werden.

AG Berlin-Tempelhof v. 21. 9. 1990 – 17 C 592/89 (Grundeigentum 1991, 579)

Vergleichswohnung/Baualter 457

Es genügt, daß ein Mieterhöhungsverlangen, das mit der Benennung von Vergleichswohnungen begründet wird, deren Adresse, Inhaber, Geschoß und qm-Preis angibt. Das Baualter allein ist kein entscheidendes Abgrenzungskriterium für Vergleichswohnungen.

LG Berlin v. 18.10.1991 – 64 S 327/90 (MDR 1992, 479)

Vergleichswohnungen gewerblicher Zwischenvermieter 458

Als Vergleichswohnung der vom Eigentümer angemieteten Wohnung kann zur Begründung des Zustimmungsverlangens zur Mieterhöhung keine Wohnung benannt werden, die von einem Zwischenvermieter gewerblich angemietet wird.

AG München v. 30.8.1991 – 213 C 18224/91 (WuM 1992, 197)

Vollmachtsurkunde 459

Die Vollmachtsurkunde, auf die gestützt ein Vertreter des Vermieters Mieterhöhung begehrt, muß das Wort „Mieterhöhung" nicht enthalten, sofern es sich um eine umfassende Vollmacht handelt.

LG München II v. 20.1.1987, 2 S 1391/86 (NJW-RR 1987, 1164)

Wertminderung 460

Das Vorhandensein eines Homosexuellen-Zentrums im Erdgeschoß und 1. Stock eines Hauses rechtfertigt es, daß der Mietzins für die Wohnung über diesem Zentrum an der Untergrenze der Bandbreite des örtlichen Mietspiegels festgesetzt wird.

AG Hamburg v. 26.9.1985 – 37b C 451/85 (NJW 1986, 114)

Wohnungsgröße 461

Die Angabe der Wohnfläche im Mietvertrag ist nicht ohne weiteres eine Zusicherung einer Eigenschaft der Mietsache. Die Mieterhöhung kann daher nach der tatsächlichen Wohnungsgröße vorgenommen werden.

LG Franfurt/Main v. 6.2.1990 – 2/11 S 450/89 (WuM 1990, 157)

Zugang/Mieterhöhungsverlangen 462

Eine Mieterhöhung, die erst nach 17.00 Uhr in den Hausbriefkasten des Mieters eingeworfen wird, gilt als am nächstfolgenden Tag zugegangen.

AG Berlin-Schöneberg v. 24.1.1990 – 6 C 501/89 (WuM 1991, 131)

Zurückbehaltungsrecht 463

Gegenüber dem Anspruch des Vermieters auf Zustimmung zur Erhöhung des Mietzinses steht dem Mieter kein Zurückbehaltungsrecht wegen behebbarer Mängel der Mietsache zu.

LG Hamburg v. 10.10.1989 – 11 S 99/89 (WuM 1991, 593)

464 Zurückbehaltungsrecht

Der Mieter hat wegen behebbarer Mängel der Mietsache kein Zurückbehaltungsrecht gegenüber dem Zustimmungsanspruch des Vermieters auf Mieterhöhung.
AG Hamburg-Altona v. 7. 1. 1991 – 314a C 579/90 (WuM 1991, 279)

465 Zurückbehaltungsrecht

Hat der Mieter einen fälligen Anspruch auf Mängelbeseitigung gegen den Vermieter, so kann er die Zustimmung zur Mieterhöhung bis zur Mängelbeseitigung zurückbehalten.
LG Itzehoe v. 18. 1. 1990 – 4 S 227/89 (WuM 1990, 157)

466 Zurückbehaltungsrecht

Gegenüber dem Zustimmungsanspruch des Vermieters auf Mieterhöhung hat der Mieter ein Zurückbehaltungsrecht wegen Mängeln der Mietsache.
AG Hamburg-Altona v. 13. 2. 1991 – 319a C 671/90 (WuM 1991, 279)

467 Zurückbehaltungsrecht

Wegen Mängeln der Wohnung kann der Mieter gegenüber dem Zustimmungsanspruch des Vermieters zur Mieterhöhung kein Zurückbehaltungsrecht geltend machen.
LG Konstanz v. 14. 12. 1990 – 1 S 154/90 (WuM 1991, 279)

468 Zurückbehaltungsrecht

Dem Mieter steht gegenüber dem Zustimmungsverlangen des Vermieters ein Zurückbehaltungsrecht nicht zu.
LG Berlin v. 13. 2. 1984 – 61 S 361/83 (ZMR 1984, 339)

469 Zurückbehaltungsrecht

Mängel der Mietsache berechtigen nicht zur Zurückhaltung der Zustimmung zu einer Mieterhöhung. Aber gegenüber dem Zahlungsanspruch des Vermieters kann der Mieter die Rechte aus § 320 BGB geltend machen.
AG Kassel v. 1. 3. 1991 – 807 C 2918/90 (WuM 1992, 137)

470 Zustimmung durch Zahlung

Auch wenn ein schriftliches Mieterhöhungsverlangen nicht den Erfordernissen des § 2 MHRG entspricht und der Vermieter auch eine Zustimmungsklage innerhalb der Frist des § 2 MHRG nicht erhoben hat, ist die Erhöhungsvereinbarung zustande gekommen, wenn der Mieter den erhöhten Mietzins ohne Vorbehalt 5 Monate hindurch gezahlt hat.
LG Berlin v. 4. 7. 1985 – 61 S 17/85 (NJW-RR 1986, 236)

Zustimmung 471
Fordert ein Vermieter von seinem Mieter die Zustimmung zur Erhöhung des Mietzinses und erteilt dieser daraufhin seiner Bank den Auftrag, den neuen Mietzins ab Fälligkeit zu zahlen, so ist in dem Verhalten des Mieters eine Zustimmung zur Zahlung des vom Vermieter verlangten erhöhten Mietzinses zu sehen.
LG Berlin v. 18. 5. 1987 – 61 T 29/87 (ZMR 1987, 309)

Zustimmung 472
Stimmt lediglich einer der Mitmieter dem Zustimmungsverlangen zur Mieterhöhung zu, so gilt die Zustimmung als insgesamt versagt.
AG Wiesbaden v. 15. 1. 1992 – 98 C 1124/91 (WuM 1992, 135)

Zustimmung durch Zahlung 473
Die wiederholte Einziehung eines erhöhten Mietzinses, bevor der Mieter nach Ablauf der Zustimmungsfrist dem Zustimmungsverlangen zur Mieterhöhung widerspricht, rechtfertigt kein Vertrauen des Vermieters auf eine Vertragsänderung.
LG Göttingen v. 20. 2. 1991 – 5 S 172/90 (WuM 1991, 280)

Zustimmung durch Zahlung 474
Der Mieter kann sich nach zweimaliger, vorbehaltloser Zahlung des erhöhten Mietzinses nach einem Mieterhöhungsverlangen des Vermieters nicht darauf berufen, eine Änderung der mietvertraglichen Zahlungsverpflichtung eigentlich nicht gewollt zu haben.
LG Berlin v. 12. 12. 1991 – 62 S 275/91 (Grundeigentum 1992, 207)

Zustimmung 475
Die Zustimmung zur begehrten Mieterhöhung kann grundsätzlich sowohl formfrei als auch nach Ablauf der sog. Überlegungsfrist erfolgen.
LG Hannover v. 4. 10. 1989 – 11 S 217/89 (WuM 1990, 222)

Zustimmung 476
Stimmt der Mieter dem im Mieterhöhungsprozeß nachgeholten Zustimmungsverlangen zur Mieterhöhung nach Ablauf der Zustimmungsfrist, aber bis zur letzten mündlichen Verhandlung zu, so trägt der Vermieter die Kosten des Rechtsstreits.
LG Augsburg v. 13. 12. 1990 – 4 T 4751/90 (WuM 1991, 597)

Zustimmung durch Zahlung 477
Auch in der einmaligen Zahlung des erhöhten Mietzinses kann bereits eine Zustimmung zur erhöhten Miete durch schlüssiges Verhalten liegen.
LG Berlin v. 6. 2. 1989 – 61 T 115/88 (MDR 1989, 822)

478 **Zustimmung**

Durch Teilzustimmung zur begehrten Mieterhöhung ist die teilweise Mieterhöhung unabhängig vom Willen des Vermieters vereinbart.

LG Landshut v. 28. 3. 1990 – 1 S 807/89 (WuM 1990, 223)

479 **Zustimmungsklage**

Die Zustimmungsklage zur Mieterhöhung kann nur der Vermieter erheben.

AG Regensburg v. 18. 1. 1990 – 10 C 3960/89 (WuM 1990, 226)

480 **Zustimmungsverlangen/Kappungsgrenze**

Im Zustimmungsverlangen zur Mieterhöhung muß der Vermieter die Einhaltung der sog. Kappungsgrenze darlegen.

AG Schöneberg v. 19. 4. 1990 – 8 C 115/90 (WuM 1990, 515)

481 **Zustimmungsverlangen**

Ein unwirksames Zustimmungsverlangen zur Mieterhöhung kann vorprozessual und im Prozeß nicht nach und nach nachgebessert werden.

LG Saarbrücken v. 26. 2. 1990 – 13 B S 278/89 (WuM 1990, 393)

482 **Zustimmungsverlangen/Adressat**

Ein nur an einen von mehreren Mietern gerichtetes Zustimmungsverlangen nach § 2 MHRG vermag keine Wirksamkeit zu entfalten. An diesem Ergebnis ändert auch folgende Formularklausel nichts: „Vermieter und/oder Mieter haften als Gesamtschuldner, sofern es sich um mehrere Personen handelt".

LG Berlin v. 29. 10. 1991 – 65 S 405/90 (MM 1992, 139)

483 **Zustimmungsverlangen/Adressat**

Das an den Mieter gerichtete schriftliche Mieterhöhungsverlangen ist nicht deshalb unwirksam, weil darin ein unrichtiger Vorname des Mieters angegeben ist.

LG Berlin v. 2. 7. 1990 – 61 S 7/90 (WuM 1990, 519)

484 **Zustimmungsverlangen im Prozeß**

Das im Prozeß erhobene Mieterhöhungsverlangen des Wohnungsvermieters muß eindeutig und für den Mieter verständlich sein.

LG Fulda v. 24. 2. 1988 – 2 S 165/87 (NJW-RR 1988, 912[i.])

485 **Zustimmungsverlangen**

Das vorprozessuale Zustimmungsverlangen zur Mieterhöhung, dessen Unwirksamkeit der Vermieter herbeiführt, kann nicht anschließend nachgebessert werden. Der Vermieter kann aber ein neues, wirksames Zustimmungsverlangen stellen.

AG Pinneberg v. 1. 11. 1990 – 44 C 196/90 (WuM 1991, 277)

Zustimmungsverlangen 486

Das Zustimmungsverlangen zur Mieterhöhung kann auch mit einem Sachverständigengutachten, das nicht die Wohnung des Mieters, jedoch den Wohnungstyp betrifft, begründet werden (Typgutachten als sonstiges Begründungsmittel).

LG Nürnberg-Fürth v. 20. 7. 1990 – 7 S 9789/89 (WuM 1990, 518)

Zustimmungsverlangen 487

Das Zustimmungsverlangen zur Mieterhöhung ist unwirksam, wenn der Mieter nicht im Mieterhöhungsschreiben auf das Erfordernis seiner ausdrücklichen Zustimmung hingewiesen wird.

AG Mülheim v. 17. 1. 1990 – 3 C 537/89 (WuM 1990, 156)

Zustimmungsverlangen 488

Verrechnet sich der Vermieter im Zustimmungsverlangen zur Mieterhöhung, so kann er das Mieterhöhungsverlangen durch Anfechtung beseitigen.

AG Idar-Oberstein v. 3. 7. 1990 – 3 C 34/90 (WuM 1990, 442)

Zustimmungsverlangen 489

Das Zustimmungsverlangen zur Mieterhöhung muß erkennen lassen, daß der Vermieter vom Mieter die Zustimmung zu einer Neufestsetzung der Miete erwartet. Das im Zustimmungsprozeß zur Mieterhöhung schriftsätzlich gestellte Zustimmungsbegehren ist unwirksam, wenn nicht die Zustimmung des Mieters, sondern lediglich dessen Verurteilung zur Zustimmung durch das Gericht verlangt wird. Vergleichswohnungen müssen für den Mieter ohne weiteres identifizierbar im Mieterhöhungsbegehren benannt werden.

LG Karlsruhe v. 9. 11. 1990 – 9 S 333/90 (WuM 1991, 48)

Zustimmungsverlangen 490

Verlangt der Vermieter im Zustimmungsverlangen zur Mieterhöhung eine weitere Vertragsänderung, so ist das Mieterhöhungsverlangen unwirksam.

LG Wiesbaden v. 29. 4. 1991 – 1 S 2/91 (WuM 1991, 698)

Zustimmungsverlangen/Adressat 491

Das Zustimmungsverlangen zur Mieterhöhung muß erkennen lassen, daß es an alle Mitmieter gerichtet ist, auch wenn der Formularmietvertrag eine Empfangsvollmacht enthält.

AG Neumünster v. 12. 4. 1991 – 9 C 1872/90 (WuM 1991, 698)

Zustimmungsverlangen/Adressat 492

Die Mieterhöhungserklärung muß erkennen lassen, daß sie an alle Mitmieter gerichtet ist.

BezG Chemnitz v. 23. 11. 1992 – 2 S 322/92 (WuM 1993, 34)

b) Leitsätze zu § 3 MHRG[337a]

493 Ankündigung

Voraussetzung für eine Mieterhöhung nach durchgeführten Modernisierungsmaßnahmen ist, daß der Mieter zur Duldung der Maßnahme verpflichtet war, was wiederum voraussetzt, daß die Modernisierung form- und fristgerecht angekündigt wurde.

AG Leverkusen v. 6. 2. 1990 – 28 C 386/89 (WuM 1990, 158)

494 Ankündigung

Führt die beabsichtigte Modernisierungsmaßnahme zu der nicht unerheblichen Mieterhöhung von 7,5 %, so ist der Mieter zur Duldung der Modernisierung nur dann verpflichtet, wenn ihm die Modernisierung sowie die zu erwartende Mieterhöhung zwei Monate vor Beginn der Maßnahme schriftlich mitgeteilt worden ist. Bei unterlassener bzw. nicht fristgemäßer Mitteilung ist ein Mieterhöhungsanspruch nicht gerechtfertigt.

LG Detmold v. 7. 12. 1989 – 1 S 34/89 (WuM 1990, 121)

495 Ankündigung

Das der Modernisierungsmaßnahme vorangehende Ankündigungsschreiben bedarf der Vollständigkeit auch dann, wenn der Mieter mündlich über die vorgesehenen Maßnahmen unterrichtet worden ist.

KrG Weißwasser v. 10. 7. 1992 – 3 C 185/92 (WuM 1992, 468)

496 Ankündigung/Bagatelle

Führt die Errichtung eines Kinderspielplatzes zu einer Mieterhöhung gemäß § 3 MHRG von 2,30 DM, handelt es sich um eine Bagatellmodernisierung nach § 541b Abs. 2 Nr. 4 BGB, so daß eine ordnungsgemäße Modernisierungsankündigung entbehrlich ist.

LG Berlin v. 25. 4. 1991 – 61 S 244/90 (MM 1991, 330)

497 Beweislast/Instandsetzungskosten

Für die Höhe fiktiver Instandsetzungskosten bei Durchführung einer Modernisierungsmaßnahme ist der Vermieter beweispflichtig.

AG Neunkirchen v. 13. 6. 1991 – 5 C 620/90 (WuM 1991, 560)

498 Beweislast/Instandsetzungskosten

Teilt der Vermieter die beabsichtigte Fenstermodernisierung unter Angabe der Mieterhöhungsumlage nach Modernisierung mit, so ist der Mieter, der die

---

[337a] Vgl. hierzu auch die **Rechtsentscheide** Rdn. 206, 207, 210–213, 239, 248, 298, 299.

Anrechnung eines fiktiven Instandsetzungskostenbetrages geltend machen will, für den behaupteten ersparten Instandsetzungsaufwand beweispflichtig.
AG Gießen v. 31.1.1991 – 48 C 3406/90 (WuM 1991, 280)

Beweislast/Instandsetzungskosten 499

Ersparte Aufwendungen für nach Modernisierung überflüssig gewordene Instandhaltungs- und Instandsetzungsmaßnahmen sind bezogen auf die jeweilige Wohnung zu ermitteln. Den Mieter trifft die Beweislast für den Umfang der ersparten Kosten.
AG Köln v. 7.3.1989 – 212 C 301/88 (WuM 1990, 226)

Beweislast/Instandsetzungskosten 500

Im Rechtsstreit über die Wirksamkeit einer Mieterhöhung wegen der Durchführung von Modernisierungsmaßnahmen hat der Vermieter zu beweisen, daß nur die Modernisierungskosten und nicht der Instandsetzungsaufwand die Grundlage für die Mieterhöhung bilden. Der Mieter hat zu beweisen, daß die Modernisierungsmaßnahme nicht erforderlich war.
LG Braunschweig v. 22.9.1989 – 6 S 91/89 (WuM 1990, 158)

Fälligkeit 501

Der Wertverbesserungszuschlag steht dem Vermieter erst dann zu, wenn die jeweilige Modernisierungsmaßnahme endgültig abgeschlossen ist.
LG Berlin v. 15.2.1990 – 61 S 385/89 (Grundeigentum 1990, 659 = WuM 1990, 311 = MDR 1990, 823 = ZMR 1990, 422)

Heizungsumstellung 502

Die Umstellung einer Kokszentralheizung auf Fernwärme ist eine energieeinsparende Maßnahme. Eine Mieterhöhung nach einer solchen Maßnahme bis 5 % der Monatsmiete beruht auf einer Bagatellmaßnahme, die keiner Ankündigung bedarf.
LG Berlin v. 27.6.1991 – 61 S 355/90 (WuM 1991, 482)

Instandsetzungskosten 503

Der Vermieter hat bei einer Mieterhöhung nach § 3 MHRG von den Gesamtkosten seiner Aufwendungen für bauliche Maßnahmen, die der Verbesserung des Gebrauchswertes der Wohnung sowie der Einsparung von Heizenergie dienen, die fiktiven Kosten solcher Instandsetzungen abzuziehen, die zur Zeit seiner Maßnahme fällig, d.h. bei wirtschaftlicher Betrachtung sowie unter Berücksichtigung seiner Verpflichtungen aus dem Mietvertrag notwendig waren.
LG Hannover v. 9.8.1989 – 11 S 72/89 (WuM 1990, 227)

504 **Isolierfenster**
Ein auf § 3 Abs. 1 MHRG gestütztes Mieterhöhungsverlangen ist ausreichend zu begründen. Soll infolge Einbaus isolierverglaster Fenster eine Wertverbesserung eingetreten sein, so hat der Vermieter nur nachzuweisen, daß die Heizkostenersparnis erheblich, der Einbau daher wirtschaftlich sinnvoll ist.
AG Neustadt (Weinstraße) v. 12. 1. 1989 – 1 C 496/88 (WuM 1989, 398)

505 **Isolierfenster/Gebot der Wirtschaftlichkeit**
Bei einer Wertverbesserung einer Mietwohnung durch Einbau von Isolierglasfenstern ist ein Zuschlag auf den Mietzins in der doppelten Höhe der ersparten Heizkosten gerade noch akzeptabel.
LG Hamburg v. 5. 2. 1991 – 16 S 114/89 (NJW-RR 1991, 845)

506 **Isolierfenster**
Es steht keineswegs fest, daß der Einbau von Doppelisolierglasfenstern in jedem Falle zu einer nachhaltigen Wertverbesserung führt. Vielmehr muß der Vermieter mit Hilfe eines plausiblen Wärmebedarfsgutachtens für die konkrete Wohnung vorrechnen, welche konkret zu erwartenden Energieeinsparungen dem voraussichtlichen Modernisierungszuschlag gegenüberstehen.
AG Berlin-Schöneberg v. 29. 6. 1990 – 15 C 245/90 (MM 1990, 315 = Grundeigentum 1991, 189)

507 **Kabelanschluß**
Die Installation eines Kabelanschlusses stellt eine Modernisierungsmaßnahme i. S. des § 3 MHRG dar. Diese Maßnahme kann der Vermieter zum Anlaß nehmen, den Mietzins entsprechend § 3 MHRG zu erhöhen.
AG Köln v. 4. 7. 1990 – 207 C 171/90 (WuM 1991, 159)

508 **Kabelanschluß**
Durch die Installation eines Breitbandkabelanschlusses wird der Gebrauchswert einer Mietwohnung erheblich erhöht. Soweit im Mietvertrag bereits eine Kostenumlage für die Kosten der Gemeinschaftsantenne vereinbart war, können statt dessen die laufenden Gebühren des Kabelanschlusses auf den Mieter umgelegt werden. Ob der Mieter von dem Kabelanschluß tatsächlich Gebrauch macht, ist dabei unerheblich.
AG Münster v. 7. 2. 1989 – 4 C 471/88 (WuM 1989, 190)

509 **Mieterhöhung, zukünftige**
Der Vermieter ist wegen der unterlassenen Modernisierungsankündigung nicht von einer zukünftigen Mieterhöhung ausgeschlossen.
AG Berlin-Tiergarten v. 5. 11. 1990 – 5 C 384/90 (Grundeigentum 1991, 153)

510 **Mieterhöhung**
Ein Modernisierungszuschlag setzt eine wirksame Mieterhöhungserklärung voraus. Dies gilt auch dann, wenn der Mieter der Modernisierung zustimmt. Die Zustim-

mung zur Modernisierung führt nur zur Entbehrlichkeit einer Modernisierungsankündigung.

LG Berlin v. 14. 11. 1989 – 64 S 237/89 (Grundeigentum 1990, 315 = ZMR 1990, 180)

Mieterhöhungsverlangen 511

1. Der gemäß § 3 MHRG geltend gemachte Wertverbesserungszuschlag steht dem Vermieter erst zu, wenn die jeweilige Modernisierungsmaßnahme insgesamt abgeschlossen ist.

2. Eine mit Hilfe automatischer Einrichtungen gefertigte Erklärung i. S. des § 8 512 MHRG liegt nur dann vor, wenn die maschinelle „Unterschrift" klar erkennen läßt, wer der Erklärende ist und in wessen Namen die Erklärung abgegeben worden ist.

LG Berlin v. 15. 2. 1990 – 61 S 385/89 (WuM 1990, 311 = MDR 1990, 823)

Mieterhöhungsverlangen, nachträgliches 513

Es ist ohne weiteres zulässig, eine Mieterhöhungserklärung wegen eines Modernisierungszuschlages im Prozeß nachzuholen. Die Erklärung kann durch den Prozeßbevollmächtigten des Vermieters gegenüber dem Prozeßbevollmächtigten des Mieters abgegeben werden.

LG Berlin v. 14. 11. 1989 – 64 S 237/89 (Grundeigentum 1990, 315 = ZMR 1990, 180)

Mieterhöhungsverlangen 514

Die Mieterhöhungserklärung nach Modernisierungsmaßnahmen muß dem Mieter Klarheit über die Grundlagen der auf seine Wohnung entfallenden Modernisierungskosten verschaffen. Im Einzelfall können daher auch die Angabe der auf das bewohnte Gebäude entfallenden Kosten jeder Maßnahme sowie der ersparte Instandsetzungsaufwand zu erläutern sein.

LG Kassel v. 16. 4. 1992 – 1 S 709/91 (WuM 1992, 444)

Mieterhöhungsverlangen 515

Der Vermieter muß die Mieterhöhungserklärung gemäß § 3 Abs. 2 S. 2 MHRG so eindeutig fassen, daß der Mieter erkennen kann, welche umgelegten Kosten sich auf welche Modernisierungsmaßnahmen beziehen.

LG Berlin v. 14. 3. 1991 – 62 S 389/90 (Grundeigentum 1991, 629)

Mieterhöhungsverlangen 516

Nach § 3 Abs. 3 S. 2 MHRG ist die Mieterhöhungserklärung des Vermieters nur wirksam, wenn in ihr die Erhöhung aufgrund der entstandenen Kosten berechnet und entsprechend den Voraussetzungen des § 3 Abs. 1 MHRG erläutert wird. Für die Berechnung i. S. dieser Vorschrift genügt es grundsätzlich nicht, wenn lediglich ein Endbetrag angegeben wird. Die einzelnen Rechnungspositionen sind anzugeben. Das Erfordernis, daß auch die einzelnen Rechnungspositionen mitgeteilt werden müssen, gilt auch dann, wenn es sich lediglich um eine einzige Modernisierungsmaßnahme handelt. Denn bereits aufgrund der vom Vermieter mitzuteilenden Berechnung – und nicht erst aufgrund der Einsichtnahme in Belege – soll sich der Mieter schlüssig darüber werden, ob das Verlangen des Vermieters bei überschlägiger Berechnung nicht zu beanstanden ist.

LG Köln v. 6. 4. 1989 – 1 S 516/88 – (WuM 1989, 579–580)

517 **Mieterhöhungsverlangen**

Eine ausreichende „Berechnung und Erläuterung" i. S. des § 3 Abs. 3 S. 2 MHRG erfordert neben den tatsächlichen Grundlagen der Berechnung – d. h. einer spezifischen Berechnung mit für den Mieter überprüfbarer Erläuterung der Einzelposten – die Angabe des Gesamtaufwandes, des auf die Wohnung entfallenden Teilbetrages und des angewandten Verteilungsschlüssels sowie die Angabe der einzelnen Rechnungspositionen, wobei die bloße Angabe der Gewerke und der Rechnungsbeträge der Handwerker allein nicht ausreicht. Das Erfordernis, auch die einzelnen Rechnungspositionen mitzuteilen, gilt selbst dann, wenn es sich lediglich um eine einzige Modernisierungsmaßnahme handelt.

LG Berlin v. 28. 11. 1991 – 67 S 285/91 (MM 1992, 68)

518 **Mieterhöhungsverlangen**

An einer ordnungsgemäßen Berechnung und Erläuterung der Mieterhöhung nach § 3 MHRG fehlt es, wenn der Vermieter die Kosten der Wärmedämmung der Hausfassade nach qm der Fassade berechnet und den so ermittelten Preis mit einem nicht näher erläuterten Faktor multipliziert.

AG Berlin-Tiergarten v. 5. 11. 1990 – 5 C 384/90 (Grundeigentum 1991, 153)

519 **Mieterhöhungsverlangen**

Bei umfassenden und komplexen Baumaßnahmen wird die Mieterhöhungserklärung nach § 3 MHRG erst durch eine – mindestens schlagwortartige – Bezeichnung, welche Arbeiten bzw. Gewerke auf die jeweiligen Rechnungsbeträge bzw. Teilbeträge entfallen, nachprüfbar und aus sich heraus verständlich.

LG Berlin v. 1. 3. 1991 – 63 S 417/90 (MM 1991, 161)

520 **Mieterhöhungsverlangen**

Die Wirksamkeit einer Mieterhöhungserklärung gemäß § 3 MHRG setzt voraus, daß die Modernisierungskosten nach Rechnungsdatum, Namen der ausführenden Firma und gegebenenfalls nach Einzelleistungen aufgeschlüsselt werden. Das Anerbieten der Einsichtnahme in die Modernisierungskosten ersetzt nicht die Aufschlüsselung der Modernisierungskosten.

AG Berlin-Spandau v. 23. 9. 1991 – 4 C 359/91 (MM 1992, 23)

Mieterhöhung, wiederholte 521
Haben durchgeführte Modernisierungsmaßnahmen bereits zu einer Mieterhöhung geführt, so kann der Vermieter wegen dieser Maßnahmen keine erneute Mieterhöhung fordern, sofern er sich diese Möglichkeit nicht bei der ersten Mieterhöhung vorbehalten hat (vgl. AG Hamburg v. 23. 3. 1984 – 41 b C 405/83 [WuM 1985, 366]; LG Hamburg v. 4. 4. 1989 – 16 S 345/88 [WuM 1989, 308] und BGH v. 29. 2. 1984 – VIII ZR 310/82 [ZMR 1984, 274]).

AG Albstadt v. 22. 3. 1991 – 1 C 66/91 (ZMR 1991, 484 = NJW-RR 1991, 1482)

Mietpreisüberhöhung 522
Mieterhöhungen nach § 3 MHRG sind nur in dem durch § 5 WiStG gezogenen Rahmen zulässig. Dabei ist als ortsübliche Vergleichsmiete die konkret für die Wohnung maßgebliche Vergleichsmiete zu ermitteln. Hierbei kann grundsätzlich vom Mittelwert des Mietspiegels ausgegangen werden. Verlangt der Vermieter eine über den Mittelwert des Mietspiegels gehende Miete, so muß er entweder die Unanwendbarkeit des Mietspiegels im Einzelfall darlegen oder Faktoren vortragen, die eine über dem Mittelwert liegende Miete als gerechtfertigt erscheinen lassen.

LG Berlin v. 29. 5. 1990 – 64 S 30/90 (MM 1990, 312 = Grundeigentum 1991, 49)

Modernisierungsaufwand 523
Architektenhonorar, das im Zusammenhang mit der Fenstersanierung bei einem Miethaus angefallen ist, ist als Teil der Modernisierungskosten anzusetzen, wenn die Einschaltung des Architekten im Einzelfall objektiv notwendig und wirtschaftlich vernünftig war.

AG Köln v. 7. 3. 1989 – 212 C 301/88 (WuM 1990, 226)

Modernisierungsaufwand 524
Aufwendungen, die der Vermieter dem Mieter im Zusammenhang mit Wertverbesserungsmaßnahmen nach § 541b Abs. 3 BGB zu erstatten hat, können nicht auf den Mieter nach § 3 MHRG abgewälzt werden.

AG Berlin-Schöneberg v. 27. 11. 1989 – 8 C 605/89 (MM 1990, 130)

Modernisierungsaufwand 525
Aufwendungsersatz gemäß § 541b Abs. 3 BGB gehört nicht zu den Modernisierungskosten, die gemäß § 3 MHRG auf die Miete umgelegt werden dürfen.

AG Berlin-Schöneberg v. 7. 2. 1989 – 11 C 14/89 (MM 1989, 35)

Thermostatventile 526
Der Einbau von Thermostatventilen stellt eine Wertverbesserung i. S. von § 3 MHRG dar, auf die der Mieter grundsätzlich keinen Anspruch hat.

AG Berlin-Charlottenburg v. 10. 7. 1991 – 12a C 172/91 (Grundeigentum 1991, 829)

527 Treppeneinbau

Die Schaffung einer eigenen abgeschlossenen Wohnung durch Einbau einer nur den Mietern und ihren Besuchern zur Verfügung stehenden Treppe stellt eine Modernisierungsmaßnahme dar.

AG Berlin-Schöneberg v. 8.1.1991 – 15 C 574/90 (Grundeigentum 1991, 195)

528 Veräußerung

Modernisierungskosten, die beim Grundstücksveräußerer entstanden sind, kann der Erwerber aus eigenem Recht nicht mit der Mieterhöhungserklärung geltend machen.

LG Hamburg v. 8.5.1990 – 316 S 25/90 (WuM 1991, 121)

529 Verhältnis § 2 zu § 3 MHRG

Hat der Mieter nach einer Wohnungsmodernisierung dem Mieterhöhungsverlangen des Vermieters nach § 2 MHRG zugestimmt, so kann der Vermieter eine gesonderte Mieterhöhung wegen der durchgeführten Modernisierungsmaßnahmen nach § 3 MHRG selbst dann nicht durchsetzen, wenn die vereinbarte Mieterhöhung hinter der von eiem Sachverständigen für das modernisierte Objekt ermittelten Miethöhe zurückbleibt.

AG Köln v.. 10.8.1990 – 221 C 11/90 (WuM 1990, 520)

530 Verhältnis § 2 zu § 3 MHRG

Eine kumulative Mieterhöhung nach §§ 2, 3 MHRG ist ausgeschlossen. Der Vermieter ist nicht berechtigt, die Modernisierung zur Grundlage seines Erhöhungsverlangens nach § 2 MHRG zu machen und nach abgeschlossenem Erhöhungsverfahren den Modernisierungszuschlag nach § 3 MHRG nochmals gesondert zu erheben.

AG Osnabrück v. 16.6.1989 – 31 C 152/89 (ZMR 1989, 340 = WuM 1989, 635)

531 Verhältnis § 2 zu § 3 MHRG

Der Vermieter ist berechtigt, eine Mieterhöhung nach § 2 MHRG mit einer solchen nach § 3 MHRG zu kombinieren, wobei es aber nicht zu einer kumulativen Mieterhöhung kommen darf, bei der die Modernisierung doppelt, nämlich sowohl bei § 2 MHRG als auch bei § 3 MHRG berücksichtigt wird. Daher darf bei einem Nebeneinander einer Mieterhöhung nach § 2 MHRG und einer gleichzeitigen oder nachfolgenden Mieterhöhung nach § 3 MHRG im ersteren Fall nur die ortsübliche Vergleichsmiete für nicht modernisierte Wohnungen herangezogen werden.

AG Berlin-Schöneberg v. 11.2.1991 – 16 C 468/90 (Grundeigentum 1991, 577)

532 Verwirkung

Die Befugnis des Vermieters zur Mieterhöhung ist verwirkt, wenn er 4 Jahre nach Beendigung der Modernisierungsmaßnahme seinen Anspruch aus § 3 MHRG geltend macht. Eine solche Verwirkung der Mieterhöhungsbefugnis nach § 3 MHRG wirkt sich nicht auf das Recht des Vermieters aus, die Miete unter Berücksichtigung der von ihm vorgenommenen Modernisierungen nach § 2 MHRG zu erhöhen.

LG Hamburg v. 4. 4. 1989 – 16 S 345/88 (WuM 1989, 308)

Wirtschaftlichkeit 533

Es ist nicht jede Maßnahme zur Wärmedämmung unabhängig von den baulichen Gegebenheiten und unabhängig von den Kosten eine umlegungsfähige Modernisierung. vielmehr sind die Grundsätze der Wirtschaftlichkeit zu beachten, so daß stets im Einzelfall ermittelt werden muß, ob die zu erwartende Mieterhöhung in einer angemessenen Relation zu den einzusparenden Heizkosten steht.

AG Berlin-Tiergarten v. 5. 11. 1990 – 5 C 384/90 (Grundeigentum 1991, 153)

Wirtschaftlichkeit 534

Die einseitige Mieterhöhung nach heizenergiesparenden Modernisierungsmaßnahmen ist grundsätzlich auf das Doppelte des Einsparungsbetrages zu begrenzen; maßgeblich ist der Zeitpunkt des Abschlusses der Maßnahme.

LG Aachen v. 7. 11. 1990 – 7 S 388/90 (WuM 1991, 356)

Wirtschaftlichkeit 535

Werden in eine Mietwohnung Isolierglasfenster eingebaut, so ist ein Wertverbesserungszuschlag, der doppelt so hoch ist wie die ersparten Heizkosten, gerade noch vertretbar.

LG Hamburg v. 5. 2. 1991 – 16 S 114/89 (NJW-RR 1991, 845 = ZMR 1991, 302 = WuM 1991, 560)

Wirtschaftlichkeit 536

Eine Mietzinserhöhung aus einer energiesparenden Modernisierungsmaßnahme ist dem Mieter nicht zumutbar, wenn die Mietzinserhöhung die Einsparung an Heizenergie um mehr als 200 Prozent übersteigt. Kann der Vermieter den Modernisierungszuschlag nicht in voller Höhe geltend machen, dann steht es ihm frei, die Mietzinserhöhung auf einen Umfang zu reduzieren, bei dem die Mieterhöhung nicht mehr außer Verhältnis zur Energieeinsparung stehen würde.

LG Berlin v. 10. 10. 1989 – 65 S 272/87 (Grundeigentum 1989, 1229)

Zurückbehaltungsrecht 537

Der Vermieter ist nicht berechtigt, die Wertverbesserung in Form eines Fernsehkabelanschlusses zurückzuhalten, wenn der Mieter sich weigert, der daraus folgenden Mieterhöhung nachzukommen, obwohl er mit der Modernisierung einverstanden war.

AG Berlin-Spandau v. 4. 5. 1990 – 7 C 13/90 (WuM 1990, 311)

c) Leitsätze zu § 4 MHRG [337b]

538 Erhöhungsverlangen

Ein wirksames Erhöhungsverlangen hinsichtlich der Erhöhung einer Betriebskostenpauschale muß gemäß § 4 Abs. 2 MHRG die Spezifikation der von der Pauschale erfaßten Betriebskosten, den Anlaß der Erhöhung und eine Gegenüberstellung der vollständigen bisherigen und der vollständigen neuen Betriebskostenbelastung enthalten.

AG Bayreuth v. 15. 6. 1989 – 1 C 19/89 (WuM 1989, 423)

539 Inklusivmiete

Fehlt die klare mietvertragliche Vereinbarung über abzurechnende Betriebskosten, so ist von einer vereinbarten Inklusivmiete auch dann auszugehen, wenn der Mieter einmalig eine Betriebskostenzahlung erbracht hat.

LG Detmold v. 3. 4. 1991 – 2 S 313/90 (WuM 1991, 701)

540 Inklusivmiete

Ist aus dem mietvertraglich vereinbarten Mietzins ein Betriebskostenanteil nicht zu ersehen, so ist mangels einer wirksamen Betriebskostenvereinbarung die Erhöhung von Betriebskosten nach § 4 Abs. 2 MHRG nicht zulässig.

LG Berlin v. 7. 2. 1991 – 62 S 382/90 (MM 1992, 65)

541 Inklusivmiete

Ist der Betriebskostenanteil in der Grundmiete enthalten, so kann der Vermieter eine Erhöhung der Betriebskosten nach § 4 Abs. 2 S. 1 MHRG nur für den Zeitraum seit der letzten Mieterhöhung nach § 2 MHRG auf den Mieter umlegen.

AG Berlin-Neukölln v. 28. 12. 1990 – 15 C 559/90 (MM 1992, 103)

542 Rückwirkung

§ 4 Abs. 3 S. 2 MHRG läßt eine rückwirkende Abwälzung von Betriebskostenerhöhungen für den Fall zu, daß den Vermieter selbst eine Kostenerhöhung trifft, die sich ihrerseits Rückwirkung auferlegt.

LG Berlin v. 1. 3. 1991 – 63 S 417/909 (MM 1991, 161)

543 Rückwirkung

Nach § 4 Abs. 3 S. 2 MHRG ist eine rückwirkende Erhöhung der Betriebskosten nur für den Sonderfall zulässig, daß sich die Betriebskosten rückwirkend erhöht haben, wie sich bereits aus dem Wortlaut der Vorschrift ergibt. Den Vermieter selbst muß also eine Kostenerhöhung treffen, die sich ihrerseits Rückwirkung zulegt, d. h. der Vermieter muß selbst im Nachhinein erfahren, daß bestimmte

---

[337b] Vgl. hierzu auch die **Rechtsentscheide** Rdn. 203, 204.

Betriebskosten ihm gegenüber erhöht worden sind, wie dies etwa bei Grundsteuerbescheiden oder gemeindlichen Gebühren und Abgaben der Fall sein kann.
LG Berlin v. 25. 6. 1990 – 66 S 45/90 (MM 1990, 261)

d) Leitsätze zu § 5 MHRG [337c]

Annuitätendarlehen 544

Bei einem Annuitätendarlehen ist zur Berechnung der Erhöhung der Kapitalkosten (Zinserhöhung) nicht von dem derzeit valutierenden Darlehen, sondern von dem Nominaldarlehen auszugehen, da der Zinsvorteil durch die Anhebung des Tilgungsanteils ausgeglichen wird. Die erhöhte Tilgung wirkt also im Verhältnis Bank–Vermieter wie eine Erhöhung der Kapitalkosten, die der Vermieter weitergeben kann.
LG Berlin v. 20. 1. 1992 – 62 S 119/91 (MM 1992, 171)

Annuitätendarlehn 545

Im Falle eines Annuitätendarlehens, bei dem bereits anfänglich eine, wenn auch nur geringe, Tilgung erfolgt ist, ist bei der Gegenüberstellung der gesamten Fremdkapitalbelastung keine Differenzierung zwischen Zins- und Tilgungsbeträgen vorzunehmen. Das Restdarlehen ist also für die Berechnung der Fremdkapitalbelastung nicht um die Tilgungsleistung zu bereinigen.
LG Stuttgart v. 16. 5. 1991 – 16 S 12/91 (DWW 1991, 371)

Berechnungsgröße 546

Bei Kapitalkostenerhöhungen nach § 5 MHRG ist der Vermieter berechtigt, Zinsen für Restdarlehen auf den Nominalbetrag des Darlehens zu berechnen.
LG Berlin v. 20. 1. 1992 – 62 S 218/91 (Grundeigentum 1992, 265)

Dingliche Sicherung 547

Die dingliche Sicherung des Darlehens, dessen Kapitalkostenerhöhung geltend gemacht wird, muß nicht am Mietgrundstück bestehen.
AG Neuss v. 30. 5. 1990 – 30 C 161/90 (DWW 1990, 312 = WuM 1990, 520)

Disagio 548

Bei der Kapitalkostenerhöhung ist ein in der Ausgangsfinanzierung enthaltenes Disagio zu Lasten des Vermieters den Zinsen hinzuzurechnen.
LG Köln v. 20. 2. 1992 – 1 S 342/91 (WuM 1992, 445)

Disagio 549

Zwar führt die Vereinbarung eines Disagios nicht unmittelbar nach § 5 MHRG zu einer Berücksichtigung, weil es an sich keine Zinsen gibt. Da der für eine

---

[337c] Vgl. hierzu auch die **Rechtsentscheide** Rdn. 205, 214–219.

bestimmte Zeit vereinbarte Festzins mit dem Disagio wirtschaftlich aber an die Stelle höherer Festzinsen tritt, gebietet die wirtschaftliche Betrachtungsweise eine entsprechende Anwendung des § 5 MHRG.
LG Stuttgart v. 16. 5. 1991 – 16 S 12/91 (DWW 1991, 371)

550 **Gewerblicher Zwischenvermieter**
Tritt der Eigentümer nach Beendigung des gewerblichen Zwischenmietverhältnisses in den Mietvertrag mit dem Untermieter als Vermieter ein, so ist eine einseitige Mieterhöhung aufgrund Kapitalkostenerhöhung eines dinglich gesicherten Darlehens, dessen Schuldner der Eigentümer/Vermieter ist, nicht möglich.
LG Heidelberg v. 22. 11. 1991 – 5 S 98/91 (WuM 1992, 198)

551 **Lebensversicherung**
Wird der Zinssatz des dinglich gesicherten, tilgungsfreien Baudarlehens erhöht, so ist der Erhöhungsbetrag nur insoweit auf den Mieter umzulegen, als von dem Darlehensbetrag das in der zur Sicherheit abgetretenen und zur Rückzahlung angesparten Lebensversicherung angesammelte Kapital in Abzug gebracht wird.
AG Offenbach v. 17. 8. 1990 – 32 C 1512/90 (WuM 1990, 521)

552 **Offenbarungspflicht bei Vertragsschluß**
Es gehört nicht zur Offenlegungsverpflichtung des Vermieters i. S. von § 5 Abs. 4 MHRG den Mieter theoretisch dahingehend aufzuklären, daß möglicherweise während des Verlaufs des Mietverhältnisses wegen Ablaufs von Darlehens- oder Zinsbindungsfristen eine Veränderung der Marktlage und eine dadurch bedingte Kaptialzinserhöhung eintreten kann.
AG Neuss v. 30. 5. 1990 – 30 C 161/90 (DWW 1990, 312 = WuM 1990, 520)

553 **Tilgungen**
Grundsätzlich sind im Rahmen des Mieterhöhungsverlangens nach § 5 MHRG nur Zinsleistungen und nicht auch Tilgungen zu berücksichtigen, weil Kapitalkosten i. S. von § 5 MHRG nur die Aufwendungen sind, die als Vergütung für die Kapitalnutzung zu zahlen sind. Hierzu gehören Tilgungsleistungen nicht.
LG Stuttgart v. 16. 5. 1991 – 16 S 12/91 (DWW 1991, 371)

554 **Zustimmung**
Wenn ein Mieter nach einer schriftlich erklärten Mieterhöhung nach § 5 MHRG jahrelang den Erhöhungsbetrag vorbehaltlos zahlt, so ist darin eine Zustimmung i. S. des § 10 Abs. 1 MHRG zu sehen. War die Mieterhöhung unzulässig, sind wegen dieser Zustimmung keine Ansprüche des Mieters auf Rückzahlung und Berichtigung der Miete für die Zukunft gegeben.
LG Duisburg v. 4. 10. 1988 – 7 S 307/88 (WuM 1989, 192).

Teil 3: Anhang

I. Gesetzestexte und Vorschriften

1. Gesetz zur Regelung der Miethöhe (Mieterhöhungsgesetz – MHRG)

555

v. 18. 12. 1974 (BGBl. I S. 3603) mit späteren Änderungen[338]

§ 1 Keine Kündigung zur Mieterhöhung

Die Kündigung eines Mietverhältnisses über Wohnraum zum Zwecke der Mieterhöhung ist ausgeschlossen. Der Vermieter kann eine Erhöhung des Mietzinses nach Maßgabe der §§ 2 bis 7 verlangen. Das Recht steht dem Vermieter nicht zu, soweit und solange eine Erhöhung durch Vereinbarung ausgeschlossen ist oder der Ausschluß sich aus den Umständen, insbesondere der Vereinbarung eines Mietverhältnisses auf bestimmte Zeit mit festem Mietzins ergibt.

§ 2 Voraussetzungen einer Mieterhöhung

(1) Der Vermieter kann die Zustimmung zu einer Erhöhung des Mietzinses verlangen, wenn

1. der Mietzins, von Erhöhungen nach den §§ 3 bis 5 abgesehen, seit einem Jahr unverändert ist,

2. der verlangte Mietzins die üblichen Entgelte nicht übersteigt, die in der Gemeinde oder in vergleichbaren Gemeinden für nicht preisgebundenen Wohnraum vergleichbarer Art, Größe, Ausstattung, Beschaffenheit und Lage in den letzten vier Jahren vereinbart oder, von Erhöhungen nach § 4 abgesehen, geändert worden sind, und

3. der Mietzins sich innerhalb eines Zeitraums von drei Jahren, von Erhöhungen nach den §§ 3 bis 5 abgesehen, nicht um mehr als 30 v. H. erhöht. Der Vomhundertsatz beträgt bei Wohnraum, der vor dem 1. Januar 1981 fertiggestellt worden ist, 20 vom Hundert, wenn

---

[338] Das MHRG v. 18. 12. 1974 (BGBl. I S. 3603) ist geändert worden durch Art. 2 § 2 des Gesetzes zur Änderung des Bundesbaugesetzes v. 18. 8. 1976 (BGBl. I S. 2221), durch Art. 3 des Gesetzes zur Änderung des Wohnungsmodernisierungsgesetzes v. 27. 6. 1978 (BGBl. I S. 878), durch Art. 2 des Gesetzes zur Erhöhung des Angebots an Mietwohnungen v. 20. 12. 1982 (BGBl. I S. 1912), durch den Einigungsvertrag v. 31. 8. 1990 (BGBl. II S. 889, 1126) und durch das Vierte Gesetz zur Änderung mietrechtlicher Vorschriften (Viertes Mietrechtsänderungsgesetz) v. 21. 7. 1993 (BGBl. I S. 1257).

a) das Mieterhöhungsverlangen dem Mieter vor dem 1. September 1998 zugeht und

b) der Mietzins, dessen Erhöhung verlangt wird, ohne Betriebskostenanteil monatlich mehr als 8,00 Deutsche Mark je Quadratmeter Wohnfläche beträgt. Ist der Mietzins geringer, so verbleibt es bei 30 vom Hundert; jedoch darf in diesem Fall der verlangte Mietzins ohne Betriebkostenanteil monatlich 9,60 Deutsche Mark je Quadratmeter Wohnfläche nicht übersteigen.

Von dem Jahresbetrag des nach Satz 1 Nr. 2 zulässigen Mietzinses sind die Kürzungsbeträge nach § 3 Abs. 1 Satz 3 bis 7 abzuziehen, im Fall des § 3 Abs. 1 Satz 6 mit 11 vom Hundert des Zuschusses.

(1a) Absatz 1 Satz 1 Nr. 3 ist nicht anzuwenden

1. wenn eine Verpflichtung des Mieters zur Ausgleichszahlung nach den Vorschriften über den Abbau der Fehlsubventionierung im Wohnungswesen wegen des Wegfalls der öffentlichen Bindung erloschen ist und

2. soweit die Erhöhung den Betrag der zuletzt zu entrichtenden Ausgleichszahlung nicht übersteigt.

Der Mieter hat dem Vermieter auf dessen Verlangen, das frühestens vier Monate vor dem Wegfall der öffentlichen Bindung gestellt werden kann, innerhalb eines Monats über die Verpflichtung zur Ausgleichszahlung und über deren Höhe Auskunft zu erteilen.

(2) Der Anspruch nach Absatz 1 ist dem Mieter gegenüber schriftlich geltend zu machen und zu begründen. Dabei kann insbesondere Bezug genommen werden auf eine Übersicht über die üblichen Entgelte nach Absatz 1 Satz 1 Nr. 2 in der Gemeinde oder in einer vergleichbaren Gemeinde, soweit die Übersicht von der Gemeinde oder von Interessenvertretern der Vermieter und der Mieter gemeinsam erstellt oder anerkannt worden ist (Mietspiegel); enthält die Übersicht Mietzinsspannen, so genügt es, wenn der verlangte Mietzins innerhalb der Spanne liegt. Ferner kann auf ein mit Gründen versehenes Gutachten eines öffentlich bestellten oder vereidigten Sachverständigen verwiesen werden. Begründet der Vermieter sein Erhöhungsverlangen mit dem Hinweis auf entsprechende Entgelte für einzelne vergleichbare Wohnungen, so genügt die Benennung von drei Wohnungen.

(3) Stimmt der Mieter dem Erhöhungsverlangen nicht bis zum Ablauf des zweiten Kalendermonats zu, der auf den Zugang des Verlangens folgt, so kann der Vermieter bis zum Ablauf von weiteren zwei Monaten auf Erteilung der Zustimmung klagen. Ist die Klage erhoben worden, jedoch kein wirksames Erhöhungsverlangen vorausgegangen, so kann der Vermieter das Erhöhungsverlangen im Rechtsstreit nachholen; dem Mieter steht auch in diesem Fall die Zustimmungsfrist nach Satz 1 zu.

(4) Ist die Zustimmung erteilt, so schuldet der Mieter den erhöhten Mietzins von dem Beginn des dritten Kalendermonats ab, der auf den Zugang des Erhöhungsverlangens folgt.

(5) Gemeinden sollen, soweit hierfür ein Bedürfnis besteht und dies mit einem für sie vertretbaren Aufwand möglich ist, Mietspiegel erstellen. Bei der Aufstellung von Mietspiegeln sollen Entgelte, die auf Grund gesetzlicher Bestimmungen an Höchstbeträge gebunden sind, außer Betracht bleiben. Die Mietspiegel sollen im Abstand von zwei Jahren der Marktentwicklung angepaßt werden. Die Bundesregierung wird ermächtigt, durch Rechtsverordnung mit Zustimmung des Bundesrates Vorschriften über den näheren Inhalt und das Verfahren zur Aufstellung und Anpassung von Mietspiegeln zu erlassen. Die Mietspiegel und ihre Änderungen sollen öffentlich bekanntgemacht werden.

(6) Liegt im Zeitpunkt des Erhöhungsverlangens kein Mietspiegel nach Absatz 5 vor, so führt die Verwendung anderer Mietspiegel, insbesondere auch die Verwendung veralteter Mietspiegel, nicht zur Unwirksamkeit des Mieterhöhungsverlangens.

§ 3 Mieterhöhung bei baulichen Maßnahmen[339]

(1) Hat der Vermieter bauliche Maßnahmen durchgeführt, die den Gebrauchswert der Mietsache nachhaltig erhöhen, die allgemeinen Wohnverhältnisse auf die Dauer verbessern oder nachhaltig Einsparungen von Heizenergie oder Wasser bewirken (Modernisierung), oder hat er andere bauliche Änderungen auf Grund von Umständen, die er nicht zu vertreten hat, durchgeführt, so kann er eine Erhöhung der jährlichen Miete um elf vom Hundert der für die Wohnung aufgewendeten Kosten verlangen. Sind die baulichen Änderungen für mehrere Wohnungen durchgeführt worden, so sind die dafür aufgewendeten Kosten vom Vermieter angemessen auf die einzelnen Wohnungen aufzuteilen. Werden die Kosten für die baulichen Änderungen ganz oder teilweise durch zinsverbilligte oder zinslose Darlehen aus öffentlichen Haushalten gedeckt, so verringert sich der Erhöhungsbetrag nach Satz 1 um den Jahresbetrag der Zinsermäßigung, der sich für den Ursprungsbetrag des Darlehens aus dem Unterschied im Zinssatz gegenüber dem marktüblichen Zinssatz für erststellige Hypotheken zum Zeitpunkt der Beendigung der Maßnahmen ergibt; werden Zuschüsse oder Darlehen zur Deckung von laufenden Aufwendungen gewährt, so verringert sich der Erhöhungsbetrag um den Jahresbetrag des Zuschusses oder Darlehens. Ein Mieterdarlehen, eine Mietvorauszahlung oder eine von einem Dritten für den Mieter erbrachte Leistung für die baulichen Änderungen steht einem Darlehen aus öffentlichen Haushalten gleich. Kann nicht festgestellt werden, in welcher Höhe Zuschüsse oder Darlehen für die einzelnen

---

[339] § 3 Abs. 1 geändert, Abs. 2 weggefallen und Abs. 4 neugefaßt durch das Vierte Mietrechtsänderungsgesetz v. 21. 7. 1993 (BGBl. I S. 1257).

Wohnungen gewährt worden sind, so sind sie nach dem Verhältnis der für die einzelnen Wohnungen aufgewendeten Kosten aufzuteilen. Kosten, die vom Mieter oder für diesen von einem Dritten übernommen oder die mit Zuschüssen aus öffentlichen Haushalten gedeckt werden, gehören nicht zu den aufgewendeten Kosten in Sinne des Satzes 1. Mittel der Finanzierungsinstitute des Bundes oder eines Landes gelten als Mittel aus öffentlichen Haushalten.

(2) (weggefallen)

(3) Der Anspruch nach Absatz 1 ist vom Vermieter durch schriftliche Erklärung gegenüber dem Mieter geltend zu machen. Die Erklärung ist nur wirksam, wenn in ihr die Erhöhung auf Grund der entstandenen Kosten berechnet und entsprechend den Voraussetzungen nach Absatz 1 erläutert wird.

(4) Die Erklärung des Vermieters hat die Wirkung, daß von dem Beginn des auf die Erklärung folgenden übernächsten Monats an der erhöhte Mietzins an die Stelle des bisher zu entrichtenden Mietzinses tritt. Diese Frist verlängert sich um sechs Monate, wenn der Vermieter dem Mieter die zu erwartende Erhöhung des Mietzinses nicht nach § 541b Abs. 2 Satz 1 des Bürgerlichen Gesetzbuchs mitgeteilt hat oder wenn die tatsächliche Mieterhöhung gegenüber dieser Mitteilung um mehr als zehn vom Hundert nach oben abweicht.

(5) Geht das Eigentum an dem vermieteten Wohnraum von dem Vermieter auf einen Dritten über und tritt dieser anstelle des Vermieters in das Mietverhältnis ein, so darf der Mieter durch die Ausübung des Rechts nach Absatz 1 nicht höher belastet werden, als dies ohne den Eigentumsübergang möglich gewesen wäre.

§ 4 Umlegung von Betriebskosten[340]

(1) Für Betriebskosten im Sinne des § 27 der Zweiten Berechnungsverordnung dürfen Vorauszahlungen nur in angemessener Höhe vereinbart werden. Über die Vorauszahlungen ist jährlich abzurechnen.

(2) Der Vermieter ist berechtigt, Erhöhungen der Betriebskosten durch schriftliche Erklärung anteilig auf den Mieter umzulegen. Die Erklärung ist nur wirksam, wenn in ihr der Grund für die Umlage bezeichnet und erläutert wird.

(3) Der Mieter schuldet den auf ihn entfallenden Teil der Umlage vom Ersten des auf die Erklärung folgenden Monats oder, wenn die Erklärung erst nach dem Fünfzehnten eines Monats abgegeben worden ist, vom Ersten des übernächsten Monats an. Soweit die Erklärung darauf beruht, daß sich die Betriebskosten rückwirkend erhöht haben, wirkt sie auf den Zeitpunkt der Erhöhung der Betriebskosten, höchstens jedoch auf den Beginn des der Erklärung vorausgehenden Kalenderjahres zurück, sofern der Vermieter die Erklärung innerhalb von drei Monaten nach Kenntnis von der Erhöhung abgibt.

---

340 § 4 Abs. 5 eingefügt durch das Vierte Mietrechtsänderungsgesetz v. 21.7.1993 (BGBl. I S. 1257).

(4) Ermäßigen sich die Betriebskosten, so ist der Mietzins vom Zeitpunkt der Ermäßigung ab entsprechend herabzusetzen. Die Ermäßigung ist dem Mieter unverzüglich mitzuteilen.

(5) Der Vermieter kann durch schriftliche Erklärung bestimmen,

1. daß die Kosten der Wasserversorgung und der Entwässerung ganz oder teilweise nach dem erfaßten unterschiedlichen Wasserverbrauch der Mieter und die Kosten der Müllabfuhr nach einem Maßstab umgelegt werden dürfen, der der unterschiedlichen Müllverursachung Rechnung trägt oder

(2) daß die in Nummer 1 bezeichneten Kosten unmittelbar zwischen den Mietern und denjenigen abgerechnet werden, die die entsprechenden Leistungen erbringen.

Die Erklärung kann nur für künftige Abrechnungszeiträume abgegeben werden und ist nur mit Wirkung zum Beginn eines Abrechnungszeitraums zulässig. Sind die Kosten im Mietzins enthalten, so ist dieser entsprechend herabzusetzen.

§ 5 Umlegung von Kapitalkosten

(1) Der Vermieter ist berechtigt, Erhöhungen der Kapitalkosten, die nach Inkrafttreten dieses Gesetzes infolge einer Erhöhung des Zinssatzes aus einem dinglich gesicherten Darlehen fällig werden, durch schriftliche Erklärung anteilig auf den Mieter umzulegen, wenn

1. der Zinssatz sich

    a) bei Mietverhältnissen, die vor dem 1. Januar 1973 begründet worden sind, gegenüber dem am 1. Januar 1973 maßgebenden Zinssatz,

    b) bei Mietverhältnissen, die nach dem 31. Dezember 1972 begründet worden sind, gegenüber dem bei Begründung maßgebenden Zinssatz

erhöht hat,

2. die Erhöhung auf Umständen beruht, die der Vermieter nicht zu vertreten hat,

3. das Darlehen der Finanzierung des Neubaues, des Wiederaufbaues, der Wiederherstellung, des Ausbaues, der Erweiterung oder des Erwerbs des Gebäudes oder des Wohnraums oder von baulichen Maßnahmen im Sinne des § 3 Abs. 1 gedient hat.

(2) § 4 Abs. 2 Satz 2 und Absatz 3 Satz 1 gilt entsprechend.

(3) Ermäßigt sich der Zinssatz nach einer Erhöhung des Mietzinses nach Absatz 1, so ist der Mietzins vom Zeitpunkt der Ermäßigung ab entsprechend, höchstens aber um die Erhöhung nach Absatz 1, herabzusetzen. Ist das Darlehen getilgt, so ist der Mietzins um den Erhöhungsbetrag herabzusetzen. Die Herabsetzung ist dem Mieter unverzüglich mitzuteilen.

(4) Das Recht nach Absatz 1 steht dem Vermieter nicht zu, wenn er die Höhe der dinglich gesicherten Darlehen, für die sich der Zinssatz erhöhen kann, auf eine Anfrage des Mieters nicht offengelegt hat.

§ 6 Sonderregelung im Saarland

(1) Hat sich der Vermieter von öffentlich gefördertem oder steuerbegünstigtem Wohnraum nach dem Wohnungsbaugesetz für das Saarland in der Fassung der Bekanntmachung vom 7. März 1972 (Amtsblatt des Saarlandes S. 149), zuletzt geändert durch Artikel 3 des Wohnungsbauänderungsgesetzes 1973 vom 21. Dezember 1973 (Bundesgesetzbl. I S. 1970), verpflichtet, keine höhere Miete als die Kostenmiete zu vereinbaren, so kann er eine Erhöhung bis zu dem Betrag verlangen, der zur Deckung der laufenden Aufwendungen für das Gebäude oder die Wirtschaftseinheit erforderlich ist. Eine Erhöhung des Mietzinses nach den §§ 2, 3 und 5 ist ausgeschlossen.

(2) Die Erhöhung nach Absatz 1 ist vom Vermieter durch schriftliche Erklärung gegenüber dem Mieter geltend zu machen. Die Erklärung ist nur wirksam, wenn in ihr die Erhöhung berechnet und erläutert wird. Die Erklärung hat die Wirkung, daß von dem Ersten des auf die Erklärung folgenden Monats an der erhöhte Mietzins an die Stelle des bisher zu entrichtenden Mietzinses tritt, wird die Erklärung erst nach dem Fünfzehnten eines Monats abgegeben, so tritt diese Wirkung erst von dem Ersten des übernächsten Monats an ein.

(3) Soweit im Rahmen der Kostenmiete Betriebskosten im Sinne des § 27 der Zweiten Berechnungsverordnung durch Umlagen erhoben werden, kann der Vermieter Erhöhungen der Betriebskosten in entsprechender Anwendung des § 4 umlegen.

(4) Ermäßigen sich die laufenden Aufwendungen, so hat der Vermieter die Kostenmiete mit Wirkung vom Zeitpunkt der Ermäßigung ab entsprechend herabzusetzen. Die Herabsetzung ist dem Mieter unverzüglich mitzuteilen.

(5) Die Absätze 1 bis 4 gelten entsprechend für Wohnraum, der mit Wohnungsfürsorgemitteln für Angehörige des öffentlichen Dienstes oder ähnliche Personengruppen unter Vereinbarung eines Wohnungsbesetzungsrechtes gefördert worden ist, wenn der Vermieter sich in der in Absatz 1 Satz 1 bezeichneten Weise verpflichtet hat.

§ 7 Bergmannswohnungen

(1) Für Bergmannswohnungen, die von Bergbauunternehmen entsprechend dem Vertrag über Bergmannswohnungen, Anlage 8 zum Grundvertrag zwischen der Bundesrepublik Deutschland, den vertragschließenden Bergbauunternehmen und der Ruhrkohle Aktiengesellschaft vom 18. Juli 1969 (Bundesanzeiger Nr. 174 vom

18. September 1974), bewirtschaftet werden, kann die Miete bei einer Erhöhung der Verwaltungskosten und der Instandhaltungskosten in entsprechender Anwendung des § 30 Abs. 1 der Zweiten Berechnungsverordnung und des § 5 Abs. 3 Buchstabe c des Vertrages über Bergmannswohnungen erhöht werden. Eine Erhöhung des Mietzinses nach § 2 ist ausgeschlossen.

(2) Der Anspruch nach Absatz 1 ist vom Vermieter durch schriftliche Erklärung gegenüber dem Mieter geltend zu machen. Die Erklärung ist nur wirksam, wenn in ihr die Erhöhung berechnet und erläutert wird.

(3) Die Erklärung des Vermieters hat die Wirkung, daß von dem Ersten des auf die Erklärung folgenden Monats an der erhöhte Mietzins an die Stelle des bisher zu entrichtenden Mietzinses tritt; wird die Erklärung erst nach dem Fünfzehnten eines Monats abgegeben, so tritt diese Wirkung erst von dem Ersten des übernächsten Monats an ein.

(4) Im übrigen gelten die §§ 3 bis 5.

§ 8 Form der Erklärung

Hat der Vermieter seine Erklärungen nach den §§ 2 bis 7 mit Hilfe automatischer Einrichtungen gefertigt, so bedarf es nicht seiner eigenhändigen Unterschrift.

§ 9 Sonderkündigungsrecht des Mieters

(1) Verlangt der Vermieter eine Mieterhöhung nach § 2, so ist der Mieter berechtigt, bis zum Ablauf des zweiten Monats, der auf den Zugang des Erhöhungsverlangens folgt, für den Ablauf des übernächsten Monats zu kündigen. Verlangt der Vermieter eine Mieterhöhung nach den §§ 3, 5 bis 7, so ist der Mieter berechtigt, das Mietverhältnis spätestens am dritten Werktag des Kalendermonats, von dem an der Mietzins erhöht werden soll, für den Ablauf des übernächsten Monats zu kündigen. Kündigt der Mieter, so tritt die Mieterhöhung nicht ein.

(2) Ist der Mieter rechtskräftig zur Zahlung eines erhöhten Mietzinses nach den §§ 2 bis 7 verurteilt worden, so kann der Vermieter das Mietverhältnis wegen Zahlungsverzugs des Mieters nicht vor Ablauf von zwei Monaten nach rechtskräftiger Verurteilung kündigen, wenn nicht die Voraussetzungen des § 554 des Bürgerlichen Gesetzbuches schon wegen des bisher geschuldeten Mietzinses erfüllt sind.

§ 10 Abweichende Vereinbarungen

(1) Vereinbarungen, die zum Nachteil des Mieters von den Vorschriften der §§ 1 bis 9 abweichen, sind unwirksam, es sei denn, daß der Mieter während des Bestehens des Mietverhältnisses einer Mieterhöhung um einen bestimmten Betrag zugestimmt hat.

(2) Abweichend von Absatz 1 kann der Mietzins für bestimmte Zeiträume in unterschiedlicher Höhe schriftlich vereinbart werden. Die Vereinbarung eines gestaffelten Mietzinses darf nur einen Zeitraum bis zu jeweils zehn Jahren umfassen. Während dieser Zeit ist einer Erhöhung des Mietzinses nach den §§ 2, 3 und 5 ausgeschlossen. Der Mietzins muß jeweils mindestens ein Jahr unverändert bleiben. Der jeweilige Mietzins oder die jeweilige Erhöhung muß betragsmäßig ausgewiesen sein. Eine Beschränkung des Kündigungsrechts des Mieters ist unwirksam, soweit sie sich auf einen Zeitraum von mehr als vier Jahren seit Abschluß der Vereinbarung erstreckt.

(3) Die Vorschriften der §§ 1 bis 9 gelten nicht für Mietverhältnisse

1. über preisgebundenen Wohnraum, soweit nicht in § 2 Abs. 1a Satz 2 etwas anderes bestimmt ist,

2. über Wohnraum, der zu nur vorübergehendem Gebrauch gemietet ist,

3. über Wohnraum, der Teil der vom Vermieter selbst bewohnten Wohnung ist und den der Vermieter ganz oder überwiegend mit Einrichtungsgegenständen auszustatten hat, sofern der Wohnraum nicht zum dauernden Gebrauch für eine Familie überlassen ist,

4. über Wohnraum, der Teil eines Studenten- oder Jugendwohnheims ist.

§ 10a Mietzinsanpassung

(1) Abweichend von § 10 Abs. 1 kann schriftlich vereinbart werden, daß die weitere Entwicklung des Mietzinses durch den Preis von anderen Gütern oder Leistungen bestimmt werden soll (Mietanpassungsvereinbarung). Die Vereinbarung ist nur wirksam, wenn die Genehmigung nach § 3 des Währungsgesetzes oder entsprechenden währungsrechtlichen Vorschriften erteilt wird.

(2) Während der Geltungsdauer einer Mietanpassungsvereinbarung muß der Mietzins von Erhöhungen nach den §§ 3 und 4 abgesehen, jeweils mindestens ein Jahr unverändert bleiben. Eine Erhöhung des Mietzinses nach § 3 kann nur verlangt werden, soweit der Vermieter bauliche Änderungen auf Grund von Umständen durchgeführt hat, die er nicht zu vertreten hat. Eine Erhöhung des Mietzinses nach den §§ 2 und 5 ist ausgeschlossen.

(3) Eine Änderung des Mietzinses auf Grund einer Vereinbarung nach Absatz 1 muß durch schriftliche Erklärung geltend gemacht werden, die auch die Änderung der nach der Mietanpassungsvereinbarung mußgebenden Preise nennt. Der geänderte Mietzins ist vom Beginn des auf die Erklärung folgenden übernächsten Monats an zu zahlen.

§ 11 Anwendung im Beitrittsgebiet

(1) In dem in Artikel 3 des Einigungsvertrages genannten Gebiet findet dieses Gesetz für Wohnraum Anwendung, der nicht mit Mitteln aus öffentlichen Haushalten gefördert wurde und nach dem Wirksamwerden des Beitritts

1. in neu errichteten Gebäuden fertiggestellt wurde oder
2. aus Räumen wiederhergestellt wurde, die auf Dauer zu Wohnzwecken nicht mehr benutzbar waren, oder aus Räumen geschaffen wurde, die nach ihrer baulichen Anlage und Ausstattung anderen als Wohnzwecken dienten.

Bei der Vermietung dieses Wohnraums sind Preisvorschriften nicht anzuwenden.

(2) Für Wohnraum, dessen höchstzulässiger Mietzins sich bei Wirksamwerden des Beitritts aus Rechtsvorschriften ergibt, gelten § 1 Satz 1 und § 3 sowie die folgenden Absätze. § 3 ist auch auf vor dem Wirksamwerden des Beitritts begonnene aber noch nicht beendete bauliche Maßnahmen anzuwenden.

(3) Die Bundesregierung wird ermächtigt, durch Rechtsverordnung mit Zustimmung des Bundesrates

1. den höchstzulässigen Mietzins unter Berücksichtigung der Einkommensentwicklung schrittweise mit dem Ziel zu erhöhen, die in § 2 Abs. 1 Satz 1 Nr. 2 bezeichnete Miete zuzulassen. Dabei sind Art, Größe, Ausstattung, Beschaffenheit und Lage des Wohnraums zu berücksichtigen;
2. zu bestimmen, daß die Betriebskosten oder Teile davon nach § 4 anteilig auf die Mieter umgelegt werden dürfen;
3. zu bestimmen, daß nach dem 31. Dezember 1992 beim Abschluß neuer Mietverträge bestimmte Zuschläge verlangt werden dürfen, oder die in § 10 Abs. 2 und § 10a bezeichnete Miete vereinbart werden darf; dabei kann die höchstzulässige Miete festgelegt werden;
4. für den Teil des Landes Berlin, in dem das Grundgesetz bisher nicht galt, oder einen Teil davon Sonderregelungen vorzusehen.

(4) Der Vermieter kann vorbehaltlich des § 1 Satz 3 gegenüber dem Mieter schriftlich erklären, daß der Mietzins um einen bestimmten Betrag, bei Betriebskosten um einen bestimmbaren Betrag, bis zur Höhe des nach der Rechtsverordnung nach Absatz 3 zulässigen Mietzinses erhöht werden soll. Hat der Vermieter seine Erklärung mit Hilfe automatischer Einrichtungen gefertigt, so bedarf es nicht seiner eigenhändigen Unterschrift.

(5) Die Erklärung des Vermieters hat die Wirkung, daß von dem Ersten des auf die Erklärung folgenden übernächsten Monats der erhöhte Mietzins an die Stelle des bisher entrichteten Mietzinses tritt.

(6) Der Mieter ist berechtigt, das Mietverhältnis spätestens am dritten Werktag des Kalendermonats, von dem an der Mietzins erhöht werden soll, für den Ablauf des übernächsten Kalendermonats zu kündigen. Kündigt der Mieter, so tritt die Erhöhung nicht ein.

(7) Die Bundesregierung wird ermächtigt, durch Rechtsverordnung mit Zustimmung des Bundesrates zu bestimmen, daß über § 3 hinaus bis zum 1. Januar 1996 bei erheblichen Instandsetzungsmaßnahmen eine Erhöhung der jährlichen Miete in einem bestimmten Umfang der aufgewendeten Kosten verlangt werden kann. Bei der Bestimmung des Umfangs ist zu berücksichtigen,

1. welche Beträge dem Vermieter auf Grund einer Rechtsverordnung nach Absatz 3 zustehen,

2. daß die zu erwartende Mieterhöhung für die Mieter im Hinblick auf deren Einkommen keine Härte bedeuten darf, die ihnen auch unter Berücksichtigung der Interessen des Vermieters an der Instandsetzungsmaßnahme nicht zuzumuten ist.

Instandsetzungsmaßnahmen auf Grund einer Rechtsverordnung nach Satz 1 stehen bei der Anwendung sonstiger Vorschriften dieses Gesetzes baulichen Maßnahmen nach § 3 gleich.

2. Gesetz über den Widerruf von Haustürgeschäften und ähnlichen Geschäften

v. 16. Januar 1986 (BGBl. I S. 122)

Geändert durch Art. 3 Gesetz über Verbraucherkredite, zur Änderung der Zivilprozeßordnung und andere Gesetze vom 17. 12. 1990 (BGBl. I S. 2840).

§ 1 Widerrufsrecht

(1) Eine auf den Abschluß eines Vertrages über eine entgeltliche Leistung gerichtete Willenserklärung, zu der der Erklärende (Kunde)

1. durch mündliche Verhandlungen an seinem Arbeitsplatz oder im Bereich einer Privatwohnung,
2. anläßlich einer von der anderen Vertragspartei oder von einem Dritten zumindest auch in ihrem Interesse durchgeführten Freizeitveranstaltung oder
3. im Anschluß an ein überraschendes Ansprechen in Verkehrsmitteln oder im Bereich öffentlich zugänglicher Verkehrswege

bestimmt worden ist, wird erst wirksam, wenn der Kunde sie nicht binnen einer Frist von einer Woche schriftlich widerruft.

(2) Ein Recht auf Widerruf besteht nicht, wenn

1. im Fall von Absatz 1 Nr. 1 die mündlichen Verhandlungen, auf denen der Abschluß des Vertrags beruht, auf vorhergehende Bestellung des Kunden geführt worden sind oder
2. die Leistung bei Abschluß der Verhandlungen sofort erbracht und bezahlt wird und das Entgelt achtzig Deutsche Mark nicht übersteigt oder
3. die Willenserklärung von einem Notar beurkundet worden ist.

§ 2 Ausübung des Widerrufsrechts; Belehrung

(1) Zur Wahrung der Frist genügt die rechtzeitige Absendung des Widerrufs. Der Lauf der Frist beginnt erst, wenn die andere Vertragspartei dem Kunden eine drucktechnisch deutlich gestaltete schriftliche Belehrung über sein Recht zum Widerruf einschließlich Namen und Anschrift des Widerrufsempfängers sowie einschließlich der Bestimmung des Satzes 1 ausgehändigt hat. Die Belehrung darf keine anderen Erklärungen enthalten und ist vom Kunden zu unterschreiben. Unterbleibt diese Belehrung, so erlischt das Widerrufsrecht des Kunden erst einen Monat nach beiderseits vollständiger Erbringung der Leistung.

(2) Ist streitig, ob oder zu welchem Zeitpunkt die Belehrung dem Kunden ausgehändigt worden ist, so trifft die Beweislast die andere Vertragspartei.

§ 3 Rechtsfolgen des Widerrufs

(1) Im Falle des Widerrufs ist jeder Teil verpflichtet, dem anderen Teil die empfangenen Leistungen zurückzugewähren. Der Widerruf wird durch eine Verschlechterung, den Untergang oder die anderweitige Unmöglichkeit der Herausgabe des empfangenen Gegenstands nicht ausgeschlossen. Hat der Kunde die Verschlechterung, den Untergang oder die anderweitige Unmöglichkeit zu vertreten, so hat er der anderen Vertragspartei die Wertminderung oder den Wert zu ersetzen.

(2) Ist der Kunde nicht nach § 2 belehrt worden und hat er auch nicht anderweitig Kenntnis von seinem Recht zum Widerruf erlangt, so hat er eine Verschlechterung, den Untergang oder die anderweitige Unmöglichkeit nur dann zu vertreten, wenn er diejenige Sorgfalt nicht beachtet hat, die er in eigenen Angelegenheiten anzuwenden pflegt.

(3) Für die Überlassung des Gebrauchs oder die Benutzung einer Sache sowie für sonstige Leistungen bis zu dem Zeitpunkt der Ausübung des Widerrufs ist deren Wert zu vergüten; die durch die bestimmungsgemäße Ingebrauchnahme einer Sache oder Inanspruchnahme einer sonstigen Leistung eingetretene Wertminderung bleibt außer Betracht.

(4) Der Kunde kann für die auf die Sache gemachten notwendigen Aufwendungen Ersatz von der anderen Vertragspartei verlangen.

§ 4 Zug-um-Zug-Verpflichtung

Die sich nach § 3 ergebenden Verpflichtungen der Vertragsparteien sind Zug um Zug zu erfüllen.

§ 5 Umgehungsverbot; Unabdingbarkeit

(1) Dieses Gesetz findet auch Anwendung, wenn seine Vorschriften durch anderweitige Gestaltungen umgangen werden.

(2) Erfüllt ein Geschäft im Sinne des § 1 Abs. 1 zugleich die Voraussetzungen eines Geschäfts nach dem Verbraucherkreditgesetz, nach § 11 des Gesetzes über den Vertrieb ausländischer Investmentanteile und über die Besteuerung der Erträge aus ausländischen Investmentanteilen, nach § 23 des Gesetzes über Kapitalanlagegesellschaften oder nach § 4 des Gesetzes zum Schutz der Teilnehmer am Fernunterricht, so sind nur die Vorschriften dieser Gesetze anzuwenden.

(3) Von den Vorschriften dieses Gesetzes zum Nachteil des Kunden abweichende Vereinbarungen sind unwirksam. Beim Abschluß eines Kaufvertrags auf Grund eines Verkaufsprospekts kann das Widerrufsrecht nach § 1 Abs. 1 durch ein schriftlich eingeräumtes, uneingeschränktes Rückgaberecht entsprechend § 8 Abs. 2 Satz 1 bis 5 des Verbraucherkreditgesetzes ersetzt werden; Voraussetzung

ist, daß der Kunde den Verkaufsprospekt in Abwesenheit der anderen Vertragspartei eingehend zur Kenntnis nehmen konnte und zwischen dem Kunden und der anderen Vertragspartei im Zusammenhang mit diesem oder einem späteren Geschäft eine ständige Verbindung aufrechterhalten werden soll.

§ 6 Anwendungsbereich

Die Vorschriften dieses Gesetzes finden keine Anwendung
1. wenn der Kunde den Vertrag in Ausübung einer selbständigen Erwerbstätigkeit abschließt oder die andere Vertragspartei nicht geschäftsmäßig handelt,
2. beim Abschluß von Versicherungsverträgen.

§ 7 Ausschließlicher Gerichtsstand

(1) Für Klagen aus Geschäften im Sinne des § 1 ist das Gericht ausschließlich zuständig, in dessen Bezirk der Kunde zur Zeit der Klageerhebung seinen Wohnsitz, in Ermangelung eines solchen seinen gewöhnlichen Aufenthaltsort hat.

(2) Eine abweichende Vereinbarung ist jedoch zulässig für den Fall, daß der Kunde nach Vertragsschluß seinen Wohnsitz oder gewöhnlichen Aufenthaltsort aus dem Geltungsbereich dieses Gesetzes verlegt oder sein Wohnsitz oder gewöhnlicher Aufenthaltsort im Zeitpunkt der Klageerhebung nicht bekannt ist.

§ 8 Berlin-Klausel (gegenstandslos)

§ 9 Inkrafttreten; Übergangsbestimmung

(1) Dieses Gesetz tritt am 1. Mai 1986 in Kraft.

(2) Die Vorschriften dieses Gesetzes finden keine Anwendung auf Verträge, die vor seinem Inkrafttreten geschlossen worden sind. § 7 findet auch Anwendung auf Klagen aus Geschäften im Sinne des § 1, die vor dem Inkrafttreten dieses Gesetzes abgeschlossen worden sind.

557 3. Erste Verordnung über die Erhöhung der Grundmieten (Erste Grundmietenverordnung – 1. GrundMV)
v. 17. 6. 1991 (BGBl. I S. 1269)

Auf Grund des § 11 Abs. 3 Nr. 1 des Gesetzes zur Regelung der Miethöhe vom 18. Dezember 1974 (BGBl. I S. 3603, 3604), der durch Anlage I Kapitel XIV Abschnitt II Nr. 7 des Einigungsvertrages vom 31. August 1990 in Verbindung mit Artikel 1 des Gesetzes vom 23. September 1990 (BGBl. 1990 II S. 885, 1126) angefügt worden ist, verordnet die Bundesregierung:

§ 1 Höchstzulässiger Mietzins

(1) Der höchstzulässige Mietzins, der sich in dem in Artikel 3 des Einigungsvertrages genannten Gebiet für Wohnraum am 2. Oktober 1990 aus Rechtsvorschriften ergab, wird zum 1. Oktober 1991 um 1,00 Deutsche Mark je Quadratmeter Wohnfläche monatlich erhöht. Soweit die Mieterhöhung nach Satz 1 nicht auf der Grundlage der Wohnfläche nach den §§ 42 bis 44 der Zweiten Berechnungsverordnung in der Fassung der Bekanntmachung vom 12. Oktober 1990 (BGBl. I S. 2178) erklärt wird, kann eine Neuberechnung der Grundmietenerhöhung verlangt werden, wenn die Wohnflächenberechnung nach den §§ 42 bis 44 der Zweiten Berechnungsverordnung vorliegt.

(2) Bei Wohnungen, die am 2. Oktober 1990 mit Bad oder Zentralheizung ausgestattet waren, sowie bei Wohnungen in Gemeinden mit mehr als 100 000 Einwohnern erhöht sich der Betrag nach Absatz 1 um jeweils 0,15 Deutsche Mark. Der Betrag verringert sich jeweils um 0,15 Deutsche Mark bei Wohnungen mit Außen-WC sowie bei Wohnungen, die nicht in sich abgeschlossen sind.

(3) Bei Abschluß eines Mietvertrages darf der höchstzulässige Mietzins nicht überschritten werden.

(4) Eine zu Lasten des Mieters abweichende Vereinbarung ist insoweit unwirksam.

§ 2 Inkrafttreten

Diese Verordnung tritt am Tage nach der Verkündigung in Kraft.

4. Zweite Verordnung über die Erhöhung der Grundmieten (Zweite Grundmietenverordnung – 2. GrundMV)

v. 27. 7. 1992 (BGBl. I S. 1416)

§ 1 Allgemeine Mieterhöhung

(1) Der höchstzulässige Mietzins, der sich in dem in Artikel 3 des Einigungsvertrages genannten Gebiet für Wohnraum nach § 1 der Ersten Grundmietenverordnung vom 17. Juni 1991 (BGBl. I, 1269) ergibt, wird zum 1. Januar 1993 um 1,20 Deutsche Mark je Quadratmeter Wohnfläche monatlich erhöht.

(2) Bei Wohnungen, die am 2. Oktober 1990 nicht mit einem Bad ausgestattet waren, verringert sich der Betrag nach Absatz 1 um 0,30 Deutsche Mark. Er verringert sich um weitere 0,15 Deutsche Mark bei Wohnungen, die am 2. Oktober 1990 nicht mit einem Innen-WC ausgestattet waren.

(3) Bei Wohnraum in Einfamilienhäusern in Gemeinden, die am 5. August 1992 mehr als 20 000 Einwohner zählten, erhöht sich der Betrag nach Absatz 1 um 0,30 Deutsche Mark, in Gemeinden, deren Einwohnerzahl erst später 20 000 übersteigt, von diesem Zeitpunkt an.

§ 2 Mieterhöhung nach der Beschaffenheit

(1) Der nach § 1 höchstzulässige Mietzins erhöht sich je Quadratmetr Wohnfläche monatlich

1. ab 1. Januar 1993 um 0,90 Deutsche Mark, wenn keine Schäden nach Absatz 2 vorhanden sind,
2. ab 1. Januar 1994 um weitere 0,60 Deutsche Mark, wenn keine Schäden nach Absatz 3 vorhanden sind.

(2) Der Erhöhungsbetrag nach Absatz 1 Nr. 1 verringert sich um jeweils 0,30 Deutsche Mark für Wohnraum in einem Gebäude, dessen

1. Dach,
2. Fenster oder
3. Außenwände

erhebliche Schäden aufweisen.

(3) Der Erhöhungsbetrag nach Absatz 1 Nr. 2 verringert sich um jeweils 0,30 Deutsche Mark für Wohnraum in einem Gebäude, dessen

1. Hausflure oder Treppenräume oder
2. Elektro-, Gas- oder Wasser- und Sanitärinstallationen

erhebliche Schäden aufweisen.

(4) Ist ein Schaden im Sinne der Absätze 2 oder 3 nachträglich beseitigt worden, so kann der Vermieter den entsprechenden Betrag zum Ersten des auf die Erklärung folgenden übernächsten Monats, frühestens jedoch zu dem nach Absatz 1 maßgeblichen Zeitpunkt geltend machen.

§ 3 Freiwillige Mieterhöhung nach Instandsetzung

(1) In bestehenden Mietverhältnissen kann bis zum 1. Januar 1996 schriftlich vereinbart werden, daß nach einer vom Vermieter nach dem 2. Oktober 1990 begonnenen erheblichen Instandsetzungsmaßnahme der nach den §§ 1 und 2 höchstzulässige Mietzins sich um einen bestimmten Betrag erhöht. Die sich daraus ergebende Erhöhung der jährlichen Miete darf 5,5 vom Hundert der auf die Wohnungen entfallenden Kosten der Instandsetzungsmaßnahme nicht übersteigen. § 3 Abs. 1 Satz 2 bis 7 des Gesetzes zur Regelung der Miethöhe ist ensprechend anzuwenden. Die Willenserklärung des Mieters wird erst wirksam, wenn dem Vermieter nicht innerhalb eines Monats ein schriftlicher Widerruf zugegangen ist.

(2) Wird nach dem 31. Dezember 1992 ein Mietvertrag über die Überlassung von Wohnraum neu abgeschlossen, so kann wegen erheblicher Instandsetzungsmaßnahmen nach Absatz 1 Satz 1 ein erhöhter Mietzins schriftlich vereinbart werden. Absatz 1 Satz 2 und 3 findet Anwendung.

(3) Mieterhöhungen nach Absatz 1 und 2 dürfen jede für sich und insgesamt ein Drittel des nach den §§ 1 und 2 höchstzulässigen Mietzinses ohne Erhöhungen für Modernisierung nicht übersteigen.

§ 4 Mieterhöhung für Garagen

Ist mit dem Wohnraum eine Garage oder ein ähnlicher Einstellplatz vermietet, so kann der Vermieter hierfür neben dem höchstzulässigen Mietzins eine Mieterhöhung in Höhe von bis zu 15 Deutsche Mark monatlich verlangen.

§ 5 Höchstzulässiger Mietzins

(1) Beim Abschluß von Mietverträgen darf der nach dieser Verordnung, der Betriebskosten-Umlageverordnung und § 11 Abs. 2 in Verbindung mit § 3 des Gesetzes zur Regelung der Miethöhe höchstzulässige Mietzins nicht überschritten werden.

(2) Zu Lasten des Mieters abweichende Vereinbarungen sind unwirksam.

5. BMBau-Beschaffenheitskriterien nach § 2 der 2. GrundMV v. 8. 6. 1992 (Auszug)

(1) Allgemeines

Der Bundesrat und die Bauminister der Länder haben diie Bundesregierung gebeten, zur Erleichterung der Umsetzung der Mieterhöhungen sowie zur Vermeidung von Streitigkeiten wegen unterschiedlicher Vorstellungen über die Beschaffenheitskriterien mit den Mieter- und Vermieter-Verbänden Kriterien zur Definition „erheblicher Schäden" nach § 2 der 2. GrundMV zu erarbeiten. Vom Bundesbauministerium ist nach Anhörung und ausführlicher Diskussion ... der folgende Katalog erarbeitet worden. Er bietet eine Entscheidungshilfe für Vermieter und Mieter, ist aber nicht rechtsverbindlich.

(2) Abgrenzungsgrundsätze für „erhebliche Schäden"

Das Vorhandensein eines „erheblichen Schadens" in einem der in § 2 genannten Schadensbereiche hat zur Folge, daß für alle Wohnungen des betreffenden Gebäudes der sonst zulässige *30-Pfennig-Zuschlag entfällt*. Daraus folgt, daß es sich überwiegend – auch bei Fenstern und der Hausinstallation – um Schäden am Gesamtgebäude handeln muß. Andererseits müssen solche Schäden – z. B. am Dach, der Fassade, den Fluren – nicht notwendigerweise die Gebrauchsfähigkeit einzelner Wohnungen unmittelbar betreffen (vgl. im einzelnen oben III 3).

Die nachfolgend unter 3. genannten Schadenskriterien sind als typische Beispiele zu verstehen; es handelt sich *nicht* um eine *abschließende Aufzählung*. Diese Grundsätze und die Beispiele dienen dazu, erhebliche Schäden konkret bestimmen zu können. Dennoch wird mitunter eine Entscheidung nur anhand des konkreten Einzelfalls möglich sein; dabei ist eine letztlich ausschlaggebende Beurteilung nach dem Gesamteindruck z. B. der Treppenhäuser (siehe Beispiel dort) nicht ausgeschlossen.

(3) Schadensgruppen (Beschaffenheitszuschläge) im einzelnen

(a) Dach

Ein erheblicher Schaden liegt dann vor, wenn das Dach in seiner *Gesamtkonstruktion* oder aufgrund von *Einzelschäden* keinen ausreichenden Schutz gegen Witterungseinflüsse oder Feuchtigkeit bietet. Im einzelnen liegt ein erheblicher Schaden des Daches namentlich vor bei großflächiger Ablösung der Dachhaut oder wenn die Dachentwässerung infolge fehlender oder schadhafter Teilstücke (Rinnen oder Rohre) nicht in der Lage ist, *Niederschläge funktionsgerecht abzuleiten*. Soweit z. B. Schäden am Schornstein oder fehlende Ziegel im Dachbereich zu nachhaltigem Eindringen von Feuchtigkeit ins Innere des Gebäudes führen, liegen ebenfalls erhebliche Schäden vor.

(b) Fenster

Die Fenster weisen erhebliche Schäden auf, wenn (z. B. auf einer Fassadenseite weit überwiegend) durch Undichtigkeit ein ausreichender ursprünglicher *Nässe-, Wärme-* oder *Lärmschutz* nicht mehr gewährleistet oder die Verschließbarkeit manglhaft ist.

(c) Außenwände

Die Außenwände weisen erhebliche Schäden auf, wenn breite Risse vorliegen, die Fugen durchlässig sind, der Putz großflächig abgeplatz ist, Balkone oder Brüstungen verrottet sind oder eindringende *Feuchtigkeit* zu Schäden führt. Dies gilt namentlich dann, wenn durch solche Schäden die ursprüngliche *Wärmeisolierung* beeinträchtigt wird.

(d) Hausflure und Treppenräume

Hausflure und Treppenräume weisen erhebliche Schäden auf, wenn der Trittbereich mangelhaft ist, die normale Begehbarkeit beeinträchtigt, eine Beleuchtung nicht in jeder Etage vorhanden ist oder langjährig unterlassene Pflege und Instandhaltung einen insgesamt *verwahrlosten Eindruck* hinterlassen. Ein erheblicher Schaden liegt auch vor, wenn Hauseingangstüren nicht mehr vorhanden oder nicht mehr verschließbar sind.

(e) Elektro-, Gas- oder Wasser- und Sanitärinstallationen

Elektro-, Gas- oder Wasser- und Sanitärinstallationen weisen erhebliche Schäden auf, wenn die Funktionsfähigkeit beeinträchtigt (z. B. durch *Korrosionsschäden*) oder das Leitungsnetz nicht funktionssicher ist. Ferner rechnen dazu dauerhaft braunes Wasser bedingt durch die Hausinstallation oder dauerhaft *verstopfte Abflüsse* des Gebäudes.

(4) Verfahren

Zum Verfahren weist das Bundesbauministerium auf folgendes hin:

Es ist Aufgabe des *Vermieters,* sich zur Begründung seiner Mieterhöhungsforderung insoweit auf die *Fehlerfreiheit* des Gebäudes zu berufen. In einem eventuellen Streitverfahren trägt er – anders als bei der Geltendmachung von Minderungsansprüchen des Mieters – die *Darlegungs-* und *Beweislast.* Dies erscheint auch deshalb gerechtfertigt, weil der Vermieter bei den besonderen Verhältnissen im Wohnungsbestand im Beitrittsgebiet das Vorliegen von Gebäudeschäden durch mangelnde Instandhaltung fachlich eher beurteilen kann als der Mieter.

Durch die Regelung des § 2 ist das Recht des Mieters auf Minderung nach § 537 *BGB nicht ausgeschlossen.* Namentlich bei Wohnungen, die normale Wohnansprüche deutlich unterschreiten (z. B. Wohnungen der sog. Bauzustandsstufe IV der ehemaligen DDR), dürfte auch eine Verringerung der nach § 1 höchstzulässigen Grundmiete in Betracht kommen.

Nach § 2 Abs. 4 kann der Vermieter, der Schäden nach Abs. 2 und 3 nachträglich beseitigt, den entsprechenden Beschaffenheitszuschlag – je nach Schadensart – ab 1.1.1993 bzw. 1.1.1994 geltend machen. Die *Erklärung,* daß der Mietzins um einen bestimmten Betrag erhöht werden soll, muß schriftlich erfolgen (§ 11 Abs. 4 MHG). Sie hat die *Wirkung,* daß vom Ersten des auf die Erklärung folgenden übernächsten Monats der erhöhte Mietzins an die Stelle der bisher entrichteten Miete tritt (§ 11 Abs. 5 MHG).

560 **6. Verordnung über die Umlage von Betriebskosten auf die Mieter (Betriebskosten-Umlageverordnung – BetrKostUV)**
v. 17. 6. 1991 (BGBl. I S. 1270) mit späteren Änderungen[341]

§ 1 Umlegung und Vorauszahlung von Betriebskosten

(1) Für Wohnraum, der sich in dem in Artikel 3 des Einigungsvertrages genannten Gebiet befindet und dessen höchstzulässiger Mietzins sich am 2. Oktober 1990 aus Rechtsvorschriften ergab, kann der Vermieter Betriebskosten nach den Vorschriften dieser Verordnung durch schriftliche Erklärungen anteilig auf Mieter umlegen.

(2) Soweit die Vertragsparteien nichts anders vereinbaren, kann der Vermieter für die Betriebskosten Vorauszahlungen in angemessener Höhe verlangen. Über die Vorauszahlungen ist jährlich abzurechnen.

(3) Soweit diese Verordnung nichts anderes bestimmt, gehen ihre Vorschriften rechtsgeschäftlichen Bestimmungen vor, die vor dem Inkrafttreten dieser Verordnung getroffen worden sind. Im übrigen ist eine zu Lasten des Mieters von den Vorschriften dieser Verordnung abweichende Vereinbarung insoweit unwirksam.

(4) Soweit bei Anwendung dieser Verordnung die Umlage der Betriebskosten auf der Grundlage der Wohnfläche erklärt wird und die Wohnfläche nicht gemäß den §§ 42 bis 44 der Zweiten Berechnungsverordnung in der Fassung der Bekanntmachung vom 12. Oktober 1990 (BGBl. I S. 2178) berechnet wurde, kann nach Vorliegen der Wohnflächenberechnung gemäß den §§ 42 bis 44 der Zweiten Berechnungsverordnung verlangt werden, daß ab der nächstfolgenden Abrechnung die Betriebskosten auf Grund dieser Wohnflächenberechnung umgelegt werden.

(5) Betriebskosten sind die in der Anlage aufgeführten Kosten.

§ 2 Umlegungsmaßstäbe

(1) Der Vermieter kann Betriebskosten nach einem mit allen Mietern vereinbarten Maßstab anteilig auf die Mieter umlegen.

(2) Soweit keine Vereinbarung mit den Mietern getroffen worden ist, kann der Vermieter die Betriebskosten nach den §§ 3 bis 9 umlegen. Die Wahl zwischen mehreren danach zugelassenen Umlegungsmaßstäben bleibt dem Vermieter überlassen.

(3) Bis zum Ablauf von drei Abrechnungszeiträumen nach erstmaliger Bestimmung eines Umlegungsmaßstabes nach Absatz 2 kann der Vermieter durch Erklä-

---

[341] Die BetrKostUV v. 17. 6. 1991 (BGBl. I S. 1270) ist geändert worden durch Art. 3 der 4. Verordnung zur Änderung wohnungsrechtlicher Vorschriften v. 13. 7. 1992 (BGBl. I S. 1250) und durch die Betriebskostenumlage-Änderungsverordnung v. 27. 7. 1992 (BGBl. I S. 1415).

rung gegenüber den Mietern für künftige Abrechnungszeiträume einen anderen geeigneten Maßstab nach den §§ 3 bis 9 insbesondere dann bestimmen, wenn durch bauliche Änderungen eine verbrauchsabhängige Abrechnung von Betriebskosten möglich wird.

§ 3 Kosten der Wasserversorgung und Entwässerung[342]

(1) Bei der Berechnung der Umlage für die Kosten der Wasserversorgung und der Entwässerung sind zunächst die Kosten des Wasserverbrauchs abzuziehen, der nicht mit der üblichen Benutzung der Wohnungen zusammenhängt.

(2) Die verbleibenden Kosten dürfen

1. nach dem Verhältnis der Wohnflächen oder
2. nach einem Maßstab, der dem unterschiedlichen Wasserverbrauch Rechnung trägt,

umgelegt werden. Wird der Wasserverbrauch, der mit der üblichen Benutzung der Wohnungen zusammenhängt für alle Wohnungen eines Gebäudes durch Wasserzähler erfaßt, sind die auf die Wohnungen entfallenden Kosten nach dem erfaßten unterschiedlichen Wasserverbrauch der Wohnparteien umzulegen.

§ 3a Kosten der Müllabfuhr[343]

Die Kosten der Müllabfuhr sind nach einem Maßstab, der der unterschiedlichen Müllverursachung durch die Wohnparteien Rechnung trägt, oder nach dem Verhältnis der Wohnflächen umzulegen.

§ 4 Kosten der Heizung und Warmwasserversorgung[344]

(1) Die Kosten des Betriebs zentraler Heiz- und Warmwasserversorgungsanlagen sowie der eigenständig gewerblichen Lieferung von Wärme und Warmwasser, auch aus zentralen Heiz- und Warmwasserversorgungsanlagen, sind wie folgt umzulegen:

1. die Kosten der Versorgung mit Wärme nach der Wohnfläche oder dem umbauten Raum; es darf auch die Wohnfläche oder der umbaute Raum der beheizten Räume zugrundegelegt werden;
2. die Kosten der Versorgung mit Warmwasser nach der Wohnfläche oder einem Maßstab, der dem Warmwasserverbrauch in sonstiger Weise Rechnung trägt.

---

342 § 3 Abs. 2 letzter Satz angefügt durch VO v. 13. 7. 1992 (BGBl. I S. 1250).
343 § 3a eingefügt durch VO v. 13. 7. 1992 (BGBl. I S. 1250).
344 Durch die ÄndVO v. 27. 7. 1992 (BGBl. I S. 1415) erhält § 4 Abs. 3 mit Wirkung v. 1. 1. 1994 an folgende Fassung: „(3) Die Kosten der Heizung und Warmwasserversorgung nach Absatz 1 sind bis zu einem Betrag von 2,50 Deutsche Mark je Quadratmeter Wohnfläche monatlich umlagefähig. Dieser Betrag vermindert sich auf 2,10 Deutsche Mark, wenn nur Heizkosten umgelegt werden."

(2) Die Verordnung über Heizkostenabrechnung ist anzuwenden, soweit dies in Anlage I Kapitel V Sachgebiet D Abschnitt III Nr. 10 des Einigungsvertrages vom 11. August 1990 (BGBl. 1990 II S. 889, 1007) bestimmt ist.

(3) Die Kosten der Heizung und Warmwasserversorgung nach Absatz 1 sind bis zu einem Betrag von 3,00 Deutsche Mark je Quadratmeter Wohnfläche monatlich umlagefähig. Dieser Betrag vermindert sich auf 2,60 Deutsche Mark, wenn nur Heizkosten umgelegt werden.

§ 5 Kosten des Betriebs einer zentralen Brennstoffversorgungsanlage

Die Kosten des Betriebs einer zentralen Brennstoffversorgungsanlage dürfen nur nach dem Brennstoffverbrauch umgelegt werden.

§ 6 Aufzugskosten

(1) Die Kosten des Betriebs eines Personen- oder Lastenaufzugs dürfen nach dem Verhältnis der Wohnflächen umgelegt werden.

(2) Wohnraum im Erdgeschoß kann von der Umlegung ausgenommen werden.

§ 7 Kosten einer Breitbandverteilanlage

Die Kosten des Betriebs der mit einem Breitbandkabelnetz verbundenen privaten Verteilanlage dürfen nach dem Verhältnis der Wohnflächen umgelegt wrden. Die laufenden monatlichen Grundgebühren für Breitbandanschlüsse dürfen jedoch nur zu gleichen Teilen auf die angeschlossenen Wohnungen umgelegt werden.

§ 8 Kosten maschineller Wascheinrichtungen

Die Betriebs- und Instandhaltungskosten maschineller Wascheinrichtungen dürfen nur auf die Benutzer der Einrichtung umgelegt werden. Der Umlegungsmaßstab muß dem Gebrauch Rechnung tragen.

§ 9 Umlegungsmaßstab bei sonstigen Betriebskosten

Soweit in den §§ 2 bis 8 nichts anderes bestimmt ist, sind die Betriebskosten nach dem Verhältnis der Wohnflächen umzulegen.

§ 10 Anrechnung bisheriger Betriebskosten

(1) Soweit Betriebskosten bisher im Mietzins gesondert ausgewiesen waren, ermäßigt sich der Mietzins von dem Zeitpunkt an, zu dem die Umlegung der Betriebskosten nach dieser Verordnung wirksam wird, um den ausgewiesenen Betrag.

(2) Soweit Betriebskosten bisher im Mietzins nicht gesondert ausgewiesen waren, ermäßigt dieser sich von dem Zeitpunkt an, zu dem die Umlegung von Betriebskosten nach dieser Verordnung wirksam wird,

Gesetzestexte und Vorschriften

1. um 0,40 Deutsche Mark je Quadratmeter Wohnfläche monatlich, wenn Kosten der Versorgung mit Wärme, und um weitere 0,12 Deutsche Mark, wenn auch Kosten der Versorgung mit Warmwasser nach dieser Verordnung umgelegt werden, höchstens jedoch um 50 vom Hundert des am 2. Oktober 1990 zulässigen Mietzinses.

2. um zehn vom Hundert dieses Mietzinses ausschließlich der Kosten für die Versorgung mit Wärme und Warmwasser, wenn andere als die in Nummer 1 bezeichneten Betriebskosten umgelegt werden.

§ 11 Übergangsvorschriften

(1) Betriebskosten dürfen nicht nach dieser Verordnung umgelegt werden, soweit sie auf die Zeit vor dem 1. Oktober 1991 entfallen.

(2) Wird die Erklärung über die Umlegung von Betriebskosten bereits vor dem Zeitpunkt abgegeben, von dem an die Betriebskosten nach den dafür maßgebenden Rechtsvorschriften entstehen, so wird sie frühestens von diesem Zeitpunkt an wirksam. Soweit die Erklärung darauf beruht, daß die Betriebskosten rückwirkend entstanden sind, wirkt sie im Rahmen des Absatzes 1 auf den Zeitpunkt der Entstehung der Betriebskosten zurück, sofern der Vermieter die Erklärung innerhalb von drei Monaten nach Kenntnis von der Entstehung der Kosten abgibt.

(3) Im übrigen richtet sich die Umlegung von Betriebskostenerhöhungen nach § 4 Abs. 2 und 3, die Herabsetzung des Mietzinses bei einer Ermäßigung der Betriebskosten nach § 4 Abs. 4 des Gesetzes zur Regelung der Miethöhe.

(4) Hat für ein Gebäude der Zeitrum für die Abrechnung der Kosten der Wasserversorgung und der Entwässerung bereits vor dem 1. August 1992 begonnen, ist § 3 in der ab dem 1. August 1992 geltenden Fassung erst auf die Abrechnung für den nachfolgenden Abrechnungszeitraum anzuwenden.

§ 12 Inkrafttreten

Diese Verordnung tritt am Tage nach der Verkündung in Kraft.

Anlage (zu § 1 Abs. 5)[345]

---

345 Auf den Abdruck der Betriebskostenaufstellung wurde verzichtet; sie entspricht wortgleich der Anlage 3 zu § 27 Abs. 1 der II. BV, vgl. u.

561 **7. Verordnung über wohnungswirtschaftliche Berechnungen (Zweite Berechnungsverordnung – II. BV)**

v. 12.10.1990 (BGBl. I S. 2178) mit späteren Änderungen[346]

562 **a) Aufwendungen/Kosten**

§ 26 Verwaltungskosten[347]

(1) Verwaltungskosten sind Kosten der zur Verwaltung des Gebäudes oder der Wirtschaftseinheit erforderlichen Arbeitskräfte und Einrichtungen, die Kosten der Aufsicht sowie der Wert der vom Vermieter persönlich geleisteten Verwaltungsarbeit. Zu den Verwaltungskosten gehören auch die Kosten für die gesetzlichen oder freiwilligen Prüfungen des Jahresabschlusses und der Geschäftsführung.

(2) Die Verwaltungskosten dürfen höchstens mit 420 Deutsche Mark jährlich je Wohnung, bei Eigenheimen, Kaufeigenheimen und Kleinsiedlungen je Wohngebäude angesetzt werden.

(3) Für Garagen oder ähnliche Einstellplätze dürfen Verwaltungskosten höchstens mit 55 Deutsche Mark jährlich je Garagen- oder Einstellplatz angesetzt werden.

§ 27 Betriebskosten

(1) Betriebskosten sind die Kosten, die dem Eigentümer (Erbbauberechtigten) durch das Eigentum am Grundstück (Erbbaurecht) oder durch den bestimmungsmäßigen Gebrauch des Gebäudes oder der Wirtschaftseinheit, der Nebengebäude, Anlagen, Einrichtungen und des Grundstücks laufend entstehen. Der Ermittlung der Betriebskosten ist die dieser Verordnung beigefügte Anlage 3 „Aufstellung der Betriebskosten" zugrunde zu legen.

(2) Sach- und Arbeitsleistungen des Eigentümers (Erbbauberechtigten), durch die Betriebskosten erspart werden, dürfen mit dem Betrag angesetzt werden, der für eine gleichwertige Leistung eines Dritten, insbesondere eines Unternehmers, angesetzt werden könnte. Die Umsatzsteuer des Dritten darf nicht angesetzt werden.

(3) Im öffentlich geförderten sozialen Wohnungsbau und steuerbegünstigten oder freifinanzierten Wohnungsbau, der mit Wohnungsfürsorgemitteln gefördert worden ist, dürfen die Betriebskosten nicht in der Wirtschaftlichkeitsberechnung angesetzt werden.

(4) (weggefallen)

---

[346] Die II. BV v. 12.10.1990 (BGBl. I S. 2178) wurde geändert durch die 4. Verordnung zur Änderung wohnungsrechtlicher Vorschriften v. 13.7.1992 (BGBl. I S.1250); wiedergegeben sind hier nur §§ 26–30, §§ 42–49 sowie die Anl. 3 zu § 27 Abs. 1 II. BV.
[347] § 26 Abs. 2 und 3 i. d. F. der 4. ÄndVO v. 13.7.1992 (BGBl. I S.1250).

§ 28 Instandhaltungskosten[348]

(1) Instandhaltungskosten sind die Kosten, die während der Nutzungsdauer zur Erhaltung des bestimmungsmäßigen Gebrauchs aufgewendet werden müssen, um die durch Abnutzung, Alterung und Witterungseinwirkung entstehenden baulichen oder sonstigen Mängel ordnungsgemäß zu beseitigen. Der Ansatz der Instandhaltungskosten dient auch zur Deckung der Kosten von Instandsetzungen, nicht jedoch der Kosten von Baumaßnahmen, soweit durch sie eine Modernisierung vorgenommen wird oder Wohnraum oder anderer auf die Dauer benutzbarer Raum neu geschaffen wird. Der Ansatz dient nicht zur Deckung der Kosten einer Erneuerung von Anlagen und Einrichtungen, für die eine besondere Abschreibung nach § 25 Abs. 3 zulässig ist.

(2) Als Instandhaltungskosten dürfen je Quadratmeter Wohnfläche im Jahr angesetzt werden

1. für Wohnungen, die bis zum 31. Dezember 1952 bezugsfertig geworden sind, höchstens 20,00 Deutsche Mark,
2. für Wohnungen, die in der Zeit vom 1. Januar 1953 bis zum 31. Dezember 1969 bezugsfertig geworden sind, höchstens 18,50 Deutsche Mark,
3. für Wohnungen, die in der Zeit vom 1. Januar 1970 bis zum 31. Dezember 1979 bezugsfertig geworden sind, höchstens 14,00 Deutsche Mark,
4. für Wohnungen, die nach dem 31. Dezember 1979 bezugsfertig geworden sind oder bezugsfertig werden, höchstens 11,00 Deutsche Mark.

Diese Sätze verringern sich, wenn in der Wohnung weder ein eingerichtetes Bad noch eine eingerichtete Dusche vorhanden sind, um 1,15 Deutsche Mark. Diese Sätze erhöhen sich für Wohnungen, für die eine Sammelheizung vorhanden ist, um 0,80 Deutsche Mark, bei eigenständig gewerblicher Lieferung von Wärme, soweit die Hausanlage vom Vermieter instandgehalten wird, jedoch höchstens um 0,50 Deutsche Mark und für Wohnungen, für die ein maschinell betriebener Aufzug vorhanden ist, um 1,65 Deutsche Mark.

(3) Trägt der Mieter die Kosten für kleine Instandhaltungen in der Wohnung, so verringern sich die Sätze nach Absatz 2 um 1,90 Deutsche Mark. Die kleinen Instandhaltungen umfassen nur das Beheben kleiner Schäden an den Installationsgegenständen für Elektrizität, Wasser und Gas, den Heiz- und Kocheinrichtungen, den Fenster- und Türverschlüssen sowie den Verschlußvorrichtungen von Fensterläden.

(4) Die Kosten der Schönheitsreparaturen in Wohnungen sind in den Sätzen nach Absatz 2 nicht enthalten. Trägt der Vermieter die Kosten dieser Schönheitsreparaturen, so dürfen sie höchstens mit 12,00 Deutsche Mark je Quadratmeter Wohn-

---

[348] § 28 Abs. 2 und Abs. 5 i. d. F. der 4. **ÄndVO** v. 13. 7. 1992 (BGBl. I S. 1250).

fläche im Jahr angesetzt werden. Dieser Satz verringert sich für Wohnungen, die überwiegend nicht tapeziert sind, um 1,20 Deutsche Mark. Der Satz erhöht sich für Wohnungen mit Heizkörpern um 0,95 Deutsche Mark und für Wohnungen, die überwiegend mit Doppelfenstern oder Verbundfenstern ausgestattet sind, um 1,00 Deutsche Mark. Schönheitsreparaturen umfassen nur das Tapezieren, Anstreichen oder Kalken der Wände und Decken, das Streichen der Fußböden, Heizkörper einschließlich Heizrohre, der Innentüren sowie der Fenster und Außentüren von innen.

(5) Für Garagen oder ähnliche Einstellplätze dürfen als Instandhaltungskosten einschließlich Kosten für Schönheitsreparaturen höchstens 110 Deutsche Mark jährlich je Garagen- oder Einstellplatz angesetzt werden.

(6) Für Kosten der Unterhaltung von Privatstraßen und Privatwegen, die dem öffentlichen Verkehr dienen, darf ein Erfahrungswert als Pauschbetrag neben den vorstehenden Sätzen angesetzt werden.

(7) Kosten eigener Instandhaltungswerkstätten sind mit den vorstehenden Sätzen abgegolten.

§ 29 Mietausfallwagnis

Mietausfallwagnis ist das Wagnis einer Ertragsminderung, die durch uneinbringliche Rückstände von Mieten, Pachten, Vergütungen und Zuschlägen oder durch Leerstehen von Raum, der zur Vermietung bestimmt ist, entsteht. Es umfaßt auch die uneinbringlichen Kosten einer Rechtsverfolgung auf Zahlung oder Räumung. Das Mietausfallwagnis darf höchstens mit 2 vom Hundert der Erträge im Sinne des § 31 Abs. 1 Satz 1 angesetzt werden. Soweit die Deckung von Ausfällen anders, namentlich durch einen Anspruch auf Erstattung gegenüber einem Dritten, gesichert ist, darf kein Mietausfallwagnis angesetzt werden.

§ 30 Änderung der Bewirtschaftungskosten

(1) Haben sich die Verwaltungkosten oder die Instandhaltungskosten geändert

1. im öffentlich geförderten sozialen Wohnungsbau nach der Bewilligung der öffentlichen Mittel gegenüber dem bei der Bewilligung auf Grund der Wirtschaftlichkeitsberechnung zugrunde gelegten Betrag,

2. im steuerbegünstigten Wohnungsbau nach der Bezugsfertigkeit,

so sind in Wirtschaftlichkeitsberechnungen, die nach diesen Zeitpunkten aufgestellt werden, die geänderten Kosten anzusetzen. Dies gilt bei einer Erhöhung dieser Kosten nur, wenn sie auf Umständen beruht, die der Bauherr nicht zu vertreten hat. Die Verwaltungskosten dürfen bis zu der in § 26 zugelassenen Höhe, die Instandhaltungskosten bis zu der in § 28 zugelassenen Höhe ohne Nachweis einer Kostenerhöhung angesetzt werden, es sei denn, daß der Ansatz im Einzelfall unter Berücksichtigung der jeweiligen Verhältnisse nicht angemessen ist. Eine Überschreitung der für die Verwaltungskosten und die Instandhaltungskosten zugelassenen Sätze ist nicht zulässig.

(2) Der Ansatz für die Abschreibung ist in Wirtschaftlichkeitsberechnungen, die nach den in Absatz 1 bezeichneten Zeitpunkten aufgestellt werden, zu ändern, wenn nach § 11 Abs. 1 bis 3 geänderte Gesamtkosten angesetzt werden; eine Änderung des für die Abschreibung angesetzten Vomhundertsatzes ist unzulässig.

(3) Der Ansatz für das Mietausfallwagnis ist in Wirtschaftlichkeitsberechnungen, die nach den in Absatz 1 bezeichneten Zeitpunkten aufgestellt werden, zu ändern, wenn sich die Jahresmiete ändert; eine Änderung des Vomhundertsatzes für das Mietausfallwagnis ist zulässig, wenn sich die Voraussetzungen für seine Bemessung nachhaltig geändert haben.

(4) Werden nach § 11 Abs. 4 bis 6 die Kosten von baulichen Änderungen den Gesamtkosten hinzugerechnet, so dürfen die infolge der Änderungen entstehenden Bewirtschaftungskosten den anderen Bewirtschaftungskosten hinzugerechnet werden. Für die entstehenden Abschreibungen und Instandhaltungskosten gelten die § 25 und § 28 Abs. 2 bis 6 entsprechend.

b) Anlage 3 zu § 27 Abs. 1 II. BerechnungsVO[349]

Aufstellung der Betriebskosten

Betriebskosten sind nachstehende Kosten, die dem Eigentümer (Erbbauberechtigten) durch das Eigentum (Erbbaurecht) am Grundstück oder durch den bestimmungsmäßigen Gebrauch des Gebäudes oder der Wirtschaftseinheit, der Nebengebäude, Anlagen, Einrichtungen und des Grundstücks laufend entstehen, es sei denn, daß die üblicherweise vom Mieter außerhalb der Miete unmittelbar getragen werden:

1. Die laufenden öffentlichen Lasten des Grundstücks

Hierzu gehört namentlich die Grundsteuer, jedoch nicht die Hypothekengewinnabgabe.

2. Die Kosten der Wasserversorgung

Hierzu gehören die Kosten des Wasserverbrauchs, die Grundgebühren, die Kosten der Anmietung oder anderer Arten der Gebrauchsüberlassung von

---

[349] Nr. 2 der Anlage 3 i. d. F. der 4. ÄndVO v. 13. 7. 1992 (BGBl. I S. 1250).

Wasserzählern sowie die Kosten ihrer Verwendung einschließlich der Kosten der Berechnung und Aufteilung, die Kosten des Betriebs einer hauseigenen Wasserversorgungsanlage und einer Wasseraufbereitungsanlage einschließlich der Aufbereitungsstoffe.

3. Die Kosten der Entwässerung

Hierzu gehören die Gebühren für die Haus- und Grundstücksentwässerung, die Kosten des Betriebs einer entsprechenden nicht öffentlichen Anlage und die Kosten des Betriebs einer Entwässerungspumpe.

4. Die Kosten

a) des Betriebs der zentralen Heizungsanlage einschließlich der Abgasanlage;
hierzu gehören die Kosten der verbrauchten Brennstoffe und ihrer Lieferung, die Kosten des Betriebsstroms, die Kosten der Bedienung, Überwachung und Pflege der Anlage, der regelmäßigen Prüfung ihrer Betriebsbereitschaft und Betriebssicherheit einschließlich der Einstellung durch einen Fachmann, der Reinigung der Anlage und des Betriebsraums, die Kosten der Messungen nach dem Bundes-Immissionsschutzgesetz, die Kosten der Anmietung oder anderer Arten der Gebrauchsüberlasung einer Ausstattung zur Verbrauchserfassung sowie die Kosten der Verwendung einer Ausstattung zur Verbrauchserfassung einschließlich der Kosten der Berechnung und Aufteilung;

oder

b) des Betriebs der zentralen Brennstoffversorgungsanlage;
hierzu gehören die Kosten der verbrauchten Brennstoffe und ihrer Lieferung, die Kosten des Betriebsstroms und die Kosten der Überwachung sowie die Kosten der Reinigung der Anlage und des Betriebsraumes;

oder

c) der eigenständig gewerblichen Lieferung von Wärme, auch aus Anlagen im Sinne des Buchstabens a; hierzu gehören das Entgelt für die Wärmelieferung und die Kosten des Betriebs der zugehörigen Hausanlagen entsprechend Buchstabe a;

oder

d) der Reinigung und Wartung von Etagenheizungen;
hierzu gehören die Kosten der Beseitigung von Wasserablagerungen und Verbrennungsrückständen in der Anlage, die Kosten der regelmäßigen Prüfung der Betriebsbereitschaft und Betriebssicherheit und der damit zusammenhängenden Einstellung durch einen Fachmann sowie die Kosten der Messungen nach dem Bundes-Immissionsschutzgesetz.

5. Die Kosten

a) des Betriebs der zentralen Warmwasserversorgungsanlage,
hierzu gehören die Kosten der Wasserversorgung entsprechend Nummer 2, soweit sie nicht dort bereits berücksichtigt sind, und die Kosten der Wassererwärmung entsprechend Nummer 4 Buchstabe a;

oder

b) der eigenständig gewerblichen Lieferung von Warmwasser, auch aus Anlagen im Sinne des Buchstabens a;
hierzu gehören das Entgelt für die Lieferung des Warmwassers und die Kosten des Betriebs der zugehörigen Hausanlagen entsprechend Nummer 4 Buchstabe a;

oder

c) der Reinigung und Wartung von Warmwassergeräten;
hierzu gehören die Kosten der Beseitigung von Wasserablagerungen und Verbrennungsrückständen im Innern der Geräte sowie die Kosten der regelmäßigen Prüfung der Betriebsbereitschaft und Betriebssicherheit und der damit zusammenhängenden Einstellung durch einen Fachmann.

6. Die Kosten verbundener Heizungs- und Warmwasserversorgungsanlagen

a) bei zentralen Heizungsanlagen entsprechend Nummer 4 Buchstabe a und entsprechend Nummer 2, soweit sie nicht dort bereits berücksichtigt sind;

oder

b) bei der eigenständig gewerblichen Lieferung von Wärme entsprechend Nummer 4 Buchstabe c und entsprechend Nummer 2, soweit sie nicht dort bereits berücksichtigt sind;

oder

c) bei verbundenen Etagenheizungen und Warmwasserversorgungsanlagen entsprechend Nummer 4 Buchstabe d und entsprechend Nummer 2, soweit sie nicht dort bereits berücksichtigt sind.

7. Die Kosten des Betriebs des maschinellen Personen- oder Lastenaufzuges

Hierzu gehören die Kosten des Betriebsstroms, die Kosten der Beaufsichtigung, der Bedienung, Überwachung und Pflege der Anlage, der regelmäßigen Prüfung ihrer Betriebsbereitschaft und Betriebssicherheit einschließlich der Einstellung durch einen Fachmann sowie die Kosten der Reinigung der Anlage.

8. Die Kosten der Straßenreinigung und Müllabfuhr

Hierzu gehören die für die öffentliche Straßenreinigung und Müllabfuhr zu entrichtenden Gebühren oder die Kosten entsprechender nicht öffentlicher Maßnahmen.

9. Die Kosten der Hausreinigung und Ungezieferbekämpfung

Zu den Kosten der Hausreinigung gehören die Kosten für die Säuberung der von den Bewohnern gemeinsam benutzten Gebäudeteile, wie Zugänge, Flure, Treppen, Keller, Bodenräume, Waschküchen, Fahrkorb des Aufzugs.

10. Die Kosten der Gartenpflege

Hierzu gehören die Kosten der Pflege gärtnerisch angelegter Flächen einschließlich der Erneuerung von Pflanzen und Gehölzen, der Pflege von Spielplätzen einschließlich der Erneuerung von Sand und der Pflege von Plätzen, Zugängen und Zufahrten, die dem nicht öffentlichen Verkehr dienen.

11. Die Kosten der Beleuchtung

Hierzu gehören die Kosten des Stroms für die Außenbeleuchtung und die Beleuchtung der von den Bewohnern gemeinsam benutzten Gebäudeteile, wie Zugänge, Flure, Treppen, Keller, Bodenräume, Waschküchen.

12. Die Kosten der Schornsteinreinigung

Hierzu gehören die Kehrgebühren nach der maßgebenden Gebührenordnung, soweit sie nicht bereits als Kosten nach Nummer 4 Buchstabe a berücksichtigt sind.

13. Die Kosten der Sach- und Haftpflichtversicherung

Hierzu gehören namentlich die Kosten der Versicherung des Gebäudes gegen Feuer-, Sturm- und Wasserschäden, der Glasversicherung, der Haftpflichtversicherung für das Gebäude, den Öltank und den Aufzug.

14. Die Kosten für den Hauswart

Hierzu gehören die Vergütung, die Sozialbeiträge und alle geldwerten Leistungen, die der Eigentümer (Erbbauberechtigter) dem Hauswart für seine Arbeit gewährt, soweit diese nicht die Instandhaltung, Instandsetzung, Erneuerung, Schönheitsreparaturen oder die Hausverwaltung betrifft.

Soweit Arbeiten vom Hauswart ausgeführt werden, dürfen Kosten für Arbeitsleistungen nach den Nummern 2 bis 10 nicht angesetzt werden.

15. Die Kosten

a) des Betriebs der Gemeinschafts-Antennenanlage;

hierzu gehören die Kosten des Betriebsstromes und die Kosten der regelmäßigen Prüfung ihrer Betriebsbereitschaft einschließlich der Einstellung durch einen Fachmann oder das Nutzungsentgelt für eine nicht zur Wirtschaftseinheit gehörende Antennenanlage;

oder

b) des Betriebs der mit einem Breitbandkabelnetz verbundenen privaten Verteilanlage:
hierzu gehören die Kosten entsprechend Buchstabe a, ferner die laufenden monatlichen Grundgebühren für Breitbandanschlüsse.

16. Die Kosten des Betriebs der maschinellen Wascheinrichtung

Hierzu gehören die Kosten des Betriebsstroms, die Kosten der Überwachung, Pflege und Reinigung der maschinellen Einrichtung, der regelmäßigen Pflege ihrer Betriebsbereitschaft und Betriebssicherheit sowie die Kosten der Wasserversorgung entsprechend Nummer 2, soweit sie nicht dort bereits berücksichtigt sind.

17. Sonstige Betriebskosten

Das sind die in den Nummern 1 bis 16 nicht genannten Betriebskosten, namentlich die Betriebskosten von Nebengebäuden, Anlagen und Einrichtungen.

c) Wohnflächenberechnung

§ 42 Wohnfläche

(1) Die Wohnfläche einer Wohnung ist die Summe der anrechenbaren Grundflächen der Räume, die ausschließlich zu der Wohnung gehören.

(2) Die Wohnfläche eines einzelnen Wohnraumes besteht aus dessen anrechenbarer Grundfläche; hinzuzurechnen ist die anrechenbare Grundfläche der Räume, die ausschließlich zu diesem einzelnen Wohnraum gehören. Die Wohnfläche eines untervermieteten Teils einer Wohnung ist entsprechend zu berechnen.

(3) Die Wohnfläche eines Wohnheimes ist die Summe der anrechenbaren Grundflächen der Räume, die zur alleinigen und gemeinschaftlichen Benutzung durch die Bewohner bestimmt sind.

(4) Zur Wohnfläche gehört nicht die Grundfläche von
1. Zubehörräumen; als solche kommen in Betracht: Keller, Waschküchen, Abstellräume außerhalb der Wohnung, Dachböden, Trockenräume, Schuppen (Holzlegen), Garagen und ähnliche Räume;
2. Wirtschaftsräumen; als solche kommen in Betracht: Futterküchen, Vorratsräume, Backstuben, Räucherkammern, Ställe, Scheunen, Abstellräume und ähnliche Räume;
3. Räumen, die den nach ihrer Nutzung zu stellenden Anforderungen des Bauordnungsrechts nicht genügen;
4. Geschäftsräumen.

§ 43 Berechnung der Grundfläche

(1) Die Grundfläche eines Raumes ist nach Wahl des Bauherrn aus den Fertigmaßen oder den Rohbaumaßen zu ermitteln. Die Wahl bleibt für alle späteren Berechnungen maßgebend.

(2) Fertigmaße sind die lichten Maße zwischen den Wänden ohne Berücksichtigung von Wandgliederungen, Wandbekleidungen, Scheuerleisten, Öfen, Heizkörpern, Herden und dergleichen.

(3) Werden die Rohbaumaße zugrunde gelegt, so sind die errechneten Grundflächen um 3 vom Hundert zu kürzen.

(4) Von den errechneten Grundflächen sind abzuziehen die Grundflächen von

1. Schornsteinen und anderen Mauervorlagen, freistehenden Pfeilern und Säulen, wenn sie in der ganzen Raumhöhe durchgehen und ihre Grundfläche mehr als 0,1 Quadratmeter beträgt,
2. Treppen mit über drei Steigungen und deren Treppenabsätze.

(5) Zu den errechneten Grundflächen sind hinzuzurechnen die Grundflächen von

1. Fenster- und offene Wandnischen, die bis zum Fußboden herunterreichen und mehr als 0,13 Meter tief sind,
2. Erkern und Wandschränken, die eine Grundfläche von mindestens 0,5 Quadratmeter haben,
3. Raumteilen unter Treppen, soweit die lichte Höhe mindestens 2 Meter ist.

Nicht hinzuzurechnen sind die Grundflächen der Türnischen.

(6) Wird die Grundfläche auf Grund der Bauzeichnung nach den Rohbaumaßen ermittelt, so bleibt die hiernach berechnete Wohnfläche maßgebend, außer wenn von der Bauzeichnung abweichend gebaut ist. Ist von der Bauzeichnung abweichend gebaut worden, so ist die Grundfläche auf Grund der berichtigten Bauzeichnung zu ermitteln.

§ 44 Anrechenbare Grundfläche

(1) Zur Ermittlung der Wohnfläche sind anzurechnen

1. voll

    die Grundflächen von Räumen und Raumteilen mit einer lichten Höhe von mindestens 2 Metern;

2. zur Hälfte

    die Grundflächen von Räumen und Raumteilen mit einer lichten Höhe von mindestens 1 Meter und weniger als 2 Metern und von Wintergärten, Schwimmbädern und ähnlichen, nach allen Seiten geschlossenen Räumen;

3. nicht
   die Grundflächen von Räumen oder Raumteilen mit einer lichten Höhe von weniger als 1 Meter.

(2) Gehören ausschließlich zu dem Wohnraum Balkone, Loggien, Dachgärten oder gedeckte Freisitze, so können deren Grundflächen zur Ermittlung der Wohnfläche bis zur Hälfte angerechnet werden.

(3) Zur Ermittlung der Wohnfläche können abgezogen werden

1. bei einem Wohngebäude mit einer Wohnung bis zu 10 vom Hundert der ermittelten Grundfläche der Wohnung,
2. bei einem Wohngebäude mit zwei nicht abgeschlossenen Wohnungen bis zu 10 vom Hundert der ermittelten Grundfläche beider Wohnungen,
3. bei einem Wohngebäude mit einer abgeschlossenen und einer nicht abgeschlossenen Wohnung bis zu 10 vom Hundert der ermittelten Grundfläche der nicht abgeschlossenen Wohnung.

(4) Die Bestimmung über die Anrechnung oder den Abzug nach Absatz 2 oder 3 kann nur für das Gebäude oder die Wirtschaftseinheit einheitlich getroffen werden. Die Bestimmung bleibt für alle späteren Berechnungen maßgebend.

8. Auszüge aus DIN-Vorschriften zur Wohnflächenberechnung

565 **a) DIN 277 Teil 1: Grundflächen und Rauminhalte von Bauwerken im Hochbau**

1 Anwendungsbereich

Diese Norm gilt für die Berechnung der Grundflächen und Rauminhalte von Bauwerken oder von Teilen von Bauwerken.

Grundflächen und Rauminhalte sind unter anderem maßgebend für die Ermittlung der Kosten von Hochbauten (Kostengruppen 3.1 bis 3.4 nach DIN 276 Teil 2) und bei dem Vergleich von Bauwerken.

Anmerkung: Eine weiterführende Untergliederung von Grundflächen nach Nutzungsarten als in dieser Norm ist in DIN 277 Teil 2 festgelegt.

2 Begriffe

2.1 Brutto-Grundfläche (BGF)

Die Brutto-Grundfläche ist die Summe der Grundflächen aller Grundrißebenen eines Bauwerkes.

Nicht dazu gehören die Grundflächen von nicht nutzbaren Dachflächen und von konstruktiv bedingten Hohlräumen, z. B. belüfteten Dächern oder über abgehängten Decken.

Die Brutto-Grundfläche gliedert sich in Konstruktions-Grundfläche und Netto-Grundfläche.

2.2 Konstruktions-Grundfläche (KGF)

Die Konstruktions-Grundfläche ist die Summe der Grundflächen der aufgehenden Bauteile aller Grundrißebenen eines Bauwerkes, z. B. von Wänden, Stützen und Pfeilern. Zur Konstruktions-Grundfläche gehören auch die Grundflächen von Schornsteinen, nicht begehbaren Schächten, Türöffnungen, Nischen sowie von Schlitzen.

2.3 Netto-Grundfläche (NGF)

Die Netto-Grundfläche ist die Summe der nutzbaren, zwischen den aufgehenden Bauteilen befindlichen Grundflächen aller Grundrißebenen eines Bauwerkes. Zur Netto-Grundfläche gehören auch die Grundflächen von freiliegenden Installationen und von fest eingebauten Gegenständen, z. B. von Öfen, Heizkörpern oder Tischplatten.

Die Netto-Grundfläche gliedert sich in Nutzfläche, Funktionsfläche und Verkehrsfläche.

2.4 Nutzfläche (NF)

Die Nutzfläche ist derjenige Teil der Netto-Grundfläche, der der Nutzung des Bauwerkes aufgrund seiner Zweckbestimmung dient.

Die Nutzfläche gliedert sich in Hauptnutzfläche (HNF) und Nebennutzfläche (NNF).

2.5 Funktionsfläche (FF)

Die Funktionsfläche ist derjenige Teil der Netto-Grundfläche, der der Unterbringung zentraler betriebstechnischer Anlagen in einem Bauwerk dient.

Sofern es die Zweckbestimmung eines Bauwerkes ist, eine oder mehrere betriebstechnische Anlagen unterzubringen, die der Ver- und Entsorgung anderer Bauwerke dienen, z. B. bei einem Heizhaus, sind die dafür erforderlichen Grundflächen jedoch Nutzfläche nach Abschnitt 2.4.

2.6 Verkehrsfläche (VF)

Die Verkehrsfläche ist derjenige Teil der Netto-Grundfläche, der dem Zugang zu den Räumen, dem Verkehr innerhalb des Bauwerkes und auch dem Verlassen im Notfall dient.

Bewegungsflächen innerhalb von Räumen, die zur Nutz- oder Funktionsfläche gehören, z. B. Gänge zwischen Einrichtungsgegenständen, zählen nicht zur Verkehrsfläche.

2.7 Brutto-Rauminhalt (BRI)

Der Brutto-Rauminhalt ist der Rauminhalt des Baukörpers, der nach unten von der Unterfläche der konstruktiven Bauwerkssohle und im übrigen von den äußeren Begrenzungsflächen des Bauwerkes umschlossen wird.

Nicht zum Brutto-Rauminhalt gehören die Rauminhalte von

– Fundamenten;
– Bauteilen, soweit sie für den Brutto-Rauminhalt von untergeordneter Bedeutung sind, z. B. Kellerlichtschächte, Außentreppen, Außenrampen, Eingangsüberdachungen und Dachgauben;
– untergeordneten Bauteilen wie z. B. konstruktive und gestalterische Vor- und Rücksprünge an den Außenflächen, auskragende Sonnenschutzanlagen, Lichtkuppeln, Schornsteinköpfe, Dachüberstände, soweit sie nicht Überdeckungen für Bereich b nach Abschnitt 3.1.1 sind.

2.8 Netto-Rauminhalt (NRI)

Der Netto-Rauminhalt ist die Summe der Rauminhalte aller Räume, deren Grundflächen zur Netto-Grundfläche gehören.

3 Berechnungsgrundlagen

3.1 Allgemeines

3.1.1 Grundflächen und Rauminhalte sind nach ihrer Zugehörigkeit zu folgenden Bereichen getrennt zu ermitteln:
- Bereich a:
  überdeckt und allseitig in voller Höhe umschlossen,
- Bereich b:
  überdeckt, jedoch nicht allseitig in voller Höhe umschlossen,
- Bereich c:
  nicht überdeckt.

Sie sind ferner getrennt nach Grundrißebenen, z. B. Geschossen, und getrennt nach unterschiedlichen Höhen zu ermitteln.

3.1.2 Waagerechte Flächen sind aus ihren tatsächlichen Maßen, schrägliegende Flächen aus ihrer senkrechten Projektion auf eine waagerechte Ebene zu berechnen.

3.1.3 Grundflächen sind in m^2, Rauminhalte in m^3 anzugeben.

3.2 Berechnung von Grundflächen

3.2.1 Brutto-Grundfläche

Für die Berechnung der Brutto-Grundfläche sind die äußeren Maße der Bauteile einschließlich Bekleidung, z. B. Putz, in Fußbodenhöhe anzusetzen. Konstruktive und gestalterische Vor- und Rücksprünge an den Außenflächen bleiben dabei unberücksichtigt.

Brutto-Grundflächen des Bereichs b sind an den Stellen, an denen sie nicht umschlossen sind, bis zur senkrechten Projektion ihrer Überdeckungen zu rechnen.

Brutto-Grundflächen von Bauteilen (Konstruktions-Grundflächen), die zwischen den Bereichen a und b liegen, sind zum Bereich a zu rechnen.

3.2.2 Konstruktions-Grundfläche

Die Konstruktions-Grundfläche ist aus den Grundflächen der aufgehenden Bauteile zu berechnen. Dabei sind die Fertigmaße der Bauteile in Fußbodenhöhe einschließlich Putz oder Bekleidung anzusetzen. Konstruktive und gestalterische Vor- und Rücksprünge an den Außenflächen, soweit sie die Netto-Grundfläche nicht beeinflussen, Fuß-, Sockelleisten, Schrammborde sowie vorstehende Teile von Fenster- und Türbekleidungen bleiben unberücksichtigt.

Die Konstruktions-Grundfläche darf auch als Differenz aus Brutto- und Netto-Grundfläche ermittelt werden.

3.2.3 Netto-Grundfläche, Nutz-, Funktions- und Verkehrsfläche

Bei der Berechnung der Netto-Grundfläche sind die Grundflächen von Räumen oder Raumteilen unter Schrägen mit lichten Raumhöhen
- von 1,5 m und mehr sowie
- unter 1,5 m

stets getrennt zu ermitteln.

Für die Ermittlung der Netto-Grundfläche bzw. der Nutz-, Funktions- oder Verkehrsfläche im einzelnen sind die lichten Maße der Räume in Fußbodenhöhe ohne Berücksichtigung von Fuß-, Sockelleisten oder Schrammborden anzusetzen.

Für Netto-Grundflächen des Bereichs b gilt Abschnitt 3.2.1, zweiter Absatz, sinngemäß.

Die Grundflächen von Treppenräumen und Rampen sind als Projektion auf die darüberliegende Grundrißebene zu berechnen, soweit sie sich nicht mit anderen Grundflächen überschneiden.

Grundflächen unter der jeweils ersten Treppe oder unter der ersten Rampe werden derjenigen Grundrißebene zugerechnet, auf der die Treppe oder Rampe beginnt. Sie werden ihrer Nutzung entsprechend zugeordnet.

Die Grundfläche von Aufzugsschächten und von begehbaren Installationsschächten werden in jeder Grundrißebene, durch die sie führen, berechnet.

b) Erläuterungen zu DIN 277 Teil 1 (auszugsweise)   566

Zu 3.1 Allgemeines

Die folgenden Bestimmungen gelten sowohl für die Berechnung von Grundflächen als auch von Rauminhalten.

Zu 3.1.1

Nach den Merkmalen der Umschließung und Überdeckung sind in der Norm drei Bereiche festgelegt, nach denen bei der Berechnung der Bauwerksflächen und der Rauminhalte zu unterscheiden ist. Die getrennte Berechnung ist notwendig, damit bei ihrer Verwendung zur Kostenermittlung die erforderliche differenzierte Bewertung vorgenommen werden kann. Die Reihenfolge in der Gruppierung entspricht dem Grad der Vollständigkeit der Umschließung.

Bereich a:

Unter diesen Bereich fallen Bauwerke bzw. Bauwerksteile, die überdeckt und allseitig in voller Höhe umschlossen und deren Öffnungen durch Fenster, Türen u. ä. verschließbar sind (z. B. Bauwerke ohne Balkone, ohne Loggien, ohne nutzbare Dachflächen, ohne Luftgeschosse und ohne Durchfahrten).

Bereich b:
Unter diesen Bereich fallen Bauwerke bzw. Bauwerksteile, die überdeckt, jedoch nicht in voller Höhe umschlossen sind. Das sind Bauwerke und Bauwerksteile, deren Wände ganz oder teilweise fehlen oder unverschließbare Öffnungen aufweisen (z. B. Pausenhallen, überbaute offene Eingangshallen, Luftgeschosse, Durchfahrten, Loggien, Laubengänge).

Bereich c:
Unter diesen Bereich fallen Bauwerke bzw. Bauwerksteile, die nicht überdeckt, jedoch ganz oder teilweise durch Bauelemente begrenzt sind (z. B. Dachgärten, offene Geschosse von Parkhäusern, nicht überdeckte Balkone).

Außer der Trennung nach diesen drei Bereichen sind Grundflächen und Rauminhalte auch nach ihren Grundrißebenen (z. B. Geschosse) zu trennen. Die Rauminhalte sind ferner nach den unterschiedlichen Höhen getrennt zu berechnen.

Wesentlich ist, daß es sich bei der Berechnung nach den drei Bereichen um nutzbare Brutto-Grundflächen von Bauwerken handeln muß. Innenhöfe zählen nicht zur nutzbaren Brutto-Grundfläche, da ihnen die umschließenden Bauteile nicht zugehören. Sie sind Flächen der Außenanlagen (siehe DIN 276 Teil 2 Kostengruppe 5).

Siehe Bilderläuterung 11 bis 14.

Zu 3.1.2
Daß schrägliegende Flächen (z. B. Rampen im Bauwerksinneren) aus ihrer senkrechten Projektion auf eine waagerechte Ebene zu berechnen sind, dient bei der Ermittlung von Grundflächengrößen der Vereinfachung. Die Maße dafür lassen sich aus den Grundrißzeichnungen der Bauplanungsunterlagen leicht entnehmen. Kommen schrägliegende Flächen bei der Berechnung von Rauminhalten zum Ansatz, so ist der Raumkörper durch entsprechende Formeln in seiner Menge zu ermitteln.

Zu 3.1.3
Die Vorschrift, daß Grundflächen nur in m^2 und Rauminhalte nur in m^3 angegeben werden dürfen, dient ausschließlich der Einheitlichkeit und der Vergleichbarkeit. Die Anwendung von Rastereinheiten, Moduleinheiten, Systemflächeneinheiten ist ausgeschlossen.

In der vorangegangenen Ausgabe von DIN 277 Teil 1 hatte diese Bestimmung eine weitergreifende Bedeutung, da sie auch für Flächen des Baugrundstücks galt und somit Bezeichnungen wie Morgen, Tagwerk, Hektar und Ar nicht anzuwenden waren.

Zu 3.2 Berechnung von Grundflächen

Außer den in diesem Abschnitt festgelegten Berechnungsvorschriften, die sich nur auf die Brutto-Grundfläche, die Konstruktions-Grundfläche und auf die Netto-Grundfläche einschließlich Nutz-, Funktions- und Verkehrsfläche beziehen, gelten für die Berechnung auch die Bestimmungen aus Abschnitt 3.1 Allgemeines.

Zu 3.2.1 Brutto-Grundfläche

Gemäß Abschnitt 2.1 ist die Brutto-Grundfläche aus der Summe der Grundflächen aller Grundrißebenen eines Bauwerks zu errechnen. Während in § 20 BauNVO lediglich vorgeschrieben ist, daß die Geschoßfläche nach den Außenmaßen der Gebäude zu ermitteln ist, bestehen für die Berechnung der Brutto-Grundfläche erheblich feinere Messungsbestimmungen. Maßgebend sind die äußeren Abmessungen der begrenzenden Bauteile, und zwar deren fertige Außenflächen (z. B. die Außenfläche der Putzhaut, der Wandbekleidungen, der Brüstungen, der Gitter). Die Messung ist in Fußbodenhöhe, d. h. in der Ebene der Fußbodenoberfläche vorzunehmen.

Um das Messen und Berechnen zu vereinfachen, bleiben Vor- und Rücksprünge der Grundrißflächen sowie Profilierungen unberücksichtigt. Gemeint sind damit konstruktive Elemente, wie tragende Pfeiler, Mauerverstärkungen oder gestalterische Maßnahmen zur Belebung der Fassadenstruktur, wie Zierrisalite, Mauereinziehungen, ferner Profile der Bekleidungselemente u. ä., sofern die Netto-Grundfläche der dadurch verursachten Bewegung der Außenbegrenzungslinien nicht folgt und keine Vergrößerung oder Verkleinerung der Netto-Grundfläche damit verbunden ist.

Bei der Entscheidung, ob bei konstruktiven oder gestalterischen Vor- und Rücksprüngen die äußere Begrenzung der Vorsprünge oder die der Rücksprünge maßgebend ist, kommt es darauf an festzustellen, ob die äußere Ebene der Fassade durch die Vorsprünge oder durch die Rücksprünge bestimmt wird.

Die Begrenzung überdeckter Brutto-Grundflächen, die nicht oder nur teilweise allseitig in voller Höhe umschlossen sind (z. B. Luftgeschosse, Tankstellen, Bahnsteige), erfolgt für die Teile, die keine äußere Begrenzung haben, durch die lotrechte Projektion der äußeren Begrenzung des überdeckten Bauteils (z. B. durch das darüberliegende Geschoß oder Dach). Dabei ist darauf zu achten, daß bei der lotrechten Projektion ggf. Dachüberstände nicht zu berücksichtigen sind.

Nicht zur Brutto-Grundfläche gehören alle Flächen, die keine nutzbaren Grundrißebenen von Geschossen, Zwischengeschossen, Dachgeschossen oder Dachflächen sind. Nicht anzurechnen sind also z. B.:

Flächen von Hohlräumen zwischen Gelände und Unterfläche des Bauwerks, wie etwa bei Hangbebauungen oder bei Pfahlbauten.

Flächen von Kriechkellern; für Kriechkeller gibt es zwar keine allgemeingültige Definition, aus dem Wort geht jedoch hervor, daß es sich um Unterkellerungen handelt, die nur in kriechender Haltung zugänglich sind, damit z. B. Rohre und Leitungen überwacht und instand gesetzt werden können,

Flächen und Zwischenräume bei Kaltdächern, d. h. die mitunter nicht einmal bekriechbaren Flächen von Zwischenräumen zweischaliger belüfteter Massivdecken,

Flächen nicht begehbarer Dächer, d. h. Dachflächen, die nur in Ausnahmefällen (z. B. bei Instandsetzungen der Dachhaut, bei der Schornsteinreinigung, beim Antennenbau) betreten werden. Das gilt auch für den Fall, daß diese Flächen mit einer ausreichend hohen Brüstung umgeben sind.

Flächen zwischen Brettbindern, die zwar begangen werden können, bei denen jedoch die Binderabstände keine Nutzung erlauben.

Die Vorschrift, daß Brutto-Grundflächen von Bauteilen, also Konstruktions-Grundflächen, die zwischen den Bereichen a und b liegen (siehe Abschnitt 3.1.1), dem Bereich a zuzurechnen sind, gehört eigentlich zu den Bestimmungen des Abschnitts 3.2.2.

Auch für Abschnitt 3.2.1 gelten die Vorschriften des Abschnitts 3.1 Allgemeines.

c) DIN 283 Teil 1: Wohnungen, Begriffe

1 Wohnungen

1.1 Eine Wohnung ist die Summe der Räume, welche die Führung eines Haushaltes ermöglichen, darunter stets eine Küche oder ein Raum mit Kochgelegenheit. Zu einer Wohnung gehören außerdem Wasserversorgung, Ausguß und Abort.

Die Eigenschaft als Wohnung geht nicht dadurch verloren, daß einzelne Räume vorübergehend oder dauernd zu beruflichen oder gewerblichen Zwecken benutzt werden.

1.11 Abschlossene Wohnungen sind solche Wohnungen, die baulich vollkommen von fremden Wohnungen und Räumen abgeschlossen sind, z. B. durch Wände und Decken, die den Anforderungen der Bauaufsichtsbehörden (Baupolizei) an Wohnungstrennwände oder Wohnungstrenndecken entsprechen und einen eigenen abschließbaren Zugang unmittelbar vom Freien, von einem Treppenhaus oder einem Vorraum haben. Zu abgeschlossenen Wohnungen können zusätzliche Räume außerhalb des Wohnungsabschlusses gehören. Auch Wasserversorgung, Ausguß und Abort können außerhalb der Wohnung liegen.

1.12 Nichtabgeschlossene Wohnungen sind solche Wohnungen, die die Bedingungen des Abschnittes 1.11 nicht erfüllen[350].

2 Räume der Wohnung

Unterschieden werden Wohn- und Schlafräume (Abschnitt 2.1), Küchen (Abschnitt 2.2) und Nebenräume (Abschnitt 2.3).

2.1 Als Wohn- und Schlafräume gelten nur solche Räume der Wohnung (auch Wohndielen und ausreichend beheizbare Wintergärten), die den Anforderungen der Bauaufsichtsbehörden (Baupolizei) an Räume zum dauernden Aufenthalt von Menschen entsprechen.

Nach der Größe werden unterschieden:

2.11 Wohn- und Schlafzimmer von mindestens 10 m^2 Wohnfläche (s. DIN 283, Teil 2).

2.12 Wohn- und Schlafkammern von mindestens 6 und weniger als 10 m^2 Wohnfläche, deren kleinste Lichtweite auf wenigstens ⅔ der Grundfläche mindestens 2,1 m ist. (Kleinere Räume vergleiche Abschnitt 2.3).

---

[350] Einliegerwohnungen können sowohl abgeschlossene als auch nichtabgeschlossene Wohnungen sein.

2.2 Küchen

2.21 Wohnküchen sind Räume von mindestens 12 m² Wohnfläche, die zum Wohnen geeignet, mit Einrichtung zum Kochen für hauswirtschaftliche Zwecke ausgestattet und beheizbar sind. Wohnräume mit Kochnischen werden ebenfalls zu den Wohnküchen gerechnet, wenn sie zusammen mindestens 12 m² Wohnfläche haben.

2.22 Kochküchen sind Räume, die mit einer Einrichtung zum Kochen für hauswirtschaftliche Zwecke ausgestattet sind und nicht unter Abschnitt 2.21 fallen.

2.3 Nebenräume sind Räume einer Wohnung, die nicht unter Abschnitt 2.1, 2.2, 3.1 oder 4 fallen, z. B. Dielen (Wohndielen siehe Abschnitt 2.1), Schrankräume, Abstellräume, Windfänge, Vorräume, Flure, Treppen innerhalb einer Wohnung einschl. Treppenabsätze, Galerien, Aborte, Wasch-, Dusch- und Baderäume, Spülküchen, Speisekammern, Besenkammern u. dgl., Veranden, nicht ausreichend beheizbare Wintergärten. Als Nebenräume gelten auch Hauslauben (Loggien), Balkone und gedeckte Freisitze.

3 Ausstattung der Wohnung

3.1 Räumliche Ausstattung

3.11 ausschließlich zu einer Wohnung gehörende Räume:

Bodenräume, Waschküchen, Kellerräume, Trockenräume, Speicherräume, Garagen usw.

3.12 zur gemeinsamen Benutzung verfügbare Räume:

Vorplätze, Geschoßtreppen und Treppenhäuser, Waschküchen, Trockenräume, Bade- und Brauseräume, Backstuben, Plättstuben, Rollkammern, Fahrrad- und Kinderwagenräume usw.

3.2 Betriebliche Ausstattung

Wasserversorgung, Entwässerung, Elektrizitätsversorgung, Gasversorgung, Öfen, Herde, Fern- und Sammelheizungen, Warmwasserversorgung, Antennen und Rundfunkanlagen, Lasten- und Personenaufzüge, Müllschlucker, Hausfernsprecher usw.

3.3 Sonstige Ausstattung

3.31 ausschließlich zu einer Wohnung gehörend:

3.311 innerhalb der Wohnung:

eingebaute Ausstattungsstücke, wie Wandschränke, Möbel, Garderoben usw.

3.312 außerhalb der Wohnung:

Garten, Gartenlauben (Terrassen), Kinderspielanlagen usw.

3.32 zur gemeinschaftlichen Benutzung:

Kinderspielanlagen, Grünanlagen, Trockenplätze, Teppichklopfstangen, Wäschepfähle, Müllkästen, Dunggruben usw.

3.33 Nutzungsrecht in Verbindung mit der Wohnung:

Landwirtschaftliche oder gewerbliche Nutzung an Grundstücksflächen, Jagd-, Fischerei-, Bootsstegerechte mit zugehörigen Unterhaltungspflichten, Wiesen- und Weidennutzungen usw.

4 Wirtschaftsräume und gewerbliche Räume im Zusammenhang mit einer Wohnung

Mit einer Wohnung können Räume im Zusammenhang stehen, die keinen Wohnzwecken dienen und sich wegen ihrer Zweckbestimmung baulich wesentlich von den Wohnräumen unterscheiden.

4.1 Wirtschaftsräume:

Arbeitsräume, Vorratsräume, Backstuben, Räucherkammern, Futterküchen, Futterkammern, Ställe, Scheunen, Einstellräume für Fahrzeuge und Geräte usw.

4.2 Gewerbliche Räume:

Läden, Gaststättenräume, Werkstätten, Büro- und Lagerräume, Einstellräume für Fahrzeuge und Geräte usw.

5 Kennzeichnung der Wohnungsgröße

Die Größe einer Wohnung wird gekennzeichnet durch die Zahl der Zimmer (Abschnitt 5.1) oder die Zahl der Räume (Abschnitt 5.2). Neben der Zimmer- oder Raumzahl ist auch die gesamte Wohnfläche (s. DIN 283, Teil 2) anzugeben. Zusätzliche Räume außerhalb des Wohnungsabschlusses (Abschnitt 1.11) sind gesondert anzugeben.

5.1 Kennzeichnung nach der Zahl der Zimmer:

Als Zimmer zählen voll die Wohn- und Schlafzimmer nach Abschnitt 2.11 und halb die Kammern nach Abschnitt 2.12. Küchen nach Abschnitt 2.2 sind besonders anzugeben.

Z. B. Wohnung mit 2½ Zimmern und Wohnküche und mit 65 m^2 Wohnfläche oder

Wohnung mit 3 Zimmern, Küche und ½ zusätzlichem Zimmer außerhalb der Wohnung (im Dachgeschoß) und mit 75 m^2 Wohnfläche.

5.2 Kennzeichnung nach der Zahl der Räume:
Als Räume zählen bei der Abgabe der Größe der Wohnung nur die Wohn- und Schlafräume nach Abschnitt 2.1 und die Küchen nach Abschnitt 2.2. Z.B. Wohnung mit 4 Räumen mit 64 m² Wohnfläche oder Wohnung mit 4 Räumen und 1 zusätzlichem Raum außerhalb der Wohnung (im Dachgeschoß) und mit 75 m² Wohnfläche.

6 Angaben über Wirtschaftsräume und gewerbliche Räume

Für Wirtschaftsräume und gewerbliche Räume ist stets nur die gesamte Nutzfläche anzugeben (s. DIN 283, Teil 2).

568 d) Erläuterungen zu DIN 283 Teil 1 (auszugsweise)

Die Norm DIN 283 Teil 1 Wohnungen, Begriffe, besteht seit März 1951 in unveränderter Form. Ähnliche oder konkurrierende Definitionen sind inn keiner anderen Norm enthalten. Sie gelten deshalb allgemein für Wohnungen, gleichgültig, ob es sich um solche handelt, die den Vorschriften der Zweiten Berechnungsverordnung (II. BV) unterliegen oder nicht.

Zu Abschnitt 1   Wohnungen

Abgeschlossene und nichtabgeschlossene Wohnungen können sich außer in Wohngebäuden auch in Wohnheimen, Internaten, Beherbergungsstätten und sonstigen Unterkünften befinden.

Zu Abschnitt 2   Räume der Wohnung

In DIN 283 Teil 1 sind Wohn- und Schlafräume, Küchen und Nebenräume Räume der Wohnung.

DIN 277 Teil 2 ist weitergespannt. Nach ihr werden Grundflächen und Räume für Wohnen und Aufenthalt, unterteilt in Wohnräume, Gemeinschaftsräume, Pausenräume, Warteräume, Speiseräume, Hafträume, sowie die zugehörige Nebennutzfläche, d.h. Flächen und Räume für sonstige Nutzungen, unterschieden.

Eine Vergleichbarkeit beider Normen ist nicht gegeben.

Zu Abschnitt 3   Ausstattung der Wohnung

Es besteht hierfür keine konkurrierende Normung. Die zur räumlichen Ausstattung der Wohnung gehörenden Räume, wie Bodenräume, Waschküchen, Kellerräume, Trockenräume, Speicherräume, Garagen usw., sind keine Räume der Wohnung.

Zu Abschnitt 4 Wirtschaftsräume und gewerbliche Räume im Zusammenhang mit einer Wohnung

Nach DIN 283 Teil 1 und der II. BV zählen mit einer Wohnung im Zusammenhang stehende Wirtschaftsräume und gewerbliche Räume bzw. Geschäftsräume nicht zu den Wohnräumen.

In DIN 277 Teil 2 werden die Grundflächen und Räume von Hochbauten allgemein in 9 verschiedene Nutzungsarten unterteilt, die getrennt zu erfassen sind; davon ist die Nr. 1 mit Wohnen und Aufenthalt bezeichnet.

Es besteht keine Vergleichbarkeit.

Zu Abschnitt 5 Kennzeichnung der Wohnungsgröße

Es besteht keine konkurrierende Normung. Die II. BV enthält hierzu keine Angaben.

Zu Abschnitt 6 Angaben über Wirtschaftsräume und gewerbliche Räume

Nach DIN 283 Teil 1 ist für Wirtschaftsräume und gewerbliche Räume stets nur die gesamte Nutzfläche anzugeben.

Nach DIN 277 Teil 2 besteht die Vorschrift der Unterteilung nach 9 Nutzungsarten. Im vorliegenden Fall ist dies die Nutzungsart 1 Wohnen und Aufenthalt, die in die Hauptnutzfläche 1 (HNF 1) und die zugehörigen Nebennutzfläche (NNF) untergliedert wird.

Andere Nutzungsarten, die mit der Hauptnutzfläche im Zusammenhang stehen, z. B. die Nutzungsarten

2 Büroarbeit,

3 Produktion, Hand- und Maschinenarbeit, Experimente,

4 Lagern, Verteilen und Verkaufen,

5 Bildung, Unterricht und Kultur,

6 Heilen und Pflegen

sowie die zugehörige Nebennutzfläche

7 Sonstige Nutzungen

sind getrennt zu erfassen.

Eine Vergleichbarkeit der Normen besteht nicht.

569 9. Katalog energiesparender Maßnahmen

Hierbei handelt es sich um eine Verwaltungsvereinbarung zwischen Bund und Ländern zu § 6 Abs. ModEnG, die am 1.1.1979 in Kraft getreten ist.

Vorbemerkung

a) Die nachstehend genannten Maßnahmen sind einschließlich aller zwingend notwendigen baulichen Maßnahmen förderungsfähig.

b) Werden in Gebäuden mit zentralen Warmwasserheizungsanlagen Wärmedämmaßnahmen nach Ziff. 1 bis 4 vorgenommen, so ist in jedem Fall mindestens eine der Maßnahmen nach Ziff. 5.1 und 5.2 durchzuführen.

Auf die Maßnahmen nach Ziff. 5.1 und 5.2 kann verzichtet werden, wenn thermostatische Heizkörperventile vorhanden sind.

c) Als „Wärmedämmaterial" gelten die in DIN 4108 aufgeführten bzw. im Bundesanzeiger bekanntgegebenen Wärmedämmstoffe, soweit sie eine Wärmeleitzahl von nicht mehr als 0,05 W/m^2 K besitzen. Wärmedämmaterial mit höheren Wärmeleitzahlen kann verwendet werden, wenn entsprechend größere Dicken gewählt werden.

1. Verbesserung der Wärmedämmung von Fenstern und Außentüren durch:

1.1 Dichtung der Fugen zwischen Flügel und Rahmen bei vorhandenen Fenstern und Außentüren

1.2 Ersatz von Einfachverglasung durch Isolier- und Mehrfachverglasung

1.3 Vorsatzfenster bzw. Vorsatzflügel für einfachverglaste Fenster und Fenstertüren

1.4 Einbau neuer Fenster bzw. Fenstertüren mit Isolier- oder Mehrfachverglasung als Ersatz von einfachverglasten Fenstern bzw. Außentüren

1.5 Rolläden (außen angebrachte Rollädenkästen), Schiebe- oder Klappläden

2. Verbesserung der Wärmedämmung von Außenwänden durch:

2.1 Wärmedämmaterial auf der Außenseite, mindestens 40 mm dick, und unmittelbare Beschichtung

2.2 Wärmedämmaterial auf der Außenseite, mindestens 40 mm dick, und hinterlüftete Verkleidung („Vorhangfassade" oder vorgesetzte Außenschale)

2.3 Wärmedämmaterial auf der Innenseite, mindestens 30 mm dick

2.4 Wärmedämmaterial in den Heizkörpernischen, mindestens 10 mm dick, ggf. einschließlich reflektierender Oberfläche

2.5 Wärmedämmaterial in der Luftschicht von zweischaligem Mauerwerk (die Eignung muß durch Baugenehmigung nachgewiesen sein)

3. **Verbesserung der Wärmedämmung von Dächern durch:**

3.1 Wärmedämmaterial im Gebälk ausgebauter und beheizter Dachgeschosse, mindestens 60 mm dick

3.2 Wärmedämmaterial auf dem Flachdach, mindestens 60 mm dick

4. **Verbesserung der Wärmedämmung von Decken durch:**

4.1 Wärmedämmaterial an der Unterseite der Kellerdecke, mindestens 30 mm dick

4.2 Wärmedämmaterial an der Unterseite der obersten Geschoßdecke, mindestens 30 mm dick

4.3 Wärmedämmaterial im nichtausgebauten Dachraum auf der obersten Geschoßdecke, mindestens 60 mm dick

5. **Verbesserung von zentralen Warmwasserheizungs- und Brauchwasseranlagen durch:**

5.1 Anpassung der Wasservolumenströme an dem Wärmebedarf der einzelnen Räume

5.2 Anpassung der Heizkörperflächen an den Wärmebedarf der einzelnen Räume

5.3 Reduzierung der Brennerleistung

5.4 Ersatz von Wärmeerzeugung (Kessel und Brenner) durch neue mit einer um mindestens 20 v. H. geringeren Leistung (bei kombinierten Heizungs-/Brauchwasserkesseln nach DIN 4702 nur solche, die durch großes Heizwasser- oder Brauchwasserspeichervolumen kleine Brennerleistungen zulassen)

5.5 Nachträgliche Wärmedämmung des Wärmeerzeugers

5.6 Verbesserung der Wärmedämmung von Kellerleitungen sowie der Verteiler und der Armaturen

5.7 Einbau von Einrichtungen zur Begrenzung von Stillstandsverlusten (z. B. Absperreinrichtungen im Abgasweg, Zugbegrenzer, Brennabschlußklappen)

5.8 Verbesserung der Brauchwasserbereitung in kombinierten Heizungs-/Brauchwasserkesseln nach DIN 4702 durch Installation von Heizwasser- oder Brauchwasserspeichern unter gleichzeitiger Verringerung der Brennerleistung.

6. **Umstellung auf Fernwärme**

   Änderung von zentralen Heizungs- und Warmwasseranlagen innerhalb des Gebäudes für den Anschluß an die Fernwärmeversorgung, die überwiegend aus Anlagen der Kraft-Wärmekopplung, zur Verbrennung von Müll oder zur Verwertung von Abwärme gespeist wird.

7. **Einbau von Anlagen zur Rückgewinnung von Wärme**

8. **Einbau von Wärmepumpen- oder Solaranlagen**

   einschließlich der Anbindung an ein konventionelles Heizungssystem, hier Förderung auch bei Neubauten.

10. Grundsätze bei der Entscheidung über Genehmigungsanträge nach § 3 Währungsgesetz

570

Grundsätze bei der Entscheidung über Genehmigungsanträge nach § 3 des Währungsgesetzes (Nr. 2c der Währungsverordnung für Berlin) – Mitteilung der Deutschen Bundesbank Nr. 1015/78 vom 9. Juni 1978, veröffentlicht im Bundesanzeiger Nr. 109 vom 15. Juni 1978 –

Die Deutsche Bundesbank weist zur Unterrichtung der Öffentlichkeit auf folgendes hin:

1. Klauseln, nach denen ein in Deutscher Mark geschuldeter Betrag durch den künftigen Kurs einer anderen Währung oder durch den künftigen Preis oder Wert von Gütern oder Leistungen bestimmt werden soll (§ 3 Satz 2 des Währungsgesetzes, Nr. 2c Satz 2 der Währungsverordnung für Berlin), werden nicht genehmigt

   a) bei Zahlungsverpflichtungen aus Darlehen, auch aus in Darlehen umgewandelten Schuldverhältnissen anderer Art, aus Schuldverschreibungen, Kapital- und Rentenversicherungen, Bankguthaben oder Abmachungen anderer Art, die die Rückzahlung eines Geldbetrages zum Gegenstand haben (Zahlungsverpflichtungen aus dem Geld- und Kapitalverkehr);

   b) in Miet- und Pachtverträgen über Gebäude und Räume, es sei denn, daß der Vertrag

   – für die Lebenszeit einer der Parteien,

   – für die Dauer von mindestens zehn Jahren,

   – mit dem Recht des Mieters oder des Pächters, die Vertragsdauer auf mindestens zehn Jahre zu verlängern,

   oder

   – in der Weise abgeschlossen ist, daß er vom Vermieter oder Verpächter durch Kündigung frühestens nach Ablauf von zehn Jahren beendet werden kann.

2. Unabhängig von der Art des Schuldverhältnisses werden solche Klauseln nicht genehmigt, wenn

   a) einseitig ein Kurs-, Preis- oder Wertanstieg einer Erhöhung, nicht aber umgekehrt ein Kurs-, Preis- oder Wertrückgang eine entsprechende Ermäßigung des Zahlungsanspruchs bewirken oder nur der Gläubiger das Recht haben soll, eine Anpassung zu verlangen oder die Bezugsgröße zu bestimmen (Mindestklauseln, Einseitigkeitsklauseln);

   b) der geschuldete Betrag an den künftigen Goldpreis gebunden sein soll;

c) der geschuldete Betrag allgemein von der künftigen „Kaufkraft" der Deutschen Mark oder einem anderen Maßstab abhängig sein soll, der nicht erkennen läßt, welche Preise oder Werte dafür bestimmend sein sollen;

d) der geschuldete Betrag sich gegenüber der Entwicklung der Bezugsgröße überproportional ändern kann (z. B. durch Gleichsetzung von Indexpunkten mit dem Prozentsatz der Änderung der Geldschuld).

3. Außerdem werden Klauseln nicht genehmigt, nach denen der geschuldete Betrag

a) von der künftigen Entwicklung der Lebenshaltungskosten (einem Preisindex für die Lebenshaltung) abhängig sein soll, es sei denn, daß es sich um

aa) wiederkehrende Zahlungen handelt, die
- auf Lebenszeit des Gläubigers oder des Schuldners,
- bis zum Erreichen der Erwerbsfähigkeit oder eines bestimmten Ausbildungszieles des Empfängers,
- bis zum Beginn der Altersversorgung des Empfängers,
- für die Dauer von mindestens zehn Jahren (gerechnet vom Vertragsschluß bis zur Fälligkeit der letzten Zahlung) oder
- auf Grund von Verträgen zu entrichen sind, die die Laufzeitvoraussetzungen von Nr. 1b erfüllen,

oder

bb) Zahlungen handelt, die
- auf Grund einer Verbindlichkeit aus der Auseinandersetzung zwischen Miterben, Ehegatten, Eltern und Kindern,
- auf Grund einer letztwilligen Verfügung oder
- von dem Übernehmer eines Betriebes oder eines sonstigen Sachvermögens zur Abfindung eines Dritten zu entrichten sind,

sofern zwischen dem Entstehen der Verbindlichkeit und der Endfälligkeit ein Zeitraum von mindestens zehn Jahren liegt oder die Zahlungen nach dem Tode eines Beteiligten zu erbringen sind.

b) von der künftigen Einzel- oder Durchschnittsentwicklung von Löhnen, Gehältern, Ruhegehältern oder Renten abhängig sein soll, es sei denn,

aa) daß es sich um regelmäßig wiederkehrende Zahlungen handelt, die
- für die Lebensdauer,
- bis zum Erreichen der Erwerbsfähigkeit oder eines bestimmten Ausbildungszieles oder
- bis zum Beginn der Altersversorgung des Empfängers zu entrichten sind oder

bb) daß der jeweils noch geschuldete Betrag insoweit von der Entwicklung von Löhnen oder Gehältern abhängig gemacht wird, als diese die Selbstkosten des Gläubigers bei der Erbringung der Gegenleistung unmittelbar beeinflussen.

c) vom künftigen Preis oder Wert sonstiger verschiedenartiger Güter oder Leistungen (z. B. vom Baukostenindex oder einem anderen die Preis- oder Wertentwicklung von einer Anzahl von Gütern oder Leistungen bezeichnenden Index) abhängig sein soll, es sei denn, daß der jeweils noch geschuldete Betrag

aa) von der Entwicklung der Preise oder Werte für Güter oder Leistungen abhängig gemacht wird, die der Schuldner in seinem Betriebe erzeugt, veräußert oder erbringt, oder

bb) insoweit von der Entwicklung der Preise oder Werte für Güter oder Leistungen abhängig gemacht wird, als diese die Selbstkosten des Gläubigers bei der Erbringung der Gegenleistung unmittelbar beeinflussen.

d) durch den künftigen Kurs einer anderen Währung bestimmt werden soll, es sei denn, daß es sich handelt um

aa) Einfuhrverträge, Einfuhranschlußverträge zwischen Importeuren und Erstabnehmern, Ausfuhr-Zulieferungsverträge zwischen Exporteuren und ihren unmittelbaren Zulieferern oder Kaufverträge des „gebrochenen" Transithandels, sofern die Ware von den Importeuren, den Exporteuren oder den Transithändlern unverändert weiterveräußert wird, oder

bb) Passage- oder Frachtverträge im grenzüberschreitenden Verkehr,

e) von der künftigen Einzel- oder Durchschnittsentwicklung des Preises oder Wertes von Grundstücken abhängig sein soll, es sei denn, daß sich das Schuldverhältnis auf die land- oder forstwirtschaftliche Nutzung eines Grundstückes beschränkt.

4. Soweit nach den vorstehenden Grundsätzen eine nach § 3 Satz 2 des Währungsgesetzes (Nr. 2c Satz 2 der Währungsverordnung für Berlin) erforderliche Genehmigung nicht ausgeschlossen ist, kann im allgemeinen mit ihrer Erteilung gerechnet werden.

5. Bei Verträgen der in Nr. 3d bezeichneten Art kann auch mit der Genehmigung zur Eingehung von Verbindlichkeiten in fremder Währung (§ 3 Satz 1 des Währungsgesetzes, Nr. 2c Satz 1 der Währungsverordnung für Berlin) gerechnet werden).

6. Diese Grundsätze treten an die Stelle der im Bundesanzeiger Nr. 160 vom 29. August 1964 (durch die Mitteilung der Deutschen Bundesbank Nr. 1018/64) bekanntgegebenen und durch die Mitteilung der Deutschen Bundesbank

Nr. 1006/69 (Bundesanzeiger Nr. 169 vom 12. September 1969) geänderten Grundsätze. Soweit sie abweichend von den bisherigen Grundsätzen eine Genehmigung ausschließen, werden sie auf Vereinbarungen angewandt, die nach dem 30. September 1978 getroffen werden. Im übrigen werden diese Grundsätze bei allen Genehmigungsanträgen angewandt, über die nach der Bekanntgabe dieser Grundsätze entschieden wird.

7. Eine Änderung dieser Grundsätze bleibt vorbehalten.
8. Genehmigungsanträge nach § 3 des Währungsgesetzes (Nr. 2c der Währungsverordnung für Berlin) sind bei der zuständigen Landesbank einzureichen.

571 § 3 **Währungsgesetz**

§ 3 des Währungsgesetzes lautet:

Geldschulden dürfen nur mit Genehmigung der für die Erteilung von Devisengenehmigungen zuständigen Stelle in einer anderen Währung als in Deutscher Mark eingegangen werden. Das gleiche gilt für Geldschulden, deren Betrag in Deutscher Mark durch den Kurs einer solchen anderen Währung oder durch den Preis oder eine Menge von Feingold oder von anderen Gütern oder Leistungen bestimmt werden soll.

II. Adressen

1. Deutsche Bundesbank 572

Anschrift: Wilhelm-Epstein-Straße 14, 60431 Frankfurt
Postfach 10 06 02, 60006 Frankfurt
Telefon (0 69) 95 66-1, Telefax (0 69) 5 60 10 71
Telex 4 12 27 Inland, 41 44 31 Ausland

2. Hauptverwaltungen (Landeszentralbanken) 573

a) Landeszentralbank in Baden-Württemberg

Dienstgebäude: Marstallstraße 3, 70173 Stuttgart
Telefon (07 11) 9 44-1
Telefax (07 11) 9 44-19 03
Hauptverwaltung: Postfach 10 60 21, 70049 Stuttgart

b) Landeszentralbank in Bayern

Anschrift: Ludwigstraße 13, 80539 München
Postfach 20 16 05, 80281 München
Telefon (0 89) 28 89-0
Telefax (0 89) 28 89-35 98

c) Landeszentralbank in Berlin und Brandenburg

Sitz: Leibnizstraße 9–10, 10625 Berlin
Telefon (0 30) 34 04-1
Telefax (0 30) 3 41 03 33

Anschrift: Kurstraße 40, 10117 Berlin
Telefon (0 30) 23 87-0
Telefax (0 30) 30 65-25 00

Postanschrift: Postfach 11 01 60, 10831 Berlin

d) Landeszentralbank in Bremen, in Niedersachsen und Sachsen-Anhalt

Anschrift: Georgsplatz 5, 30002 Hannover
Postfach 245, 30159 Hannover
Telefon (05 11) 30 33-0
Telefax (05 11) 30 33-5 00 (Hauptverwaltung)
(05 11) 30 33-4 56 (Hauptstelle)

**e) Landeszentralbank in der Freien und Hansestadt Hamburg,
in Mecklenburg-Vorpommern und Schleswig-Holstein**

Anschrift: Ost-West-Straße 73, 20459 Hamburg
Postfach 10 40 20, 20027 Hamburg

Telefon (0 40) 37 07- 0
Telefax (0 40) 37 01 - 22 05 (Hauptverwaltung)
(0 40) 37 07 - 73 71/73 72 (Hauptstelle)
Telex 21 45 54 50 zbd (Hauptverwaltung)
21 45 54 20 zbd (Hauptstelle Hamburg)

f) Landeszentralbank in Hessen

Anschrift: Taunusanlage 5, 60329 Frankfurt am Main
Postfach 11 12 32, 60047 Frankfurt am Main

Telefon (0 69) 23 88 - 0
Telefax (0 69) 23 88 - 21 30
Teletex 699 806 - 30 zbFa

g) Landeszentralbank in Nordrhein-Westfalen

Anschrift: Berliner Allee 14, 40212 Düsseldorf
Postfach 10 11 48, 40002 Düsseldorf

Telefon (02 11) 8 74 - 0
Telefax (02 11) 8 74 - 24 24
Telex 8 58 27 74

h) Landeszentralbank in Rheinland-Pfalz und im Saarland

Anschrift: Hegelstraße 65, 55122 Mainz
Postfach 30 09, 55020 Mainz

Telefon (0 61 31) 377 - 0
Telefax (0 61 31) 32 09 89

i) Landeszentralbank in Sachsen und Thüringen

Anschrift: Peterstraße 43, 04109 Leipzig
(Leipzig) Postfach 767, 04007 Leipzig

Telefon (03 41) 21/1 - 5 00
Telefax (03 41) 29 38 67

Anschrift: Kurstraße 40, 10117 Berlin
(Berlin) Postfach 14 19, 10421 Berlin

Telefon (0 30) 23 87 - 0
Telefax 0 30) 30 65 23 89

Stichwortverzeichnis

Die Zahlen verweisen auf die Randnummern. Die **fett** gedruckten Ziffern beziehen sich auf Mustertexte.

Ablauf der Preisbindung
– siehe: Preisbindung
Absender
– eines Mieterhöhungsverlangens 45, 49
Abtretung
– des Rechts auf Mieterhöhung 426
Adressat
– des Mieterhöhungsverlangens 50, 482, 483, 491, 492
Allgemeine Geschäftsbedingungen 377
Ankündigung
– einer Mieterhöhung gemäß § 3 MHRG 493–496, 509, 510
Annuitätsdarlehn 544, 545
Architektenhonorar 523
Art der Wohnung 80
Auffälliges Mißverhältnis
– bei Mietpreisüberhöhung 14
Aufwendungen
– siehe: laufende Aufwendungen
Auskunftsanspruch 76
Ausländer 96, 287, 314
Ausschluß von Mieterhöhungen 24
Ausstattung der Wohnung 83, 84, 324
– behebbare Mängel 364
Außenvollmacht 47
Automatische Einrichtung 41, 440, 511
Änderungskündigung
– Verbot der 36

Bad 324
Bagatellmieterhöhung 78, 325
Bagatellmodernisierung 496, 502
Balkon 316, 326
Bausparvertrag 214
Befristeter Mietvertrag
– Mieterhöhungen 24
Begründung
– siehe: Mieterhöhungsverlangen

Belehrung nach dem HWiG **192**
Berechnungsverordnung
– Verordnungstext 561–564
Berufung 169
Beschaffenheit der Wohnung 85
Beschaffenheitskriterien
– des Bundesbauministeriums 559
Beschwer 328–330
Besetzungsrecht 313
Bestandsschutz
– im Rahmen des Wirtschaftsstrafgesetz 12
Betriebskosten 3, 143
– Anlage 3 zu § 27 II. BV 563
– neue Bundesländer 181
Betriebskosten-Umlageverordnung
– Verordnungstext 560
Betriebskostenerhöhung 203, 204
Beweisaufnahme
– Mieterhöhungsklage 156
Beweislast
– Mieterhöhung gemäß § 3 MHRG 129, 497–500
Beweismittel
– nach der ZPO 55
Breitbandkabelanschluß 122, 507, 508
Bruttomiete 3, 203, 292, 293, 331, 370
– Mieterhöhung 222, 223, 224
– siehe auch: Inklusivmiete
Bundesbank 28
– Anschrift 572
Bußgeld
– Mietpreisüberhöhung 19
Büromaschinen 41

Darlegungslast
– Mieterhöhung gemäß § 3 MHRG 129
Darlehn 147–149
Darlehnsablösung 214

Datenschutz 161
Deutsche Bundesbank
– *siehe: Bundesbank*
DIN-Vorschriften 565–568
Dingliche Sicherung 215, 547
Disagio 147, 205, 548, 589
Divergenzberufung 169, 170
Duldung
– von Modernisierungsarbeiten 115

EG-Richtlinie
– Haustürwiderrufsgesetz 27
Eigenkapitalkosten
– *siehe: fiktive Eigenkapitalkosten*
Einfamilienhaus 332
Eingruppierung
– in Mietspiegel 333–340, 374
Einweisungstermin
– gemäß § 404a ZPO 162
Einwendungen
– gegen Gutachten 163
Erschließungskosten 206
Erste Grundmietenverordnung
– Gesetzestext 557
Erwerb
– Kapitalkostenerhöhung 147, 216, 217
– *siehe auch: Verkauf*
Erwerber
– Mieterhöhung 369

Fälligkeit 289
– Mietanpassungsvereinbarung 32
– Mieterhöhung gemäß § 3 MHRG 501
Fehlbelegungsabgabe 76
Feldbesetzungen 159
Fiktive Eigenkapitalkosten
– Mietpreisüberhöhung 15
Fiktive Kosten 128
Finanzierungskosten 207
Formular 41
Formularmietvertrag 4–5

Fotokopierer 41
Fördermittel
– bei Berechnung der Kappungsgrenze 77

Garage 342
– Mieterhöhung 98
Gebührenstreitwert 166
Gegenleistungen
– sonstige des Mieters 4
Gemeinnützige Wohnungsunternehmen 95
– Mieterhöhung 225–227
– Erwerb vom 343
Gerichtsferien 151
Gerichtsverfahren 155
Gesamthänderische Bindung 152
Geschäft den es angeht 45
Gesetz zur Regelung der Miethöhe
– Anwendbarkeit 23, 24
– Gesetzestext 555
Gesetzlicher Richter 200
Gewerbliche Nutzung 209
Gewerbliche Zwischenvermietung 49
– Mieterhöhung gemäß § 5 MHRG 550
Größe
– *siehe: Wohnungsgröße*
Grundmietenverordnungen 173–180
– 1. Grundmietenverordnung 557
– 2. Grundmietenverordnung 558
Grundpfandrecht 147
Grundsteuer 204

Hausmeister
– Mieterhöhung nach Ende der Tätigkeit 367, 368
Haustürwiderrufsgesetz
– Anwendbarkeit auf Mietabänderungsvereinbarungen 27
– Gesetzestext 556
– persönlicher Anwendungsbereich 27

Stichwortverzeichnis 259

Hausverwaltung
- als Vertreter des Vermieters 45, 46
- Mieterhöhungsverlangen **185**
Heizung 502

Inaugenscheinnahme 157
Inklusivmiete 3, 370
- Kappungsgrenze 91
- Mieterhöhung 88–91
- Mieterhöhung gemäß § 4 MHRG 144, 539, 541
Innenvollmacht 47
Instandsetzungskosten 497–500, 503
- ersparte 210
- Isolierfenster 213
- zukünftige 211, 212
Isolierfenster 213, 504–505

Jahresfrist 67–69, 228–233, 347, 353
- Garagenmiete 99
- nach Ende der Preisbindung 69
- Rechtsfolgen eines vorzeitigen Verlangens 68
Jahresmiete
- bei Mieterhöhung gemäß § 3 MHRG 131
Jugendwohnheim 23
Juristische Personen
- Vertretung 46

Kabelanschluß
- siehe: Breitbandkabelanschluß
Kaltmiete 3
Kapitalkosten 147–149, 205, 214, 217
- dingliche Sicherung 215
- Mieterhöhung 146
- Stichtag 219
- Zinsverbilligung 220
Kappungsgrenze 70–78, 235–237, 239, 249, 353–360
- Ablauf der Preisbindung 76
- Auskunftsanspruch 76
- Begründung im Mieterhöhungsverlangen 53

- Berechnung 70
- Betriebskostenanteile 71
- Inklusivmiete 91
- Modernisierung 239
- öffentliche Fördermittel 77
- verminderte 72
Katalog energiesparender Maßnahmen 569
Klage
- gleichzeitig mit Erhöhungsverlangen 344
Klageantrag 168
Klageerwiderung 190
Klagefrist 361, 362
Kostenelementeklauseln 30
Kostenmiete 2, 93, 313, 363
- Staffelmiete 21
Kostenrisiko 154, 197
Kündigung 164
- des Mieters 109
- der Vermieters 110
Kündigungsausschluß
- nach Mieterhöhung 24
- Verbot der Änderungskündigung 36

Lage der Wohnung 85, 339
Landeszentralbanken 28
- Anschriften 573
Laufende Aufwendungen 294
- Begriff in § 5 WiStG 10–12
Lebenshaltungskostenindex 29
Lebensversicherung 551
Leerfeld 335
Leistungsvorbehalte 30

Makler 310
Mängel 305
Mietänderungsvereinbarungen 26, 27
- bei einseitigem Erhöhungsverlangen 37
- Anwendbarkeit des HWiG 27
Mietanpassungsvereinbarung 21, 28–34

Miete
- Begriff 1
- Höhe 5–25
Mietereinbauten 84, 306, 365, 374
Mieterhöhung
- Begründung 202, 221
- Bruttomiete 222–224
- einseitige 37
- Fälligkeit 289
- nach dem MHRG 25–99
- gemeinnützige Wohnungsbauunternehmen 225–227
- „ins Blaue hinein" 372
- Jahresfrist 228–233
- Kappungsgrenze 235–237, 239
- Mietspiegel 238, 290
- Mitmieter 240–242, 244–247
- ortsübliche Vergleichsmiete 266, 267
- Preisbindungsende 309
- Sachverständigengutachten 250–261
- Vergleichswohnung 268–286
- Verhältnis § 2 zu § 3 MHRG 133–137, 376, 529–531
- Zeitmietvertrag 24, 318
Mieterhöhung gemäß § 3 MHRG 111–141
- Abgrenzung zu Instandhaltungsmaßnahmen 126
- Ankündigung 493–496, 509, 510
- Ausschluß 112
- Berechnung 120, 127–132
- Erhöhungsverlangen 510, 511, 512, 520
- Erschließungskosten 206
- Fälligkeit 117, 132, 501
- fiktive Kosten 128
- Finanzierungskosten 207
- formelle Voraussetzungen 113–120
- Gebot der Wirtschaftlichkeit 124, 299
- Inhalt 118–120
- Katalog energiesparender Maßnahmen 569
- Klageantrag 168
- materielle Voraussetzungen 121–132

- Mietausfall 129
- Mietpreisüberhöhung 298
- Modernisierungsaufwand 523–525
- Nachholung im Prozeß 513
- Prozessuales 138
- Verhältnis zu § 541b BGB 114
- Verhältnis zu § 2 MHRG 248
- Verkauf 528
- wiederholte Modernisierungen 521
- Zustimmung des Mieters 300–304
Mieterhöhung gemäß § 4 MHRG 142–145
- Ausschluß 203
- bei Inklusivmieten 144, 539–541
- Berechnung 145
- Erhöhungsverlangen 538
- Fälligkeit 145
- Grundsteuererhöhung 204
- Rückwirkung 542, 543
Mieterhöhung gemäß § 5 MHRG 146–150, 544–554
- Annuitätsdarlehn 544, 545
- Berechnung 150, 546
- dingliche Sicherheit 547
- Disagio 548–549
- Fälligkeit 150
- jahrelange Zahlung 554
- Lebensversicherung 551
- siehe auch: Kapitalkostenerhöhung
- Tilgung 553
Mieterhöhung in den neuen Bundesländern 172–181
Mieterhöhungsgesetz
- Gesetzestext 555
Mieterhöhungsklage 151–171, 378, 379, **189**
- Aktivlegitimation 479
- Beweisaufnahme 165
- Kostenrisiko 154
- Mietspiegel 158
- Rechtsmittel 169
- Unzulässigkeit 51
- Urteil 165
- Verfahren 155
- Vergleich 164

Stichwortverzeichnis

- Vollstreckung 165
- Zuständigkeit 153
Mieterhöhungsvereinbarung **193**
Mieterhöhungsverfahren 36–99
Mieterhöhungsverlangen 35, 380–383, 481–492
- Begründung 52–65
- Begründungsarten 55
- Besonderheiten 88–99
- Formalien 38–65
- gemeinnütziges Wohungsunternehmen 95
- gleichzeitige Klage 344
- Inhalt 51
- Inklusivmieten 88–91
- materielle Voraussetzungen 66–87
- Muster **182–185**
- Nachbesserung 481
- Nachholung 361, 421–424
- Wirkung 104
Mietermehrheit 375
Miethöhe
- bestehende Mietverträge 20–25
- Neuvermietung 5–19
Mietminderung
- nach Mieterhöhung 383, 420
Mietpreisüberhöhung 6–19, 314, 522
- bei Modernisierungen 298
- Berechnung 297
- laufende Aufwendungen 9–12, 294
- Rechtsfolge 17
- Rückzahlungsanspruch 18
- Vergangenheit 295
- Vergleichswohnung 308
- wegen Kapitalkostenerhöhung 218
- Wesentlichkeitsgrenze 296
Mietpreisübersichten der Finanzämter 56
Mietrecht
- unterschiedliches 2
Mietspiegel 55–59, 290, 384–418
- Aufstellung 291
- Begriff 56
- Beifügung 56
- Beweismittel 158, 384

- Einordnung 57
- Feldbesetzungen 159
- gemeinnützige Wohnungsbauunternehmen 208
- im Prozeß 379
- Interpolation 57
- Mieterhöhungsverlangen **182, 185**
- Zuschläge 58, 96–97
- Zustandekommen 159
Mietstruktur 3, 292–293, 425
- Anspruch auf Änderung 51, 91, 143, 243, 322
Mietübersicht des Staatsbauamtes 56
Mietvertrag
- alte Mietanpassungsvereinbarungen 31
Mietwucher 14
Mißverhältnis
- siehe: *auffälliges Mißverhältnis*
Mitmieter 247, 375
- siehe auch: *Mietermehrheit*
Mittelwert 334, 366
Modernisierung
- Kappungsgrenze 239
- Mieterhöhung 111–141

Nachholung
- siehe: *Mieterhöhungsverlangen*
Nebenkosten
- siehe: *Betriebskosten*
Nebenräume
- Mieterhöhung nach Teilkündigung 323
Negative Feststellungsklage 168
- bei Mieterhöhung gemäß § 3 MHRG 141
Nettomiete 3, 331
Neubauten
- Mietpreiserhöhung 11
Neuvermietung
- Miethöhe 5–19

Ortstermin
- siehe: *Inaugenscheinnahme*

Ortsübliche Vergleichsmiete 79–87, 266, 267, 315
- Begriff 79
- Beweisaufnahme 158
- Mängel 305
- Mietereinbauten 306
- Mietpreisüberhöhung 8
- Zeitpunkt 87, 320
Öffentlich geförderter Wohnungsbau
- siehe: sozialer Wohnungsbau oder Preisbindung

Paraphe 39
Präklusion 162
Preisbindung 309
- Ablauf 69, 76, 92–95, 249, 348, 351, 354, 359
Preisgebundene Wohnungen
- siehe: sozialer Wohnungsbau
Prozeßstandschaft 426

Rasterfeld 327, 335–339
RDM-Immobilienpreisspiegel 56
Rechenfehler 371
Rechtsentscheid 171, 199
Rechtsmittel 166–171
Rechtsmittelstreitwert 167
Rechtsprechung
- der Amts- und Landgerichte 321–554
Rüge
- fehlender Vollmacht 47

Sachkunde
- des Gerichts 158
Sachverständigengutachten 55, 60, 61, 250–261, 345, 346, 418, 427–438
- Datenschutz 161
- Kosten 154
- Einwendungen 162
- Kostenerstattung 61
- Mieterhöhungsverlangen **184**
Sachverständigenbeweis
- Einweisungstermin 162

Sachverständiger
- Aufgabe und Funktion 159
- Makler 310
- Übermacht 160
- Weisung des Gerichts 162
- Wohnungsbesichtigung 311
Schonfrist 165
Schönheitsreparaturen 4, 97
Schriftform 39
Soldaten 96, 263
Sozialer Wohnungsbau 2
Spannungsklauseln 30
Staffelmiete 21, 262
- Staffelmietvereinbarung **191**
Streitgenossen 375
Streitwert 166, 167
Studenten 96, 307
Studentenheim 23

Teilinklusivmiete 3
Teilkündigung
- anschließende Mieterhöhung 323
Teilmarkt 96, 263, 307
Teilzustimmung
- des Mieters 106–108
Telefax 42–44
Telekommunikationsmittel 42
Teletext 42
Telex 42
Thermostatventile 526
Tilgung 147, 553
Treppeneinbau 527
Umlageverfahren 20
Umschuldung 149, 214
Untermietzuschlag 355, 439
Unterschrift 39, 440
- bei Vertretung 46
Urteil 165
Überlegungsfrist 105, 151, 195, 264–265
Übliche Entgelte
- siehe: ortsübliche Vergleichsmiete

Valutierung
- des Darlehns 148

VDM-Preisspiegel 56
Vereinbarung
– abweichende 24
Verfassungsbeschwerde 200, 201
Vergleich 164
Vergleichswohnung 55, 62–65,
 268, 308, 441–458
– Aufstellung 382
– Bezeichnung 64
– gewerblicher Zwischenvermieter 458
– Mieterhöhungsverlangen **182**
– Datenschutz 160
Verjährung
– Rückforderung nach Mietpreis-
 überhöhung 18
Verkauf
– Mieterhöhung gemäß § 3 MHRG
 528
– Mieterhöhung gemäß § 5 MHRG
 149
– Mieterhöhungsverlangen 48
– Rückzahlungsanspruch Mietpreis-
 überhöhung 18
Verkäufer 341
Verlängerungsklausel
– Mieterhöhung 24
Vermieter
– als Absender eines Mieterhöhungs-
 verlangens 45
– Kleinvermieter 27
Vertreten müssen 149
Vertretung
– Mieterhöhung 288
Vertretungsmacht 47
Verwirkung 532
Vollmacht 459
Vollstreckung 165
Vorlagepflicht 200
Vorläufige Vollstreckbarkeit 165
Vorübergehender Gebrauch 23

Warmmiete 3
Währungsgesetz
– Genehmigungsgrundsätze 570
– Gesetzeswort von § 3 571

Weisungsbefugnis
– gegenüber Sachverständigen 162
Wertminderung 460
Wertsicherungsklausel 28
Wesentlichkeitsgrenze 9, 13, 314, 315
Wirtschaftlichkeit 299
– Gebot der 124, 505, 533–536
Wirtschaftsstrafgesetz
– Text von § 5 6
Wohnflächenberechnung 316
– nach DIN-Vorschriften 565–569
– nach II. BV 564
Wohngemeinschaft 96, 307, 317
Wohnlage
– siehe: Lage
Wohnungsgröße 81, 82
– Abweichung im Mietvertrag 25, 82
– Zusicherung im Mietvertrag 25, 461
Wohnwertmerkmale 79

Zahlung 373
– auf einseitiges Erhöhungsverlangen
 hin 37
Zahlungsklage 153
Zeitmietvertrag 377
– Mieterhöhung 318, 319
Zinsverbilligung 220
Zugang
– des Mieterhöhungsverlangens 462
Zurückbehaltungsrecht 100, 463–469
– des Vermieters 537
– wegen Mängeln 108
Zurückweisung
– des Mieterhöhungsverlangens **186, 188**
Zuschlag zu Mietspiegel
– Ausländer 287
– gewerbliche Nutzung 209
– Mieterhöhungsverlangen **185**
– Soldaten 263
– Studenten 307
– Wohngemeinschaft 307, 317
Zuständigkeit
– für Mieterhöhungsklage 153

Zustimmung 470–478
- bei Mietermehrheit 107
- des Mieters 101–105
- durch Zahlung 103, 373, 470, 471, 473, 474, 477, 554
- Form 102
- Frist 105
- teilweise **187**
- Mieterhöhung gemäß § 3 MHRG 300–304
Zustimmungsfristen 195

Zustimmungsverfahren 20, 36
Zustimmungsverlangen
- *siehe: Mieterhöhungsverlangen*
Zwangsverwaltung
- Mieterhöhung 48
Zweite Berechnungsverordnung
- *siehe: Berechnungsverordnung*
Zweite Grundmietenverordnung
- Text 558
Zwischenvermieter
- *siehe: gewerbliche Zwischenvermietung*